결국
그들은
당신을 따른다

YOUR MANAGEMENT SKILL FOR
FOLLOWER MOTIVATION

결국 그들은 당신을 따른다
YOUR MANAGEMENT SKILL FOR FOLLOWER MOTIVATION

초판 1쇄 발행 2014년 4월 1일
개정판 1쇄 발행 2019년 3월 10일

지은이	정태영
발행인	권선복
편 집	김성호
디자인	김소영
전자책	서보미
마케팅	권보송
발행처	도서출판 행복에너지
출판등록	제315-2011-000035호
주 소	(157-010) 서울특별시 강서구 화곡로 232
전 화	0505-613-6133
팩 스	0303-0799-1560
홈페이지	www.happybook.or.kr
이메일	ksbdata@daum.net

값 15,000원
ISBN 979-11-5602-048-6   13320
Copyright ⓒ 정태영, 2014

* 이 책은 저작권법에 따라 보호받는 저작물이므로 무단전재와 무단복제를 금지하며, 이 책의 내용을 전부 또는 일부를 이용하시려면 반드시 저작권자와 〈도서출판 행복에너지〉의 서면 동의를 받아야 합니다.
* 잘못된 책은 구입하신 곳에서 바꾸어 드립니다.

도서출판 행복에너지는 독자 여러분의 아이디어와 원고 투고를 기다립니다. 책으로 만들기를 원하는 콘텐츠가 있으신 분은 이메일이나 홈페이지를 통해 간단한 기획서와 기획의도, 연락처 등을 보내주십시오. 행복에너지의 문은 언제나 활짝 열려 있습니다.

심리를 경영하여 리딩에 성공하는 34가지 핵심스킬

결국 그들은 당신을 따른다

YOUR MANAGEMENT SKILL FOR
FOLLOWER MOTIVATION

정태영 지음

도서
출판 **행복에너지**

서문

　리더가 직급이나 나이로 "나를 따르라!"고 하면 팔로어들이 일사불란하게 따라왔던 시대는 이미 지나갔다. "나를 따르라!"를 섣불리 외쳤다가는 오히려 그것이 그나마 리더를 따르던 팔로어의 동작을 멈추게 하거나 획 돌아서게 만든다. 상황이 이러하다 보니 리더가 가고자 하는 방향으로 팔로어들의 마음을 모을 수 있는 보다 효과적인 리더십이 그 어느 때보다도 절실하다.
　오늘도 남다른 성과창출에 기여할 수 있는 리더십 발휘를 위해 조직의 리더들은 끊임없이 부심하고 있다. 이를 반증이라도 하듯 나름의 해법을 제시하는 리더십 유형과 스킬들이 업무현장의 리더들이나 학계의 전문가를 통하여 실로 헤아릴 수 없을 정도로 다양하게 제시되어 왔고, 지금 이 순간에도 그 일은 계속되고 있다.

그럼에도 불구하고 리더십을 발휘하는 데 있어서 리더의 고민은 줄지 않고 있고 오히려 애환을 토로하는 일이 더욱 빈번해지고 있다. 이것은 직장민주화의 확산, 개인 이익에 대한 급격한 관심증대, 의사표출이 자유분방하고 색다름을 갈망하는 디지털 신세대의 등장 등으로 인하여 팔로어에 대한 통제여건이 점점 더 열악해지고 있기 때문이다. 이처럼 리더십 발휘가 그 어느 때보다도 어려워진 가운데 경쟁이 치열한 작금의 상황은 더 신속한 성과, 더 큰 성과를 끊임없이 요구하고 있어 리더의 고민을 가중시키고 있다.

럭비공처럼 어디로 튈지 모르는 팔로어들의 마음을 움직여 리더가 바라는 방향으로 이끌고, 이를 통해 성과를 지속적으로 증대시켜 나간다는 것은 물론 쉬운 일이 아니다. 그렇다 하더라도 분명한 것은 이들로부터 리더를 향한 동기, 일을 향한 동기를 이끌어내지 않고서는 리더가 수행하는 일들에서 제대로 된 성과를 기대하기 어렵다는 사실이다. 그래서 이에 대응할 수 있는 리더십 발휘가 그 무엇보다도 절실한 것이다.

팔로어의 마음이 아니라 행동변화에 초점을 맞춘 리더십, 다종다양한 리더십 유형에서 리더 자신이 처한 상황은 고려되지 않은 채 무작위로 발췌된 리더십, 업무현장에서 많은 리더들이 사용하고는 있지만 유효기간이 다 돼 가는 리더십, 세월의 흐름에 따라 리더가 되는 과정에서 특별한 고민 없이 저절로 알게 된 평이

한 리더십 등은 이에 대한 대응책으로 적합하지 않다. 이러한 리더십으로는 현재의 상황을 반복시키거나 시대의 흐름을 따라잡지 못해 상황을 오히려 악화시킬 뿐이다. 직장생활의 이니셔티브 initiative가 팔로어 쪽에 기울어지는 현상이 가속화되고 있기 때문이다.

그렇다면 어떠한 리더십이 필요한가? 그것은 바로 팔로어가 리더를 따르고자 하는 동기, 그리고 팔로어가 주어진 업무를 하고자 하는 동기를 마음속에서 끄집어내는 데에 초점이 맞추어진 리더십이다. 다시 말해 팔로어의 업무성과를 통해서 조직의 성과는 물론 나아가서 리더 자신의 성과를 높이고자 한다면 리더에 대한, 일에 대한 팔로어의 의욕을 진작시키는 데에서 리더십의 답을 찾아야 한다. 이를 위해서는 통제, 가르침, 기브 앤 테이크, 무조건적인 배려 대신 팔로어의 마음을 때로는 진정으로, 때로는 전략적으로 움직일 수 있는 리더십 스킬에 관심을 집중시켜야 한다.

리더십을 발휘하는 과정에서 성과창출에 대한 관심과 이를 위한 행동은 필수적이다. 리더십이 향하는 종착점은 결국 성과이기 때문이다. 그렇기 때문에 능력이 성과를 담보한다는 것을 뻔히 알면서도 당장의 성과를 제쳐 놓고 여유 있게 조직구성원의 인성 함양에 관심을 갖거나 그들의 업무추진 능력을 전문가적으로 키워주기 위해 고민하고 행동한다는 것은 사실 리더의 입장에서 무척이나 부담스럽다. 특히 이윤을 추구하고 성과에 울고 웃는 조직은 더더욱 그러하다. 그래서 팔로어를 리더의 사람으로 만들면서도 리더십 발휘의 궁극적인 목적은 성과창출에 둘 수밖에 없는 것이다.

리더인 당신은 팔로어로 하여금 당신을 진심으로 따르게 만들고 싶은가? 팔로어로 하여금 일에 몰입하게 만들고 싶은가? 그리고 이를 통해 최소의 기간으로 최대의 조직성과와 흡족한 당신의 이익을 만들어 내고 싶은가? 만일 그렇다면 그에 정확히 부합되는 리더십 스킬을 집중적으로 습득해보라. 그리고 그 스킬을 팔로어를 대상으로 당장 실행해보라. 그렇게만 한다면 아마도 아주 짧은 기간 내에 그동안 누리지 못했던 리더십이 주는 혜택을 만끽할 수 있을 것이다. 여기에 리더의 불타는 열정과 도전정신이 가미된다면 물론 금상첨화이다.

이 책은 조직의 리더가 팔로어로 하여금 리더를 따르고자 하는 동기와 일을 해보고자 하는 동기를 유발시켜 조직성과를 극대화할 것이다. 그리고 궁극적으로는 리더를 평범한 '일반 리더'가 아닌 극심한 경쟁 속에서도 탁월하게 빛나는 '브릴리언트 리더'로 우뚝 서게 만들 것이다.

'브릴리언트 리더'가 되기 위해 반드시 필요하다고 판단하여 필자가 제시하는 34가지의 리더십 스킬이 이 책에 담겨 있다. 이 34가지 스킬은 필자가 오랜 기간에 걸쳐서 직장의 리더생활을 이어 오는 동안 몸소 체득한 생생한 경험, 학문의 세계에서 필자가 직접 심층적으로 연구하고 확인한 이론적 토대, 그리고 이 분야 전문가와 탁월하게 성공한 직장 리더들의 제언을 바탕으로 엄선하였다. 팔로어에 대한 강력한 카리스마나 무조건적 배려와 지원만 있으면 그들의 마음을 리더가 원하는 대로 움직일 수 있다고 생각하는 것은 오산이다. 팔로어의 동기유발은 그것만으로 절대 해결되지 않는다. 선의의 술수가 전략적으로 가미된 리더의 모습, 태도, 행동도 아울러 필요하다. 이 책에는 이러한 스킬들이 집중적으로 포함되어 있다.

 필자는 지금 국내의 세계적인 글로벌 대기업에서 30년에 가까운 기간 동안 여러 부서를 두루 거치며 수많은 동료 직원들과 동고동락하고 있다. 특히 고성과를 만들어내지 않으면 리더로서 존재할 수 없는 조직에서 남다른 업적을 일구어 가며 오랜 기간 동안 다양한 형태의 조직 리더로서 일해오고 있다. 이러한 업무수행 과정은 성과를 지향하는 조직에서 진정으로 필요한 리더십 스킬은 어떤 것인지를 늘 깨닫게 해준다.

 업무현장의 경험은 실무적 경험으로만 존재할 때보다 그에 대한 이론적 근거가 뒷받침될 때 그 빛을 더 강하게 발할 수가 있다. 그래서 필자는 학문의 세계에 입문하여 고차원의 리더십 분야까지 오랫동안 심층적으로 연구하였다. 그래서 성과를 목숨처럼 중시하는 글로벌 대기업의 업무현장에서 많은 직원을 리딩하며 직접 체득한 살아 있는 리더십의 노하우와 심오한 학문의 세계에서 직접 확인한 관련 근거들을 융합하여 이 책에 녹여 넣을 수가 있었다.

  이렇게 해서 만들어진 이 책은 첫째, 팔로어의 동기를 유발시킬 수 있는 리더십의 핵심스킬은 어떠한 것들이 있는지. 둘째, 팔로어의 동기를 유발시킬 수 있는 리더십의 핵심스킬들이 왜 중요하고 필요한지. 셋째, 팔로어의 동기를 유발시킬 수 있는 리더십의 핵심스킬들이 발휘되고 있는 현상은 어떠한지. 넷째, 팔로어의 동기를 유발시킬 수 있는 리더십의 핵심스킬들을 제대로 발휘할 수 있는 주요 방법은 어떠한 것들이 있는지 등을 소상히 알려 줄 것이다. 이는 독자의 리더십 발휘 욕구를 자극할 것이며 궁극적으로는 그 누구보다도 빠르게 빛나는 명예와 높은 소득을 만끽하는 '브릴리언트 리더'의 반열에 올라서게 만들 것으로 필자는 확신한다.

2014년 3월
정 태 영

팔로어의 심리를
경영하기 위한 준비

승자와 패자가 갈리는 곳에 리더십이 있다

2차 세계대전이 한참이던 1940년 5월 어느 날, 대영제국 수상 처칠은 국가 존망의 위기에서 취임연설 무대연단에 섰다. 그는 "저는 피와 땀과 눈물밖에는 바칠 것이 없습니다. 우리의 정책은 육지에서, 바다에서, 공중에서 전쟁을 하는 것입니다. 우리의 목적은 승리입니다."라고 하면서 국가 최고지도자로서 국민들에게 전쟁의지를 북돋웠다. "독일군에 대응하기 위해서 나는 무엇을 해야 하나요?" 하고 물어보는 며느리에게 "부엌칼이라도 들고 나가 싸우거라."라고 할 정도로 투혼을 독려하였다. 폭격의 와중에도 피폭지역을 찾아가 다친 사람을 위로하고 V사인으로 격려하였다. 이러한 처칠의 행동은 영국국민의 전쟁마인드를 완전히 바꾸어 놓았다. 국민이 자신감을 회복하고 사기가 충천되면서 전쟁의 상황은 반전되었다. 1945년 5월 유럽전선에서 승리하였고 마침내 영국은 2차 세계대전의 승전국이 되었다. 2차 세계대전의 승리를 논할 때 처칠의 리더십은 빠지지 않는다. 전쟁전문가들은 한발 더 나아가서 '영국의 승리는 곧 처칠 리더십의 승리'라고까지 말한다.

2013년 5월 어느 날, 스티브 잡스가 죽었을 때 애플이 슬픔에 빠졌던 것 이상으로 영국 축구 프리미어리그의 맨체스터 유나이티드 팬들이 슬픔에 잠겼다. 뉴욕증시에 상장된 맨유의 주가가 장중 한때 5.5%까지 폭락하였다. 맨유의 전설적인 감독 알렉스 퍼거슨Alex Ferguson이 퇴임 의사를 발표한 당일 일어난 일들이다. 이것은 영국 프로축구 1부 리그에서 맨유를 13회나 우승으로 이끈 퍼거슨 감독의 리더십을 더 이상 볼 수가 없게 되었다는 데서 비롯된 후폭풍이었다.

이처럼 리더십은 막강한 위력을 가지고 있다. 풍전등화의 위기에 처해 있는 나라도 살리고, 그저 그런 회사를 세계 최고의 회사로도 만든다. 또 한편으로는 그것이 결여되면 조직도 망하고 조직의 구성원들도 더불어서 같은 신세로 전락된다.

어떤 사람들은 "그래 봐야 한 사람의 힘인데…." "손뼉도 마주 쳐야 소리가 나는 법인데 혼자서 무슨…." 하면서 리더십의 위력에 의구심을 제기하는 사람도 있다. 물론 리더십 발휘가 리더 혼자 할 수 있는 것이 아니기 때문에 이렇게 생각하는 것이 무리는 아니다. 팔로어가 '위세'를 떨치는 요즘 같은 상황은 더 그러한 생각을 갖게 할 것이다. 그렇지만 리더십의 효과성을 검증한 학계의 연구결과들과 업무가 실제로 벌어지는 일선 업무현장의 조사결과들은 리더십의 위력을 절대적으로 지지한다.

어디 이뿐인가? 이 분야의 내로라하는 전문가나 명사들의 생각도 동일하다. 세계적인 경영석학 피터 드러커Peter Drucker는 "조직경영에서 리더십이 핵심이다. 리더십을 대체할 만한 것은 아무것도 없다."는 말로, 그리고 세계적인 베스트셀러인 『위대한 기업, 위대한 리더』의 저자 크리스 로니Chris lowney는 그의 저서에서 "리더십은 삶의 전체에 해당되고 리더십이 승자와 패자를 갈라놓는다."는 말로 리더십의 중요성을 함축하였다.

리더십, 이대로는 안 된다

리더십 발휘의 주체는 바로 리더이다. 리더, 대체 어떤 역할을 하는 사람이기에 그가 리더십을 발휘하지 못하면 조직은 존재의 의미를 갖지 못한다고 말하는 것일까? 리더는 팔로어의 마음과 의지를 조직이 추구하는 한 방향으로 모아서 설정한 목표를 달성함과 동시에 팔로어 개개인의 이익까지도 극대화시켜 줘야 하는 조직의 핵과 같은 사람이기 때문이다.

직장에서도 마찬가지이다. 리더는 어찌 보면 조직에서 심장과도 같은 존재이다. 심장이 피를 힘차게 빨아들인 뒤 또다시 힘차게 내뿜어 주듯이 리더는 경영층과 일반직원의 중간에서 아래의 분위기나 건의사항을 적극적으로 수렴하여 경영층에 전달하고, 경영층의 의중을 가장 알맞게 재구성하여 조직구성원들에게 전달하는 역할을 한다.

조직구성원들, 즉 팔로어들이 주어진 임무를 제대로 수행할 수 있도록 그들을 육성하고, 이와 함께 일에 대한 의욕과 직장에 대한 관심을 잃지 않도록 사기와 소속감 진작을 위해 힘쓰는 것도 이들 몫이다. 이를 통해서 궁극적으로는 성과를 창출해내고 성과를 지속적으로 확대재생산하기 위해 조직을 늘 살아 숨 쉬게 만들어야 한다. 이처럼 조직의 리더는 참으로 중차대한 역할을 하고 있는 것이다.

얼마 전까지만 해도 직장에서는 기존의 수많은 리더십 스킬 중에서 괜찮다 싶은 스킬을 이것저것 뽑아 적절히 활용하는 것만으로도 팔로어를 이끄는 것이 가능했다. 그러나 지금은 그런 방식으로는 어렵다. 사회가 역동적으로 변하는 것만큼이나 리더십 발휘 환경도 변화의 바람이 몰아치고 있기 때문이다. 좀 더 직장현실에 부합되어 효과가 극대화될 수 있는 리더십이 요구되고 있다. 그것은 바로 팔로어의 동기유발 극대화에 초점을 맞추어 그들의 리더와 일에 대한 관심을 이끌어내고, 이를 바탕으로 팔로어, 리더 그리고 조직의 성과를 도모하는 리더십이다.

이러한 리더십이 요구되는 현실적이고 절박한 주요 이유를 좀 더 살펴보면 다음과 같다.

첫째, 직장민주화의 확산을 통해서 팔로어들이 보다 부각됨과 동시에 그들의 성향이 더욱 역동적으로 변하고 있고, 조직 내에서 실질적 이니셔티브initiative가 팔로어 쪽으로 급격히 이동하고 있다는 것이다. 지금은 개인 이익에 대한 관심이 그 어느 때보다도 높다. 그리고 첨단 IT시대를 맞이하여 지식수준이 고도화되었고 사고와 의사표출이 그야말로 자유분방하여 럭비공을 연상케 한다. 또한 각종 제도와 규정들이 하급자에 먼저 배려하는 형태로 바뀌면서 리더는 그동안 그나마 힘이 되어 주었던 직책과 연륜에 더 이상 의존하기 어렵게 되었다.

둘째, 조직구성원들의 조직몰입도가 떨어져도 너무 떨어진다는 것이다. 최근 글로벌 컨설팅기업 타워스 왓슨이 한국, 미국, 영국, 중국, 일본 등 22개 국의 2만여 직장인을 대상으로 직원몰입도를 조사했는데 우리나라 직장인의 업무몰입도 비율은 불과 6%밖에 안 되는 것으로 나타났다. 전 세계 평균이 21%인 것에 비하면 너무나 큰 차이를 보이고 있는 상황이다. 주어진 일에 대한 몰입상황이 이렇게 심각한데 이것을 모두 팔로어 책임으로만 돌리기에는 아무래도 무리가 있다.

셋째, 경영층은 그 어느 때보다도 당장의 성과, 더 큰 성과를 요구하고 있다는 것이다. 저성장시대의 돌입으로 늘기는커녕 오히려 줄어드는 구매수요를 차지하기 위한 쟁탈전이 치열하다 못해 전투상황을 방불케 한다. 그러다 보니 대부분의 직장들은 "성과에 살고 성과에 죽는다!"는 외침소리가 드높다. 그런데 성과는 리더 혼자서 만들 수 없는 일, 조직구성원이 모두가 총체적으로 나서야 한다. 그러기 위해서는 리더는 팔로어로 하여금 성과창출을 극대화시키는 남다른 리더십을 발휘해야만 한다.

넷째, 리더 자신도 그가 발휘하는 리더십을 통해서 성공을 해야 한다는 것이다. 리더의 존재이유가 조직의 성과와 팔로어의 성과제고에만 있는 것이 아니다. 리더가 리더의 일을 하는 것은 궁극적으로 자신의 성공을 위한 것이다. 리더도 빛나는 명예와 고소득을 누려야 하지 않겠는가? 이를 통해 리더의 의욕이 상승되고, 이것이 조직의 성과를 끌어올리고 다시 리더의 의욕을 자극하는 일이 반복되면 조직의 성과를 확대재생산하는 선순환의 구조가 자연스럽게 정착될 것이다.

팔로어는 리더의 위상을 알고 있다

위에 열거한 주요 이유나 열거하지 않은 소소한 이유 등 여러 가지를 고려해 보았을 때 리더들이 활용하는 리더십을 좀 더 현재의 직장현실과 목적에 부합되는 리더십으로 재정비해야 한다. 그간 이에 상응하는 긍정적인 대응이 있어 왔지만 아직 미흡한 것이 사실이다.

이러한 원인은 앞서 지적한 것처럼 팔로어 측면에서 비롯되는 부분도 물론 있다. 그렇지만 리더의 책임 또한 적지 않다. 세상의 변화를 잊은 채 아직도 직급과 연륜에만 의존하여 "Follow me!"를 외친다든가, 기존의 리더십이 통하지 않는데도 새로운 리더십 역량 개발을 소홀히 한다든가, 조직의 성과를 도모해야 하는데 자신의 성과에만 주력한다든가, "내가 이 부서에 있어봐야 얼마나 있는다고." "원래 말 안 듣는 친구인데 지금 와서 어떻게 한다고 되겠어?" 하는 무기력하고 자조적인 사고로 일관하는 태도는 효과적인 리더십 발휘를 어렵게 만드는 주요 요인들이다.

팔로어에게 쏙쏙 먹혀드는 리더십을 늘 발휘한다는 것은 사실 어려운 일이다. 성과는 내야 하는데 팔로어에 대한 통제는 여의치 않고, 그러다 보니 리더들은 리더십에 대한 스트레스를 항상 머리에 이고 산다. 특히 자신의 리더십 능력이 발전할 수 있을지에 대한 걱정이 많다.

그러나 리더십 전문가들의 견해는 이러한 리더의 우려와 걱정을 상당 부분 덜어준다. 미국 월스트리트 저널에 의해서 대학 소속은 아니지만 가장 인기 있는 경영교육자 12인에 선정된 바 있는 제임스 쿠제스James M. Kouzes는 "운 좋은 몇 명만 복잡한 리더십을 이해하고 발휘할 수 있다는 것은 완전히 잘못된 통념이다. 리더십에 대한 모든 기술은 경영자든, 일선 직원이든, 캠퍼스에 있든 갈고 닦을 수 있다."고 하였다. 그리고 심리학의 세계적 권위자인 미국 애리조나주립대학교의 로버트 치알디니Robert Cialdini 교수는 그의 저서 『설득의 심리학』에서 '권위의 법칙'을 제시하면서 부하들은 권위 순응에 대한 대가를 알고 있기 때문에 대다수가 조직 내 상급자에 대한 권위를 인정하며 살아간다고 하였다. 이 말은 팔로어가 리더의 말을 따를 준비가 일단 되어 있다는 얘기다.

이러한 전문가들의 견해는 성과를 일구어 낼 수 있는 리더십은 리더하기에 따라 얼마든지 발휘할 수 있고, 리더가 가장 염려하는 부하 측면의 팔로우십 토양도 상당 부분 다져져 있다는 점을 짐작케 한다. 이것은 업무현장에서 우수 리더로 칭송받고 있는 리더들의 생각과도 일치한다. 리더십 전문가의 한 사람인 필자도 이에 적극 동의한다.

욕구자극을 통한 동기유발에서 답을 찾아라

어떻게 해야 리더십의 효과를 가장 최고도로 올릴 수가 있을까? 이에 대한 만병통치약 같은 답은 사실 존재하지 않는다. 조직의 상황, 팔로어의 상황, 리더의 상황은 동일하지 않기 때문이다.

그렇지만 성과를 내야 하는 조직에 적용해서 가장 큰 효과를 낼 수 있는 리더십 스킬이 무엇이냐고 필자에게 묻는다면 주저하지 않고 팔로어가 리더를 따르고자 하는, 그리고 팔로어가 주어진 일을 하고자 하는 리더십에서 그 답을 찾으라고 답할 것이다. 필자의 이러한 생각은 25년 이상을 글로벌 대기업에서 규모가 작은 조직과 큰 조직, 본사조직과 업무일선조직, 관리조직과 영업조직 등 다종다양한 형태의 조직 리더로서 일한 경험을 배경으로 하고 있다. 사실 리더를 따르고 싶지 않은 상황에서 리더의 어떤 지시가 먹힐 것이며, 하고자 하는 마음이 안 생기는 상황에서 어떻게 일의 성과가 나오겠는가?

그래서 이 책이 집중적으로 조명하는 것은 바로 리더가 팔로어들과 함께 조직에서 부여된 과업을 달성하는 과정에서 팔로어의 동기를 유발할 수 있는 스킬이다. 이 책은 크게 두 개의 장으로 나뉘는데, 첫 번째 장은 팔로어로 하여금 리더를 따르고 싶게 만드는 동기유발 스킬을 다룬다. 두 번째 장은 팔로어로 하여금 주어진 일을 하고 싶게 만드는 동기유발 스킬을 다룬다.

일반적인 리더는 당장의 업무성과 창출에 급급하여 팔로어가 자신을 따르고 싶게 만드는 동기유발은 제쳐놓고 일을 하고 싶게 만드는 동기유발에만 전력투구한다. 지금은 상황이 급변하고 경쟁이 치열하여 리더에게 시간이 넉넉하게 주어지지 않는다는 점을 고려하면 이점이 이해되지 않는 것은 물론 아니다. 그러나 일단 팔로어가 리더를 따르고자 하는 마음을 가져야 만이 리더의 지시를 기꺼이 수용하고 일을 활력적으로 한다는 점을 생각하면 얘기는 달라진다. 그래서 우선 리더를 따르게 하고 그 다음에 일에 대한 동기를 이끌어내는 것이 보다 바람직한 리더십 발휘의 순서인 것이다.

이 책은 리더를 따르고 싶게 만드는 리더십 스킬 17가지, 일을 하고 싶게 만드는 리더십 스킬 17가지 등 총 34가지 스킬을 제시한다. 물론 이 스킬들이 리더십 스킬의 전부는 분명 아니다. 이 책의 리더십 스킬은 직장에서 부하로 하여금 리더의 말에 호응하고 일하고자 하는 의욕을 유발시켜 그들이 성과를 더 빠르게, 그리고 더 크게 창출하게 하는 데에 핵심적으로 필요한 리더십 스킬들이다. 이 리더십 스킬은 독자가 맡은 조직의 성과창출을 극대화시키고 궁극적으로는 직장에서 독자 자신이 빛나는 명예와 고소득을 획득하는 데 큰 도움을 줄 것이다.

다음은 리더와 일에 대한 팔로어의 동기유발 리더십 스킬이 서로 상호작용하고, 이러한 상호작용을 통하여 보다 증강된 리더십 파워가 리더십 환경요인의 조절을 받는 가운데 팔로어의 성과와 조직성과를 거쳐 궁극적으로는 리더 자신의 성과에 영향을 미치는 과정을 보여주는 흐름도이다.

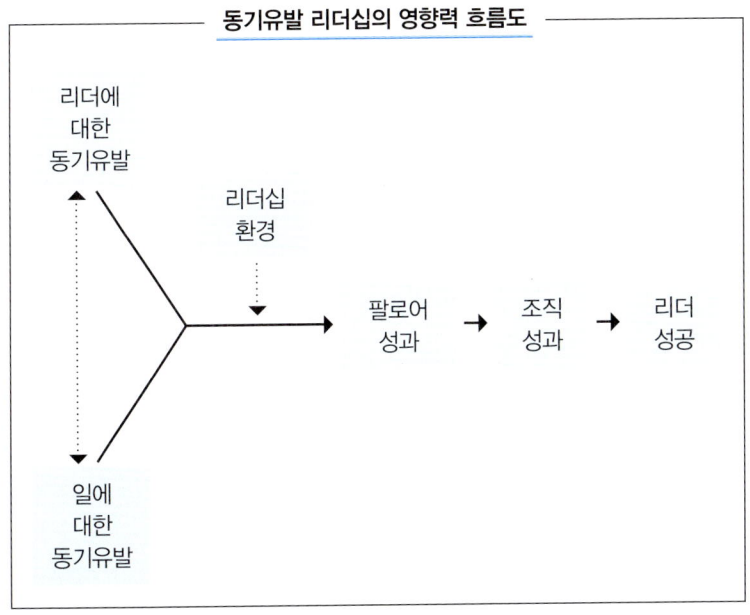

서문 • 004
Prologue 팔로어의 심리를 경영하기 위한 준비 • 010

Part 1 당신을 따르게 만들 수 있는 스킬

1 매사 진취적으로 살아라 • 024
2 지적능력을 권력화해라 • 031
3 기꺼이 총알받이가 돼 줘라 • 039
4 파워로 인정되는 권위를 쌓아라 • 047
5 온몸으로 껴안아라 • 055
6 외적 매력자산을 불려라 • 064
7 강온 양면전략을 구사해라 • 072
8 바른생활의 선봉장이 되어라 • 079
9 술수를 부려도 보아라 • 087
10 거짓말조차도 곧이듣게 만들어라 • 095
11 때로는 한없이 연약해져라 • 104
12 비공식에서 관계의 길을 물어라 • 112
13 확 터놓고 지내라 • 121
14 나만의 세력을 구축해라 • 129
15 감성으로 커뮤니케이션해라 • 137
16 자존심만큼은 살려줘라 • 145
17 세대차를 극복해라 • 154

Part 2 일을 하고 싶게 만들 수 있는 스킬

1. 뭐든 할 수 있음을 확신시켜라 · 166
2. 사기로 날뛰게 해라 · 174
3. 일할 수 있는 능력을 키워줘라 · 182
4. 칼자루도 때로는 넘겨줘라 · 190
5. 불편부당不偏不黨하게 살아라 · 198
6. 마음에 보상해줘라 · 207
7. 머리에 보상해줘라 · 216
8. 풍랑 너머에 있는 신세계를 알려줘라 · 224
9. 참을 수 없는 승리욕구에 불을 댕겨줘라 · 233
10. 스스로 경영하게 해라 · 242
11. 팔로어의 이익에 포커싱해라 · 251
12. 생산적인 긴장감을 조성해라 · 259
13. 권한을 주었으면 책임도 줘라 · 267
14. 몰입하게 해라 · 276
15. 다양한 목소리에 귀 기울여라 · 285
16. 걸림돌을 제거해줘라 · 294
17. 의욕이 샘솟는 일을 시켜라 · 304

- 매사 진취적으로 살아라
- 지적능력을 권력화해라
- 기꺼이 총알받이가 돼 줘라
- 파워로 인정되는 권위를 쌓아라
- 온몸으로 껴안아라
- 외적 매력자산을 불려라
- 강온 양면전략을 구사해라
- 바른생활의 선봉장이 되어라
- 술수를 부려도 보아라
- 거짓말조차도 곧이듣게 만들어라
- 때로는 한없이 연약해져라
- 비공식에서 관계의 길을 물어라
- 확 터놓고 지내라
- 나만의 세력을 구축해라
- 감성으로 커뮤니케이션해라
- 자존심만큼은 살려줘라
- 세대차를 극복해라

YOUR MANAGEMENT
SKILL FOR FOLLOWER
MOTIVATION

/ Part 01 /

당신을 따르게 만들 수 있는 스킬

chapter 01
매사 진취적으로 살아라

리더의 박력이 팔로어를 춤추게 한다

　삼성전자, 현대자동차, 포스코 등 상당수의 대한민국 국적 글로벌 대기업들은 이미 해당업계에서 세계최고의 반열에 올라 있다. 그리고 이들 기업들은 우리나라가 세계에서 7개밖에 없는 '20-50클럽국가(인구 5천만 명이 넘는 국가 중 1인당 국민소득이 2만 불이 넘는 국가)'에 진입하고 세계 9위의 교역대국으로 자리매김하는 데 있어서 지대한 공헌을 하고 있다.

　이러한 회사들이 가지고 있는 공통적인 특징이 있다. 오너 및 CEO들의 성향이 하나같이 열정적, 도전적, 활력적, 변혁적, 다시 말해 사고와 행동이 매우 진취적이라는 것이다. 1993년 삼성의 프랑크푸르트 신경영 선언에서 "마누라 빼고 다 바꿔라."고 했던 이건희 회장의 말에서는 열정과 혁신마인드가 그대로 묻어난다. 이미 세계 자동차업계의 관심사로 뜨겁게 부각되고 있는 '정몽구 리더십'의 첫 번째가 열정적인 추진력과 도전정신이라는 것을 모르는 사람은 거의 없다. 이렇게 조직의 리더가 진취적인데 동고동락하는 조직구성원들의 사고와 행동이 따로 갈 수 있을까? 리더가 가는 방향으로 조직의 힘이 결집되는 것은 당연지사이다. 여기서 결집된 힘이 세계 최고로 가도록 밀어붙이는 것이다.

이처럼 리더의 진취적인 사고와 행동은 팔로어를 따르게 만들고, 이로 인해 분출되는 팔로어의 일에 대한 욕구는 조직의 성과를 끌어올린다. 결국 리더의 진취적인 사고와 행동은 팔로어를 움직이는 핵심적인 동력으로써 매우 중요한 역할을 하고 있는 것이다.

한 보고서에 따르면 100명 중 99명이 열정적이고 활력적인 사람들 옆에 있고 싶어 하며, 10명 중 9명이 그런 사람 옆에 있으면 생산성이 높아진다고 한다. 이 조사결과는 업무현장을 통해서 막 바로 입증된다. 우수 리더로서 상을 받거나 자신이 맡은 조직을 잘 이끌어 탁월한 성과를 내는 리더들은 하나같이 사고와 마인드가 진취적이다. 이러한 내적 역량 외에도 활력적인 태도와 신선한 비주얼 역시 그들의 대표적인 드레이드마크이다.

진취적인 리더 곁에 있는 팔로어들은 놀고 싶어도 놀지 못한다. 아니 놀지 못하는 것이 아니라 리더의 말을 따르고자 하는 의욕, 일하고자 하는 의욕이 충천하여 자발적으로 놀지 않는다. 리더의 태도와 마인드가 같이 일하는 팔로어들에게 전염되는 것이다. 이렇다 보니 팔로어들의 생산성은 시간이 지나면 지날수록 높아지고 이들이 만드는 조직성과는 극대화될 수밖에 없다. 이로 인해 누이 좋고, 매부 좋고, 즉 리더 좋고 팔로어 좋고, 나아가서 조직도 좋아지는 결과가 만들어진다.

자신 휘하의 군인과 외교관들로 하여금 자발적으로 따르게 만든 리더십을 발휘한 사람으로 명성이 자자한 미국 최초의 흑인 국무장관이었던 콜린 파월Colin Powell, 그는 "좋은 리더십은 곧 좋은 팔로어십을 만들어낸다. 리더가 낙관주의와 열정을 갖고 있어야 비로소 부하직원들이 움직인다."고 강조한 바 있다. 콜린 파월의 이 말은 리더의 진취성과 팔로어의 추종은 비례한다는 사실을 그대로 뒷받침해 준다.

상사가 비록 나이가 많아도 그가 조직의 분위기를 장악하면서 활력적으로 일하면 나이나 주름살 따위는 보이지 않고 오히려 그의 눈에 벗어날까 봐 조심스러워하고 밥이라도 한번 같이 먹고자 하는 충동을 직장이라면 누구나 느껴보았을 것이다.

나약한 리더가 활달한 팔로어를 몰아낸다

그런데 어떤 리더들은 아직도 영향력이 점점 떨어지는 직책이나 연륜에 의지한 채 팔로어가 따라오기를 바라고 있다. 또 어떤 리더들은 팔로어가 해야 하는 수준의 일인데, 그것을 팔로어보다 잘할 수 있다는 것에서 알량한 포만감을 느끼며 팔로어가 자신의 말에 순종하기를 기대한다. 밥 한 끼, 술 한 잔 사주고 "이제부터 너는 내 사람이다."라고 착각하는 리더까지 있다.

안타깝게도 이러한 리더들에게서는 지휘자로서의 박력, 열정, 활력, 통솔력 등은 좀처럼 찾아보기 어렵다. 그래서 그런지 리더와 팔로어 간의 상명하복관계나 인간적 유대관계는 평행선을 달릴 뿐 좀처럼 좁혀지거나 일치되지 않는다. 이러한 리더와 팔로어 간의 관계는 조직이 미약한 성과밖에 이루지 못하는데 '일등공신'의 역할을 하게 된다.

부서 단합 회식하는 자리에서 부하들은 힘차게 건배구호를 외치는데 정작 가장 목소리가 커야 할 상사는 업무적인 훈시나 하면서 목소리 낮게 깔고 속삭이듯 '위하여!'를 한다면 이 말은 부하직원들에게 '단합을 위하여'가 아니라 오로지 '각자 알아서'로 들릴 뿐이다. 이런 리더 밑에서라면 어떤 팔로어가 리더에게 매력을 느끼고 리더의 말에 귀를 기울이겠는가?

리더가 나약하면 팔로어들도 당연히 나약해진다. 이렇게 되면 정상적인 팔로어마저도 어느새 활력을 잃어버리게 된다. 팔로어들은 무의식적으로 리더의 행동을 그대로 따라 하기 때문이다. 이러한 현상을 행동심리학자인 토니 험프리스Tony Humphreys는 '무의식적 동일시현상'으로 설명하고 있다.

분위기가 처진 조직에서는 고성과는 고사하고 일반적인 성과조차도 기대할 수 없다. 조직이 해체되어 조직구성원들이 다른 조직으로 편입되지나 않으면 그나마 천만다행이다. 이처럼 진취적이지 못한 리더는 본인은 물론 팔로어와 조직의 운명까지 망치는 주역이 될 수 있다는 것을 유념해야 한다.

불타는 열정으로 살아라

리더가 팔로어에게 진취적으로 보여서 팔로어를 리더의 지시에 긍정적으로 반응하게 만들기 위해서는 몇 가지 해야 할 일이 있다.

첫째, 매사에 열정을 보인다. 열정은 리더의 진취성을 이루는 핵심요소이다. 리더에게서 열기가 느껴지면 팔로어는 '쉬어모드'를 해제하고 '차렷모드'로 전환하여 리더의 움직임에 주목한다. 이때 하달되는 지시는 팔로어에게 당연히 쉽게 수용되고 이행된다. 또한 리더의 열정은 강력한 전염력 때문에 팔로어에게 아주 쉽게 옮겨 가서 그들의 도전정신에 불을 지핀다. 불붙은 팔로어의 도전정신은 자발적 업무추진의욕을 강하게 자극하여 리더의 별다른 지시 없이도 활력적으로 일을 하게 만든다.

그러나 한껏 달아오른 이때 팔로어에게 "그동안 누구도 해내지 못했어. 쓸데없이 일 벌이지 마."라며 제동을 거는 리더가 있다면 이것은 '혼자 죽기 싫어 너 죽고 나 죽자.'는 물귀신과 다를 바가 없는 리더이다.

둘째, 언제나 긍정적인 마인드를 견지한다. 긍정적인 사람은 말도 안 되는 행동을 하는 사람이라도 그에게 적대적인 감정을 내보이기보다는 역지사지의 마음을 가지고 일단은 수용하고 협조한다. 일이 산더미처럼 몰려와도 긍정적이고 여유 있는 태도로 일을 맞이한다. 그러다 보니 직장에서 동료들이 좋아하게 돼 그를 위한 공적, 사적 만남의 자리가 다양하게 만들어진다.

리더도 마찬가지이다. "나는 한 번 아닌 건 아니야." 하면서 한

번 눈 밖에 난 팔로어를 습관적으로 부정한다든가, 해보지도 안고 "잘되겠어?"를 남발한다든가, 심사숙고한다는 미명 하에 팔로어를 늘 가자미눈으로 바라보는 리더를 팔로어는 좋아할 리도, 따라갈 리도 없다.

일단 리더는 팔로어가 리더의 마음속에 여장을 풀어놓을 수 있도록 긍정적인 모습을 보여야 한다. 이렇게 해서 팔로어의 마음을 한번 잡아놓으면 팔로어에 대한 공략이 수월해질뿐더러 팔로어의 이탈 가능성도 대폭 줄어들게 된다.

셋째, 자신감에 빠져 산다. 열정은 퍼트리는 전염력이 강한 반면 마음의 근력인 자신감은 상대를 빨아들이는 힘이 매우 강력하다. 그래서 자신감이 넘치는 리더 옆에는 리더가 액션을 취하기도 전에 팔로어들이 모여든다. 자신감에 투지까지 있으면 모여든 팔로어들을 리더의 방향으로 줄서게 하고 일사불란하게 움직이게 만드는 것은 시간문제다.

리더의 자신감을 구성하는 요소는 다양하다. 주로 태도와 정신력이 팔로어에게 어필되는 요소다. 이때 이것이 지나치게 되면 문제가 발생될 수 있다. 자신감과 자기애는 백지 한 장을 경계선으로 다른 면을 보이고 있기 때문에 자신감이 지나치면 자기애가 발동되어 자만심이 강하고 이기적인 사람으로 돌변할 수 있다. 요즈음의 팔로어들은 건방진 리더를 용인하지 않는다. 이 사실을 리더는 유념해야 한다.

넷째, 매력 있게 보인다. 런던 정치경제대학 사회학과 교수였던 캐서린 하킴Catherine Hakim은 세계적인 베스트셀러인 그의 저서

『매력자본』에서 "매력 있는 사람은 최소한 남들보다 모든 면에서 15% 정도는 유리하다."고 강조한다. 관계하는 사람의 선호도가 매력에 의해서 상당 부분 좌우되는 것을 보면 하킴의 말은 분명 일리가 있다. 그럼에도 불구하고 남의 매력에는 지나치게 많은 관심을 보이는 반면에 정작 자신의 매력에 대해서는 무관심한 리더들이 적지 않다. 관심을 가져야 할 주主와 객客이 전도된 것이다. 리더의 매력이 팔로어를 움직이는 데 있어서 중요하다는 것이 더 이상 불편한 진실로 여겨져서는 안 된다.

매력을 구성하는 요소는 다양하지만 그중에서 진취적인 매력을 만들어주는 요소는 얌전한 목소리보다는 박력 있는 목소리, 점잖은 표정보다는 밝게 미소 짓는 표정, 무난한 것보다는 심플하면서도 세련된 느낌을 주는 복장, 부드러움보다는 상큼함을 풍기는 향취 등이다. 특히 팔로어에게 어필하여 자신을 따라오게 해야 하는 리더에게는 표정관리가 매우 중요하다. 웃음연구의 세계적인 권위자인 미국 캘리포니아대학교 버클리분교 심리학과의 대커 켈트너Dacher Keltner 교수는 아주 잠깐이라도 사람들에게 미소를 보여주면 상대방도 따라서 미소 짓는다는 것을 연구를 통해서 밝힌 바 있다.

보통 교사는 지껄인다. 좋은 교사는 잘 가르친다. 훌륭한 교사는 스스로 해 보인다. 위대한 교사는 가슴에 불을 지른다.
― 앨프리드 화이트헤드(영국의 철학자이자 수학자) ―

chapter 02
지적능력을 권력화해라

아는 것이 바로 리딩파워이다

그 옛날 민족시인 심훈은 그의 저서 『상록수』에서 "아는 것은 힘, 배워야 산다."고 외치면서 아는 것, 즉 개인의 생활과 발전을 가능케 해주는 지식의 중요성을 강조한 바 있다. 적당히 살아도 그리 고단하지 않았던 그 시절에도 안다는 것은 중요한 일이었다. 그러니 아무리 박식해도 성공을 보장받기 어려운 작금의 상황에서는 발전과 성공을 위해서라면 그에 필요한 지식과 노하우로 단단히 무장하는 것은 그 무엇보다도 중차대한 일이 아닐 수 없다.

예나 지금이나 지식은 삶을 영위하기 위해 필수불가결한 존재이다. 물론 적당히 살아가려는 사람에게야 생활에 기본적으로 필요한 지식만 알고 있어도 무방할 것이다. 그러나 하루하루 펼쳐지는 격전의 현장에서 승리를 거두며 정신적, 물질적 풍요를 누리고자 하는 사람에게는 그렇지 않다. 이들에게는 첨단 지식과 노하우가 필요하다. 특히 경쟁자에게 아직 알려지지 않은 첩보나 정보 같은 최신 지식은 그야말로 보석 같은 존재이다. 세계적인 언론정보전문가 캐나다 토론토대학교의 데릭 드 케르코브Derrick de Kerckhove 교수는 우리나라에서 열린 한 학술행사에서 "정보를 다루는 기술이 곧 개인과 기업의 경쟁력 그 자체이다."라는 간단명료한 말로 지식의 중심축이 되는 정보의 중요성을 함축하였다.

직장이라는 조직은 치열하게 경쟁이 벌어지는 하나의 정글이다. 직장인들에게 최신의 고급 지식은 직장이라는 정글에서 생존을 하기 위한 도구이자 무기다. 그러다 보니 최신의 고급지식은 조직의 리더들이 팔로어를 이끄는 데도 필요하다. 팔로어가 모르는 리더의 '따끈따끈한' 지식은 팔로어의 관심을 모을 수 있는 매력을 가지고 있기 때문이다. 업무추진에 참고가 되는 생생한 정보, 업무를 효과적으로 처리할 수 있는 첨단 기술, 나아가 생활에 필요한 상식 등 팔로어가 잘 모르는 것을 리더가 풍부하게 가지고 있다면 팔로어는 자진해서 리더를 따르게 된다. 자신의 이익증대에 도움이 될 수 있는 것을 마다하는 사람이 누가 있겠는가?

리더의 지적능력은 팔로어로 하여금 리더를 따르게 만들 수 있는 매우 중요한 기반이다. 연세대학교 경영학과의 정동일 교수는 이를 '전문적 권력Expert Power'이란 말로 설명하면서 팔로어가 리더를 통해 역량이 향상되고 좀 더 성공한 사람이 될 수 있을 것이라는 확신을 갖게 된다면 리더의 영향력은 극대화될 수 있고, 이는 팔로어의 자발적인 추종으로 이어진다고 강조한다. 그리고 이러한 리더로서 지금은 고인이 된 애플의 스티브 잡스Steve Jobs, 구글의 에릭 슈밋Eric Schmidt, IBM의 샘 팔미사노Sam Palmisano와 같은 CEO를 꼽고 있다.

철 지난 정보에 팔로어는 하품한다

이와 같이 리더의 지적능력은 리더 자신은 물론 팔로어가 일 추진을 원활하게 하기 위해서라도 필요하다. 팔로어들에게 잘 어필되는 리더의 매력이기도 하다. 이를 알고 있는 리더들은 지적 능력을 키우기 위해 분주하게 움직인다. 많이 알고 있는 것 자체만 가지고는 효과적인 리더십 발휘에 역부족이라는 것도 잘 알기 때문에 팔로어에게 요긴한 최신의 고급 정보를 많이 확보하고 있다는 사실을 알게 모르게 홍보한다.

그리고 능력 있는 리더들은 팔로어와 대화할 때, 또는 여럿이 모여 회의할 때 상대가 말하는 것을 경청한다. 더 능력 있는 리더들은 경청은 물론 상대가 여태껏 누구에게서도 들어보지 못한 귀를 솔깃하게 하는 따끈따끈한 지식 보따리를 풀어놓는다. 딴짓하던 상대의 눈길이 자기에게 돌아온다 싶으면 "쉿! 당신에게만 특별히 알려주는 거야." 하는 것 같은 눈짓을 하면서 말해준다. 이렇게 되면 팔로어는 리더에게 빨려 들어갈 수밖에 없다.

미래학자 앨빈 토플러Alvin Toffler가 1990년 자신의 저서『권력의 이동』에서 "미래에는 권력이 다른 나라나 기업, 개인으로 옮겨가는 것이 아니라 권력의 본질 자체가 변화해서 지식정보계층이 그 중심이 될 것."이라고 예측한 바 있다. 그의 말대로 지금 우리는 그러한 세상의 한복판에서 살아가고 있다. 모르는 사람이 움츠리고 있을 때 지식정보 권력을 가진 자, 즉 남들보다 더 많이 아는 자들은 그렇지 않은 남을 '호령'하며 살고 있는 것이다.

그럼에도 불구하고 상당수의 리더들은 기존의 지식과 노하우를 재탕, 삼탕 반복적으로 이야기하는 것으로 일관한다. 그리고 장시간 동안 어지럽게 말해 놓고 "이 정도 말했으면 알아들었겠지?" 하면서 안도한다. 팔로어가 인터넷, 스마트폰을 통해 이미 '정보의 도사'가 되어있다는 사실을 잊은 채 벌써 '구닥다리'가 된 지식과 노하우를 아무렇지도 않게 늘어놓고 있는 것이다. 지적역량 향상을 위한 리더 계층의 노력이 매우 미흡하다. 우리나라 성인독서량이 OECD국가 중 최하위권이라는 사실이 이를 여실히 입증해주고 있다.

그리고 적지 않은 리더들이 업무는 어디까지나 업무라며 해당 업무분야 지식만 열심히 전달하면 될 것으로 오해하며 살아간다. 전달하는 내용이 상황에 따라 맞춤형으로 달라져야 하는데 대부분 천편일률적이다. 그러니 시간이 조금만 지나도 팔로어들은 하품할 수밖에 없다. 과거에는 직장업무가 팔로어들에게 최우선, 그리고 최대의 관심사였기에 집중하고 들었다. 그러나 지금은 상황이 다르다. 직장업무뿐만이 아니라 관심분야가 다양하다. 그러다 보니 아무리 기가 막히는 업무용 정보라 하더라도 아주 특별한 것이 아니라면 상당 부분이 팔로어의 귀를 그냥 스쳐 지나간다.

회의 시 또는 대화 시에 팔로어를 리더의 말에 집중시켜야 하는데, 그리고 이를 통해 리더가 희망하는 방향으로 팔로어를 몰고 가야 하는데, 만일 그렇게 하지 못한다면 리더로서는 자격미달이다. 그래서 리더의 말과 지시에 대한 관심도를 증대시키기 위해서는 팔로어가 모르는 희소성이 있는 고급정보와 노하우를 다량으로 확보하고 있어야 한다. 그리고 이것들을 혼자만 알고 있지 말고 리더십과 연계해서 지혜롭게 활용하여야 한다.

팔로어의 관심거리로 무장하라

대부분 조직의 중하위 계층에 위치한 팔로어들은 아무래도 앎이 좀 더 필요하기 때문에 지식과 노하우에 늘 목마르다. 이러한 지식갈증을 해소시켜 줄 수 있는 리더라면 지식권력자와 동시에 이들의 강력한 리더가 될 수 있다. 이러한 리더가 되기 위해서 몇 가지 사항을 숙지해야 한다.

첫째, 팔로어가 모를 가능성이 높은 지식과 노하우를 많이 확보한다. 지식정보화시대를 맞이하여 일반적인 지식은 팔로어도 대부분 알고 있다. 식장의 업무적인 지식도 입사 후 몇 년 지나면 기본적인 것들은 꿰차게 된다. 그래서 리더십을 발휘하는 데 기여할 수 있는 지식, 즉 팔로어가 모르는 희소성 있는 지식, 그 중에서도 그들이 관심 가질 만한 영양가 있는 지식을 항상 구비해 놓고 살아야 한다.

이를 위해서는 독서량을 늘리는 것이 무엇보다 중요하다. 독서

만큼 새로운 지식과 노하우를 손쉽게 얻을 수 있는 방법은 사실 없다. 그야말로 '저비용 고효율'의 대표 선수이다. 현재 우리나라 성인 독서율이 65% 정도이고 국민 3명 중 1명만이 한 달에 책 한 권 읽는 상황임을 고려한다면 한 달에 두세 권의 책만 읽어도 팔로어를 유혹할 수 있는 지식을 확보할 수 있다. 그리고 신문, 방송, 인터넷자료, 전문가의 강의자료, 각종 모임 등은 언제라도 접근이 가능한 아주 훌륭한 정보의 원천이다. 특히 노하우라면 리더가 풍부한 경험을 바탕으로 직접 개발한 것이 현실적이어서 좋고, 한발 나아가 학문적으로 입증 가능한 것이라면 금상첨화이다. "나는 많이 읽는다. 신문은 말할 것도 없고 책과 잡지 등을 두루 읽는다. 내 컴퓨터의 시작 홈페이지는 뉴욕타임스다. 내 독서 리스트에는 약 200개의 각종 읽을거리가 올라 있다. 나는 또 많은 사람과 이야기를 나누고 여행을 다닌다." 세계적인 미래학자이자 『퓨처파일』의 저자 리처드 왓슨Richard Watson의 말이다.

둘째, 정보를 적극적으로 알린다. 이것저것 많이 알고 있다 하더라도 그저 가지고만 있다거나 리더 자신의 업무수행에만 사용한다면 그 정보는 리더의 리더십과는 무관한 존재일 뿐이다. 팔로어를 따르게 만들기 위해서는 알고 있는 정보를 팔로어에게 적극적으로 알려주고, 또한 "나는 당신이 좋아할 만한 정보를 줄 수 있는 사람."이라는 것을 다양한 방법을 통해서 홍보해야 한다.

직장에서 리더가 팔로어에게 정보를 알려줄 수 있는 기회는 면담 시간, 회의 시간, 교육 시간, 나아가서 식사자리, 술자리 등 실로 다양하다. 이때를 이용하여 알려주고 때로는 자신의 '박식'

을 은근히 어필도 한다. "때가 되면 나를 알아보겠지. 쪼잔하게 자랑은 무슨 자랑….." 하면서 오만 또는 겸손으로 일관하려 한다면 유식한 리더가 향유할 수 있는 지식권력, 즉 지식리더십이 주는 적지 않은 수혜를 기대하지 않는 게 좋다. 정보는 수시로 업데이트하고 그것을 신속하게 팔로어에게 전달해야 한다. 지식의 효용이 3년이 지나면 2분의 1로 떨어지고 10년이 지나면 8분의 1밖에 남지 않는다는 사실을 염두에 두면서 말이다.

셋째, 팔로어의 관심분야에 포커싱한다. 팔로어들이 리더의 말에 귀 기울이게 하려면 팔로어가 관심 갖는 분야에 포커싱해서 해당정보를 알려줄 수 있어야 한다. 리더 입장에서는 중요하다 하더라도 팔로어가 별로 관심 갖지 않는 정보라면 리더를 따르고자 하는 욕구를 발동시키기에는 아무래도 역부족이다.

철이 지났거나 팔로어의 관심도가 낮은 것을 "최신의 고급정보와 노하우입네." 하고 말해줘 봐야 그것은 무용지물이다. 그래서 리더는 늘 정보입수에 첨단을 걸어야 한다. 또한 리더는 팔로어가 대부분 업무에 관한 최신의 고급정보만을 원할 것이라는 순진한 생각은 버려야 한다. 요즈음의 팔로어들은 개인의 이익에 대단히 민감해서 일반적인 업무정보보다 자기계발, 건강관리, 재산증식, 여가활동 등 자신의 개인적인 이익에 보다 부합되는 비업무적 정보에 귀를 더 크게 열 때가 많기 때문이다.

넷째, 근거를 제시하는 스토리텔링을 습관화한다. 이제는 아무리 직책이 높은 리더라 하더라도 근거가 미흡한 주장이나 정보로는 팔로어의 귀를 솔깃하게 만들기 어렵다. 과거에는 대부분의 팔로어들이 리더의 말을 믿고 순순히 따랐지만 지금은 그렇지 않다. 보다 많이 알고 자유분방해진 팔로어들은 더 이상 찜찜한 상태로 리더의 말을 수용하려 하지 않는다. 그들은 리더에게 말한 것에 대한 객관적이고 구체적인 근거를 대라고 한다.

상황이 이렇다 보니 똑똑해진 팔로어를 이해시키지 못하면 애써 획득한 정보나 노하우를 이용한 리더십 발휘가 불가능해질 수밖에 없다. 그러나 제대로 된 근거를 제시하여 그들의 관심을 흡인할 수 있는 리더라면 지적능력을 이용한 리더십 발휘의 기쁨을 톡톡히 누릴 수가 있다. 그래서 수치가 포함된 조사결과나 연구결과, 전문가나 사회적 명사의 견해, 나와 남의 성공사례 등을 자신의 주장과 함께 제시하여 팔로어로부터 공감을 얻어야 한다.

> 배우기를 끝내면 리더로서의 생명도 끝난다. 리더는 결코 자신의 능력이나 지식수준에 만족해서는 안 된다.
>
> — 존 우든, 『리더라면 우든처럼』에서 —

기꺼이
총알받이가 돼 줘라

희생은 리더를 배신하지 않는다

영국과 프랑스 간 백년전쟁이 한창이던 1347년, 영국 왕 에드워드 3세가 이끄는 영국군은 프랑스의 칼레 지역을 11개월 동안이나 공격한 끝에 마침내 점령하였다. 에드워드 3세는 칼레주민들을 살려주는 대신 지체 높은 사람 6명의 목숨을 내놓으라는 조건을 제시한다. 누가 나가야 하나 고민하고 있을 때 시민 중 제일 부자인 외스타슈 드 생 피에르Eustache de Saint Pierre가 가장 먼저 목숨을 내놓겠다고 나섰다. 이어서 시장, 고위관료, 상류층 등이 줄을 이었다. 이들 모두는 칼레의 일반주민들 때문에 그동안 잘살 수 있었다고 자진해서 나선 것이었다. 이 모습을 본 에드워드 3세는 이들의 희생정신에 감명을 받아 6명을 모두 살려주었다. 사회적 리더 계층의 희생정신이 리더 자신들은 물론 모든 주민들까지도 살린 것이다. 그 유명한 말 '노블레스 오블리주'는 바로 여기서 유래되었다.

중앙집권조직에서 지방분권조직으로, 대가족에서 핵가족으로, 여럿이 한방을 쓰던 시대에서 혼자서 한방을 쓰는 시대로 변화하면서 지금은 그 어느 때보다도 개인의 이익에 대한 관심이 고조되고 있다. 그러다 보니 조직에서 팔로어, 리더 할 것 없이 자신의 이익을 희생시킨다는 것이 여간 어려운 일이 아니다. 장기적으로 보면 희생으로 인해서 더 큰 이익이 돌아올 것이 확실한데도 그들에게 희생은 그야말로 '나중의 일'일 뿐이다.

희생정신은 궁극적으로 막강한 위력을 발휘한다. 특히 리더 한 사람의 희생은 다수의 이익을 유지하고 추가로 확보할 수 있다는 데에 남다른 가치가 있다. 그래서 리더가 책임의식을 발휘하고 팔로어에게 희생으로 헌신하는 것이 동서고금을 통해서 중요시되고 있는 것이다. 리더의 희생이 만들어내는 숭고한 가치와는 별개로 희생의 주체인 리더 입장에서는 자신의 희생이 여간 부담스러운 일이 아닐 수 없다. 그래서 희생에 몸을 움츠릴 수도 있다.

그러나 지금 희생한다고 해서 반드시 손해 보는 것은 아니다. 팔로어를 위한 리더의 희생은 결국 팔로어도 알게 된다. 그렇기 때문에 리더에게 당장은 손해가 발생할지 몰라도 그 희생이 팔로어의 마음을 움직여 종국에 가서는 손해를 상쇄하고도 남을 수 있는 더 큰 이익을 얻을 수가 있다.

성공한 리더들은 이구동성으로 팔로어에 대한 리더의 적절한 희생을 역설한다. 희생을 실행하는 것은 물론이고 희생하겠다는 의지, 즉 희생정신까지도 팔로어에게 보이는 것이 중요하다고 조언한다. 미국 국무장관을 역임한 콜린 파월은 그의 저서 『콜린 파월의 실전 리더십』에서 "부하직원에게 '내가 당신을 훈련시키고 나도 열심히 일하겠다. 내가 당신을 이끌고, 당신을 위해 희생하겠다.'는 점을 확신시켜야 한다. 그러면 사람들이 리더인 당신을 믿게 되고, 그 순간부터 따르게 된다."고 기술하고 있다. 리더의 희생의지 표출의 필요성을 말해주고 있는 것이다. 팔로어가 리더를 진정으로 따르게 만드는 이러한 희생 리더십이야말로 정말이지 가치 있는 리더십이 아니겠는가?

등에 칼을 꽂고 다니는 리더가 별로 없다

업무현장의 유능한 리더들은 양초가 스스로를 태워서 주위를 밝히듯 곤경에 빠진 팔로어를 구출하는데 적절한 자기희생을 주저하지 않는다. "너를 위해 기꺼이 산화하겠다." "나를 총알받이로 이용하라."는 등 각오도 남다르다. 우리나라 축구역사상 최초로 올림픽에서 동메달을 획득하는 데 결정적인 역할을 한 '영원한 리베로' 홍명보 감독은 "난 너희들을 위해 등에 칼을 꽂고 다닌다."는 말로 유명하다. 선수들을 위해서라면 자신이 기꺼이 희생하겠다는 것이다. 이러한 홍명보 감독의 절절한 각오가 선수들의 마음을 흔들어 결국 대한민국 축구가 새 역사를 쓰는 데 있어서 혁혁한 기여를 하지 않았나 생각된다.

필자도 약 30년의 직장생활 중에서 25년은 리더로 살아왔고 지금도 계속되고 있다. 돌이켜 보면 팔로어인 직원들을 위해서 크고 작은 희생을 많이도 치렀다. 대신 총대를 짊어지다가 크고 작은 부상도 많이 당했다. 그러나 그 일에 대해 전혀 후회하지 않는다. 지금도 기꺼이 희생을 준비해 놓고 살아간다. 왜냐하면 치른 희생보다 더 큰 반대급부가 언제나 필자에게 주어졌기 때문이다.

직장민주화가 정착되면서 이제는 직장에서 리더 혼자만 공감하는 방식을 가지고 밀어붙이는 것은 통하지 않게 되었다. 리더의 자존심을 좀 희생해서라도 팔로어의 의견을 존중하고 고위층에서 기관총을 쏴도 방패막이 역할을 해야 한다. 그런데도 지난날 통용되었던 사고와 관행으로 일관하는 리더가 아직도 있다. 이들에게는 팔로어를 위해 헌신하고자 하는 마음도 거의 없다.

심지어 자기밖에 모르는 리더도 적지 않다. 별것 아닌 위험에도 바싹 몸을 사린다. "나도 목구멍이 포도청인데…." "팀원이나 팀장이나 다 똑같은 월급쟁이인데…." 하면서 팔로어를 대신해서 책임지고 희생되는 것에 알레르기 반응을 보인다. 이런 리더를 어느 팔로어가 따르려고 하겠는가? 아무리 훌륭한 종이라도 자기 몸을 때려주지 않으면 그 종은 소리가 나질 않는 법이다. 리더도 마찬가지이다. 고통을 참고 자기 몸을 때릴 때 거기서 나오는 진동이 팔로어의 마음을 울릴 수 있는 것이다.

마쓰시타 고노스케, 혼다 소이치로와 함께 일본에서 가장 존경받는 3대 기업가로 꼽히며, '살아 있는 경영의 신'으로까지 불리는 일본 교세라그룹의 창업자 이나모리 가즈오稻盛和夫는 이런 리더에게 다음과 같이 경고한다. "리더는 자기희생을 보이지 않으면 안 된다. 자기애自己愛가 강한 사람이 리더가 돼서는 안 된다. 자기애가 강한 사람이 리더가 된 조직은 불행한 조직이라고 할 수밖에 없다."

공功은 팔로어가, 책임은 리더가 가져라

희생이 줄 '당장의 고통' 때문에 업무현장의 리더들은 희생과 회피 중 어느 쪽으로 결정을 내릴 것인지를 빈번하게 고뇌한다. 그렇지만 모범답안은 희생에 방점을 찍고 있다. 리더의 자기희생을 통하여 팔로어의 마음을 차지하기 위해서는 다음의 사항을 숙지해야 한다.

첫째, 책임을 전가하지 않는다. 리더의 자리는 자신이 맡은 조직에서 일어나는 일에 대해 고스란히 책임을 지는 자리이다. 그래서 리더에게는 책임자라는 별칭이 따라붙는다. 리더 쪽으로 이동할수록 실무적인 일이 줄어드는 것은 바로 이러한 중차대한 역할이 주어지기 때문이다. 그런데도 자신이 내린 결정에 대해 책임을 회피하고 그 책임을 팔로어 등 타인에게 전가한다면 리더로서 완전 자격상실이다.

팔로어의 신뢰와 그들의 진정한 추종을 얻어내기 위해서는 행한 일에 대해 전적으로 책임지는 자세가 필요하다. 잘못된 결정인데도 자신을 옹호하기 위한 주장만을 되풀이하는 태도를 취해서는 안 된다. 나약한 모습으로 팔로어의 감성만 붙잡고 늘어지는 태도도 꼴불견이 될 수 있어 역시 금물이다. 그리고 책임을 자신이 모두 감수할 듯하면서 팔로어의 손을 슬쩍 붙잡는 행동은 소위 '물귀신작전'으로 밖에 비쳐지지 않아 팔로어의 마음을 결코 얻을 수 없다는 것을 명심해야 한다.

둘째, 팔로어 대신 책임을 져준다. 몇 년 전 다국적 헤드헌팅 업체인 에이퀀트가 직장인 225명을 대상으로 역대 월드컵 대표팀 외국인감독 중 '함께 일하고 싶은 리더'를 조사한 결과, 1위 히딩크형(65.1%), 2위 아드보카트형(25.1%), 3위 코엘류형(6.2%), 4위 본프레레형(3.6%)로 나타났다. 히딩크형와 아드보카트형이 압도적인 우세를 보인 가장 주된 이유는 개인주의적이고 패전의 결과를 선수나 축구협회에 전가하기도 한 코엘류 감독과 본프레레 감독과는 달리 히딩크 감독과 아드보카트 감독은 패전에 대해 선수에 대한 실망감이나 비판적 발언은 거의 없이 대부분 자신의 책임으로 받아들였다는 것이었다.

대신 매 맞는 것은 리더 입장에서 볼 때는 내키지 않는 일이지만 어쨌든 이를 보는 팔로어 입장에서는 그들에게 의지하고, 그들과 마음을 섞고 싶어 한다는 것을 단적으로 보여주는 조사결과이다.

조직의 실패는 궁극적으로 리더의 책임으로 돌아가게 되어 있다. 싫든 좋든 비난의 화살은 날아온다. 이것은 팔로어도 알고 있다. 이런 상황에서 팔로어가 책임져야 할 몫까지 대신 짊어진다면 팔로어의 마음을 울리는 힘은 가히 메가톤급이 될 수 있다. 그래서 팔로어에게 문제가 생겼을 때 '우리' 혹은 '함께'와 같은 단어를 사용해 부담을 줄여주는 모습과 "실무자인 자네가 무슨 잘못이 있겠나. 모든 것은 결정을 잘못한 내 책임이지. 아무 걱정하지 말게나." 하며 책임을 떠안는 아량을 베풀어주는 것은 성공을 지향하는 리더의 필수적인 행동인 것이다.

셋째, 공功은 팔로어에게 돌린다. 조직의 성과물은 리더를 비롯한 조직구성원 모두의 것이다. 그래서 모두에게 분배받을 권리가 있다. 리더라고 예외가 아니다. 이 과정에서 일부 욕심 있는 리더들은 소소한 것까지도 '공평'을 내세우며 자기 몫을 챙기려는 경향을 보인다. 때로는 '대장'이라는 이유로 몫을 부풀려 거둬가기도 한다. 이러다가는 쪼잔한 리더로 전락되어 허구한 날 밥 사주며 팔로어로부터 얻은 존경심을 한순간에 날려 버릴 수가 있다. 조심해야 할 일이다.

리더 고유의 몫으로 떨어지는 공은 물론 리더가 챙겨야 한다. 리더도 보상에 울고 웃는 평범한 사람이자 샐러리맨이기 때문이다. 그러나 조직에 주어지는 공동의 이익 중에서 자신에게 분배되는 몫은 가능한 팔로어에게 양보하는 것이 좋다. 이러한 행위는 분명 향후 리더에게 더 큰 이익을 몰아준다. 특히 비교열위로 위축되어 있는 팔로어를 각별하게 챙기는 것이 중요하다. 이들은 다른 팔로어와는 달리 특별한 감명을 받을 가능성이 매우 높기 때문이다.

넷째, 팔로어에게 헌신하는 마음을 견지한다. 주지하다시피 작금의 리더십 발휘 장면에서 팔로어의 동기를 최대한도로 이끌어 내기 위해서는 필연적으로 리더의 희생이 요구된다. 그 희생의

한 가운데에는 팔로어에 대한 리더의 헌신과 섬김이 자리 잡고 있다. '헌신' '섬김' 등의 단어는 카리스마만으로도 통했던 예전에는 리더십 사전에 존재하지 않았던 단어들이다. 그러나 작금의 상황에서는 리더의 주된 역할이 조직 피라미드의 맨 꼭대기에서 군림하는 일이 아니라 맨 아래에서 팔로어를 위해 헌신하는 일로 변하였다. 세계적인 리더십 전문가인 제임스 쿠제스James M. Kouzes는 그의 저서 『The Leader』에서 "과연 우리 사회의 리더들은 구성원들을 진심으로 섬기며 자기희생을 감내하고 있는가?"라는 질문을 던지며 리더의 팔로어에 대한 섬김을 강조하고 있다.

　팔로어들은 리더가 그 자신이나 조직전체를 위해 한 일이 아니라 철저하게 팔로어 자신들에게 한 일로써 리더를 기억한다. 그것도 냉정할 정도로 말이다. 그래서 리더가 휴가도 반납한 채 죽어라고 일한다 해도 팔로어에게 헌신하는 모습이 그 안에 들어있지 않다면 그것은 팔로어의 기억에 남지 못한다. 팔로어에게 훌륭한 리더로 기억되고, 이로 인하여 그들로 하여금 리더를 향한 추종동기를 얻어내기 위해서는 그들의 기억에 각인할 수 있는 일반적인 지원이 아니라 헌신적 봉사가 필요하다.

> 즐거워하는 마음으로 위난에 뛰어들면 백성들은 자신들의 죽음을 생각하지 않고 궐기한다.
>
> － 『역경』 －

파워로 인정되는
권위를 쌓아라

팔로어는 격格 있는 리더의 권위를 주시한다

2013년 6월 어느 날, 남북 당국 간 회담이 열린다는 발표가 있었다. 2007년 5월 이후 장기간 중단된 이후 실로 오랜만에 열리는 회의라 많은 사람들이 회의개최를 반기며 들떠 있었다. 그러나 그 기쁨도 잠시뿐이었다. 발표 후 며칠 만에 북한이 우리 정부가 통보한 수석대표의 '격格'을 문제 삼아 남북회담을 일방적으로 보류시킨 것이다. 우리 정부도 과거와는 다르게 북한 측의 억지주장을 반박하며 원칙에 입각하여 강력하게 대응하였다. 결국 회담 수석대표의 자격문제에 부딪쳐 끝내 열리지 못했다. 즉 '격'이라는 문제 하나 때문에 대다수의 국민이 열망했던 모처럼만의 남북 당국 간 회담이 무산되어 버린 것이다.

이처럼 '격'은 상대방을 대화의 상대로 인정하거나 따르고자 하는 마음이 생기게 하는 근거로 작용하기 때문에 매우 중요하다. 이 '격'은 우리가 흔히 활용하고 있는 권위라는 단어와도 맥을 같이한다. HR 컨설팅업체인 디벨롭먼트 디멘션스 인터내셔널과 배드보솔러지 닷컴이 900명의 미국 직장인들을 대상으로 '상사가 가져야 할 주요 덕목들'을 조사한 적이 있는데, 이 조사에서 신뢰에 이어 두 번째로 꼽힌 것이 바로 권위였다. 공식적으로 인정될 수 있는 리더의 권위는 팔로어가 리더에 대한 존경여부를 결정하는 데 있어서 아주 중요한 잣대가 될 수 있다는 것을 이 조사결과는 시사해 주고 있다.

  세계적인 심리학자인 미국 아리조나주립대학교의 로버트 치알디Robert Cialdini 교수도 그가 제시한 '권위의 법칙'으로 권위가 가지는 위력을 설명한다. 사람들은 리더의 권위에 맹목적으로 따르는 경향이 있다는 것이다. 이는 리더가 실질적인 능력은 좀 부족해도 권위만 제대로 갖추고 있다면 팔로어 통솔이 상당 부분 가능하다는 얘기다.

  소개팅 자리에 얼굴이 아니다 싶은 사람이 나와 앉아 있다면 금방 자리를 뜨고 싶을 것이다. 그렇지만 이 관심 밖의 상대가 일류대 졸업에 학생회장까지 했던 사람이라면 얘기는 달라진다. 그 사람에 대한 평가는 금방 상향조정될 것이다. 이것이 바로 미국의 심리학자 에드워드 손다이크Edward L. Thorndike가 제시한 '후광효과'인데, 이것 역시 사람의 권위를 만들어주는 데 큰 역할을 한다. 그래서 사람들은 받은 명함에 'OO학 박사'라도 쓰여 있거나, 동네 병원 대기실 벽에 표창패나 감사패 몇 개라도 걸려있으면 상대를 일단 인정해주고 들어가는 것이다.

직장 내 조직의 리더와 팔로어 간의 관계에서도 권위가 미치는 영향력은 막강하다. 그렇기 때문에 팔로어가 공감할 수 있는 객관적이고 수준 높은 권위요소로 리더가 무장되어 있다면 팔로어를 따르게 만드는 일은 보다 쉬워질 수 있다.

인사고과권의 약발이 예전 같지 않다

예전에는 리더의 겉으로 보이는 직책, 나이 등 외면적인 권위만 가지고도 팔로어가 그를 판단하고 따랐다. 요즘은 그렇지가 않다. 판단요소에 내면적인 권위가 반드시 추가된다. 팔로어는 리더의 직장 내 직책은 물론 스펙, 인격, 실력 등 모든 권위요소를 훑은 뒤에야 비로소 머리를 숙이고 따를 것이냐, 적당히 따를 것이냐, 아니면 무시하고 대충 지낼 것인가를 결정한다. 리더가 쉽게 권위 부리며 살 수 있었던 시대는 이제 저 멀리로 지나간 것이다.

지금은 리더의 권위는 전적으로 리더가 만들거나 조직이 만들어주는 시대가 아니다. 그래서 이제는 아무리 직장에서 합리적으로 부여받은 직책이 있다 하더라도 팔로어가 리더의 권위를 인정하지 않는다면 리더는 힘을 제대로 발휘할 수가 없게 되었다.

상황이 이러하다 보니 '함량미달리더'로 찍히기라도 하면 여러 팔로어들 앞에서 아무리 좋은 말로 '일장연설'을 해도 반도 말하기 전에 "그래서 본론이 뭡니까?" 술자리에서 건배사가 조금만 길어져도 팔로어들의 "팔 떨어집니다." 같은 소리를 듣기 일쑤다. 그래서 당황한 나머지 준비한 건배사는 꺼내지도 못하고 어색한 건배구호를 서둘러 외쳐야 하는 수모를 겪는다. 이만하면 "리더 해먹기 어렵다."는 말이 절로 튀어 나올 법도 하다.

팔로어가 리더를 리더로서 인정만 한다면야 직장 내 직책이나 서열 등은 일하는 데 크게 중요치 않을 수 있다. 다국적기업 고어앤어소시에이츠W. L. Gore and Associates를 비롯한 여러 회사들이 이를 확인시켜주고 있다. 국내에서는 방수, 방풍 등 고기능성 등산복 소재 '고어텍스'를 생산하는 기업으로 잘 알려져 있는 고어앤어소시에이츠는 전통적 의미의 직급, 직책 그리고 상사가 존재하지 않는다. 그럼에도 불구하고 대부분의 팔로어들은 리더에게 존경과 신뢰를 아낌없이 보내면서 자신들과 회사를 발전시키고 있다. 이 회사는 지금 전 세계 30여 개 국가에 걸쳐 사업장이 있고 매출액이 무려 30억 달러에 달하는 거대한 글로벌 기업이면서 최근 14년 연속 미《포춘지》의 '가장 일하고 싶은 100대 기업'으로 선정된 전설적인 기록을 자랑하고 있다.

이렇듯 권위가 가지는 영향력은 매우 크다. 그러나 선임자의 권위에 대한 순종적 태도로 인해 발생되는 문제도 있다. 비상상황에서의 주조종사와 부조종사 간의 소통미흡이 도마 위에 올랐던 1997년의 대한항공 괌 추락사고, 연료가 다 떨어져 가는 상황에서도 공항 관제탑의 착륙 허가를 기다리다가 결국 추락한 1990년도의 콜롬비아의 아비앙카 항공 비행기 추락 사고를 전문가들은 권위에 대해 소신껏 대응하지 못해 발생한 전형적인 사고로 간주한다. 그래서 리더는 외면적이든 내면적이든 자신이 가지고 있는 권위를 휘둘러서도 안 되고 권위 앞에서 마냥 작아지는 팔로어를 방치해서도 안 된다.

영향력 있는 품위와 실력을 갖추어라

인정받는 권위, 즉 부하로 하여금 따르고 싶은 느낌을 갖게 만들 수 있는 권위를 확보하기 위해서는 다음의 사항을 숙지해야 한다.

첫째, 리더로서 품위와 격조를 늘 유지한다. 수직적 위계질서 중시에서 수평적인 소통 중시의 상황으로 바뀌면서 조직 내 분위기가 예전 같지 않다 하더라도 리더는 리더고 팔로어는 팔로어다. 근본이 변하는 것은 아니다. 그래서 리더는 리더의 수준에 걸맞는 생각과 행동을 해야 한다. 그래야 팔로어의 리더에 대한 신뢰가 유지되면서 품위가 확보된다. "정부가 국민의 신뢰를 유지하는 가장 중요한 요인은 효율성이 아니라 품위이다."라고 한 유명한 영국의 역사학자 월터 배젓Walter Bagehot의 말은 직장 리더에게 시사하는 바가 크다.

팔로어는 테이크아웃 커피 다 마시고 종이컵을 꾸겨서 쓰레기통에 획 던지더라도 리더는 살짝 집어넣고, 동일한 상황에서 팔로어는 힘들다고 죽는 소리를 해도 리더는 내색하지 말고, 팔로어는 나오는 대로 말을 뱉더라도 리더는 정제된 언어로 점잖게 말하고, 팔로어는 간혹 잔머리를 굴릴지라도 리더는 꼼수로 오해될 수 있는 말과 행동은 금하여야 한다. 리더의 이러한 행동은 팔로어로 하여금 제반 행실에 있어서 "나와는 좀 다르구나." "잘 따라야 하겠구나." 하는 생각이 들게 만들 수 있다.

둘째, '리더용 스펙'을 쌓는다. 스펙이란 것을 취업을 앞둔 대학생들만의 전유물이라 생각한다면 그건 오해다. "직장에 들어왔는데 웬 스펙?"이라고 생각할지 모르지만, 또는 그것을 인정하면서도 불편해할지 모르지만 직장인에게, 특히 팔로어들을 이끄는 리더 계층에게 스펙이 중요하다는 것은 엄연한 사실이다.

스펙하면 당장 떠오르는 입사 전의 학력, 토익 및 토플점수, 해외 어학연수 경험 등은 직장의 일반생활에서 그렇게 중요한 건 아니다. 리더십 발휘에서는 더더욱 그러하다. 그러나 입사 후 취득한 희소가치가 있는 자격증이나 전문 과정 수료증, 석·박사 학위 등은 '후광효과'를 통해서 팔로어들이 리더를 높이 평가하게 하고, 그리하여 궁극적으로 리더의 말에 순응하게 만드는 권위요소들이다. 그렇기 때문에 "리더생활 하는 것 자체만으로도 힘들어 죽겠는데 어느 세월에….."라는 자조적인 푸념 대신에 '리더용 스펙' 구축에 남다른 노력을 기울여야 한다.

셋째, 실력을 갖춘다. 실력은 스펙 같은 외형적인 권위나 품격 같은 사고 및 태도 측면의 권위가 아니고 일을 추진하는 수행능력 측면의 권위이다. 리더의 실력은 팔로어들이 볼 때 당장 도움이 될 수 있는 실질적인 매력을 가지고 있다. 리더의 실력은 팔로어로 하여금 자발적으로 좇게 만드는 권위라고 할 수 있다. 팔로어가 리더의 실력을 당장 눈으로 보지 못한다 해도 실력 있는 리더라고 인지하면 리더를 따르려는 마음이 생긴다. 치열한 경쟁 상황은 직장인들에게 당장의 성과를 요구하기 십상이다. 그러다 보니 당장 팔로어의 목마름을 채워 줄 업무수행 실력을 풍부하게 보유한 리더가 사랑받고, 팔로어의 마음을 통제할 수 있게 되는 것이다.

넷째, 높은 사내직급과 직책을 유지한다. 업무일선에서는 우스갯소리로 '직급이 깡패'라는 말을 간혹 한다. 이렇게 얘기하는 것을 보더라도 리더의 직급은 팔로어에게 두려움의 대상인 것만큼은 틀림없는 사실이다. 직급이 가지는 위력이 과거 대비 약화된 측면이 있긴 하지만 아직도 직장에서 고직급을 가진 리더는 그렇지 않은 팔로어에게 금전적, 비금전적으로 막강한 영향을 미친다. 차장 달고 팀장 하는 것 하고 부장 달고 팀장 하는 것은 분명 다르다. 리더의 능력이 다르다는 말이 아니라 조직구성원으로 하여금 따르고자 하는 마인드에 영향을 미치는 리더의 '격'이 달라진다는 말이다.

사내에서 높은 직급과 신분을 리더 마음대로 유지할 수는 없는 일이다. 그래서 탈락 없이 제때에 진급하거나, 공로를 인정받아 특진이나 발탁승진을 할 수 있도록 남다른 노력이 필요하다. 조직의 진급은 피라미드형으로 이루어지기 때문에 입사 동기 한 명은 진급하여 환호하는데 다른 한 명은 진급이 누락되어 한숨짓는 일이 비일비재하다. 이런 때에 정상적으로 진급한다면 그것이 바로 상대적 상위직급이다. 그리고 특별한 능력이나 공로를 인정받아 정상적인 진급을 뛰어넘어 승진하는 경우도 적지 않다. 특별한 능력이나 공로는 하늘에 있는 별이 아니다. 남들이 여유부리고 있을 때 일에 대해 좀 더 고민하고, 남들이 끼리끼리만 어울릴 때 상사와 부하에게까지 관심을 가지고 그들과 돈독한 유대관계를 맺어놓는다면 얼마든지 만들어낼 수 있다.

합리적인 권위는 능력에 기초를 두고 있으며 그것에 의존하는 사람이 상징하는 데 도움을 주지만, 비합리적인 권위는 힘에 기초를 두고 있으며 그것에 종속된 사람을 착취하는 데 봉사한다.

- 에리히 프롬 -

chapter 05
온몸으로 껴안아라

어려울 때의 도움이 더 큰 감동을 유발한다

얼마 전 삭발을 한 미국의 41대 대통령을 지낸 조지 부시 George H. Bush 가 까까머리를 한 어린아이와 함께 찍은 사진이 일간신문에 올라온 적이 있다. '전직 대통령 사진이 뭐 이래?' 하면서도 이내 아래에 있는 내용을 읽어 봤다. 부시가 안고 있는 어린아이는 백혈병에 걸려 머리카락이 모두 빠진 두 살짜리 꼬마였는데, 그 꼬마는 부시 경호원의 아들이었다. 자신의 경호원들이 투병 중인 동료의 아들을 돕기 위해 단체로 삭발한 것을 보고 "옳은 일을 하는데 내가 빠질 수 없다."며 부시가 동참한 것이었다.

순간 '이런다고 아이가 낫나?' 하는 생각도 들었지만 그것은 곧바로 필자에게 감동으로 다가왔다. 아흔이 넘은 노인 부시 전 대통령이 보여준 어려운 사람에 대한 배려정신에 감탄할 수밖에 없었다. 남편의 머리를 쓰다듬으며 "훨씬 젊어 보인다."며 남편의 배려에 적극 지지를 보내는 아내 바버라 부시 여사의 말은 감동을 더해 주었다.

동시에 이런 생각도 스쳤다. '사진을 보는 다른 사람도 감동하는데 이 모습을 본 그 아이 부모의 마음은 어떠했을까? 그리고 그 아이가 역경을 극복하고 성장해서 이 사진을 보게 된다면 그의 마음은 또한 어떠할까?' 굳이 더 이상을 언급할 필요는 없을 것 같다.

경기불황의 장기화로 인력충원이 원활하지 못하다 보니 개인에게 부과되는 일의 양은 증가하고 있고, 산업고도화로 인해 수행하는 일은 그 어느 때보다도 복잡하다. 그러다 보니 직원들, 특히 실무업무를 담당하는 대부분의 팔로어 직원들은 하루하루가 버겁기만 하다. 일 속에서 필연적으로 발생되는 직원들 간의 갈등 역시 이들의 스트레스를 가중시킨다.

이렇게 팔로어들이 코너에 몰려 있는데도 불구하고 리더가 모른 체하거나 다그치기만 한다면 팔로어의 사기는 그대로 바닥으로 떨어질 것이고 리더와의 간극은 점점 더 커지게 된다. 나아가 간극의 확대를 넘어서서 리더와 팔로어 간의 관계가 돌이킬 수 없는 파국으로 치달을 수도 있다. 그래서 지금은 리더에게 팔로어에 대한 배려와 포용이 그 어느 때보다도 절실하게 요구되고 있는 것이다.

배려와 포용이 중요한 이유는 이뿐만이 아니다. 또 하나의 이유는 한국의 관계문화가 원래 배려를 근간으로 하는 데서 비롯된다. 요리를 예로 들어 보자. 서양요리의 스테이크는 덩어리로 나와서 스스로 썰게 하지만 우리나라의 불고기는 먹기 불편하지 않게 썰어져서 나온다. 등심이 덩어리로 나와도 역시 대부분 종업원이 옆에서 먹기 편하게 잘라 준다. 이처럼 한국적인 정서는 배려가 기본인데, 그러다 보니 배려해주는 것 못지않게 남으로부터 배려받는 것 역시 몸에 배어 있다. 이러한 성향은 본인이 남들에게 베푸는지 여부와는 상관없이 배려받는 것을 당연시하는 습관을 만들었다.

 직장의 팔로어도 마찬가지이다. 아랫사람이기 때문에 이러한 경향은 오히려 더하면 더했지 결코 덜하지 않다. 상황이 이렇다 보니 리더는 리더십 발휘과정에서 팔로어에 대한 배려를 결코 소홀할 수가 없다. 과거에는 리더라는 이유 하나만으로도 배려심 없이 조직을 통솔할 수 있었다. 그러나 지금은 그렇지 않다. 배려심과 포용력이 떨어지는 리더는 직장에서 맘 편하게 지내기 어렵다. 불편은 고사하고 팔로어와의 빈번한 갈등과 이로 인해 떨어지는 조직의 성과 때문에라도 리더는 배려와 포용에 너그러워야 한다. 이러한 현상은 리더의 호好, 불호不好와 상관없이 더욱 심화될 것이다.

여기저기서 구원의 손길을 고대하고 있다

 리더의 배려와 포용이 중요함에도 팔로어에게 인식되는 리더의 배려와 포용은 바닥 수준이다. 직장인 499명을 대상으로 상사 만족도에 대해서 최근 조사를 실시한 취업포털 커리어의 결과 발표는 이러한 현실을 여실히 보여주고 있다. 설문응답 직장인의 88.0%는 상사에게 불만족스러운 점이 있다고 답했는데, 여러 가지 항목 중에서 '부하에 대한 배려 부족'이 불만족 사항 1위로 나타났다. 리더가 배려와 포용에 대해서 어느 정도 관심을 가져야 할지를 그대로 알려주는 조사 결과다.

물론 배려와 포용을 통해서 팔로어에게 사랑받고 조직을 성공적으로 이끌어가는 리더들도 적지 않다. 그들은 리더로서의 몸값을 높이고 있다. 하지만 배려와 포용 문제로 팔로어들과 수시로 갈등하는 리더들이 업무현장에서 자주 발견되고 있다. 그런 점을 고려한다면 리더들은 업무성과 제고에만 올인하지 말고 힘들고 괴로워하는 팔로어를 챙기는 일에도 깊은 관심을 가져야 한다.

직장 어느 곳을 둘러봐도 각박하게 행동하고도 성공한 리더는 찾아보기 힘들다. 반대로 팔로어를 진정으로 아끼고 배려하는 리더가 실패한 경우는 거의 없다. 배려받은 팔로어는 물론 다른 팔로어들까지도 감동적인 리더의 행동을 기억한다. 그래서 배려와 포용을 실천하던 리더가 뜻밖의 일로 잘못되기라도 한다면 팔로어들이 가만히 있질 않고 연판장을 돌려가면서까지 "우리 리더 살려내라!"고 아우성치는 경우가 종종 발견되는 것이다. 이것은 인지상정이다.

물론 리더가 아낌없는 배려를 실천하는 과정에서 자칫 힘들어지는 경우도 있다. 리더, 팔로어 할 것 없이 모두가 살얼음판 위를 뛰어가는 듯한 생활의 연속 속에서 TAKE 없이 GIVE만 이루어지면 시간과 에너지의 소진으로 제아무리 강력한 리더라 하더라도 이를 감당할 수가 없기 때문이다. 그러다 보니 GIVE와 TAKE의 경계선에서 아슬아슬 줄타기를 하는 리더도 더러 있다. 이것은 분명 바람직한 모습이 아니다. 이런 리더는 배려하고 포용하는 일이 당장은 힘들지만 궁극적으로는 리더에게 더 남는 장사라는 점을 유념해야 한다.

　전문가들의 연구결과와 그들의 견해는 이를 지지해주고 있다. 와튼스쿨에서 최연소로 종신교수가 된 심리학자 애덤 그랜트Adam M. Grant가 노스캐롤라이나주의 영업사원을 대상으로 연구를 했다. 배려 정도를 나타내는 기버지수Giver Index가 높은 영업사원은 받기만 하거나 주고받는 것을 동등하게 하는 영업사원보다 실적을 무려 50% 더 올리는 것으로 확인되었다. 서울대학교 심리학과의 곽금주 교수 역시 "상대와 함께 높은 시너지 효과를 내는 사람들은 더 높은 동기를 유발하는 배려의 실천자들이다."라는 말로 이에 힘을 실어 주고 있다. 이 말은 리더가 팔로어에 대해 배려와 포용을 실천하면 그로부터 시너지를 얻어 결국 리더가 성공한다는 말과 일맥상통한다고 볼 수 있다.

궁지에 몰린 팔로어부터 챙겨라

　리더가 팔로어를 배려하고 포용하기 위해서는 다음의 사항을 숙지해야 한다.

　첫째, 팔로어에게 먼저 다가간다. 요즘의 신세대 직장인들은 그들의 의사를 거리낌 없이 표현한다. 그렇다 해도 다른 사람에게 알려지면 약점이 될지도 모르는 자신의 고충까지 드러낸다는 것은 그들 역시 쉽지 않다. 설령 고충을 털어놓는다 하더라도 계단식 조직이다 보니 종점에 있는 리더에게까지 고스란히 전달되기가 어렵다. 그래서 리더는 팔로어가 어떤 일로 괴로워하고 있는지를 알기 위해 그들과 늘 가까운 위치에서 지내야 한다. 일단은 알아야 리더로서 팔로어에 대한 배려를 실행할 수 있기 때문이다.

이를 위해서는 무엇보다도 곤경에 빠진 직원이 편하게 노크할 수 있도록 리더 스스로 마음을 확 열어 놓는 일이 중요하다. 스펀지처럼 마음의 구멍이 송송 뚫려 있어야 팔로어가 고민거리를 가지고 다가올 수 있다. 그리고 눈을 크게 뜨고 끊임없이 업무현장을 두루 살펴야 한다. 평소 리더와 가까이하는 팔로어들이나 자신의 차하위 리더에게 팔로어의 상황을 알아보는 것도 필수다. 팔로어가 먼저 SOS를 치기 전에 지쳐 있는 팔로어들에게 먼저 손을 내미는 것이야말로 팔로어를 리더의 사람으로 빠르게 만들 수 있는 첩경이라 할 수 있다.

둘째, 궁지에 빠진 팔로어를 우선적으로 배려한다. 리더의 배려는 팔로어가 욕구를 펼칠 수 있도록 해주는 일과 궁지에 빠진 팔로어를 구해주는 일 등 크게 두 가지이다. 하고 싶은 것을 할 수 있도록 길을 열어주고 닦아주는 것도 물론 중요하지만 팔로어를 리더의 사람으로 만들기 위해서라면 위험에 빠진 팔로어를 구출해주는 것이 당연히 급선무이다.

물 빠진 사람은 지푸라기라도 잡는다. 마찬가지로 위험에 빠진 팔로어는 선배, 동기, 후배 할 것 없이 누구의 손길이라도 애타게 갈구한다. 그야말로 더운밥 찬밥 가릴 겨를이 없는 처지에 놓이는 것이다. 그런데 이때 다른 사람이 아닌 상사인 리더의 듬직한 손을 붙잡을 수 있다면 기분이 어떠하겠는가?

이처럼 사지에서 헤매는 팔로어를 구하는 일은 조직차원에서도 대단히 중요하다. 그 팔로어를 그대로 방치하면 조직이 제대로 된 성과를 이루어낼 수 없기 때문이다. 여러 개의 나무판을 붙여서 만든 물통에서 어느 한 개의 나무판이라도 높이가 낮으면 아무리 물을 부어도 그 낮은 판으로 물이 새기 때문에 원하는 만큼의 물을 담을 수가 없는 것과 같은 이치이다. 그래서 일반적인 건의사항 처리는 잠시 접어두고 궁지에 몰려서 허우적거리는 팔로어를 우선적으로 구해주는 배려를 베풀어야 한다.

셋째, 반대편에 서 있는 팔로어를 포용한다. 어느 조직이든 조직의 한편에는 예외 없이 '리더의 적'이 있게 마련이다. 정치권처럼 반대를 위한 반대자도 없진 않지만 대부분 성격이나 업무추진 방향에 뜻이 맞지 않아 반기를 들고 서 있는 사람들이다. 리더는 이들을 극복하지 못하고서는 성과를 제대로 낼 수가 없다. 치열한 경쟁과 복잡하고 다양한 변수들 때문에 일하는 것이 만만치 않은 요즈음은 더더욱 그러하다. 그래서 이들을 껴안음으로써 업무와 생활의 장애물을 제거하고, 나아가서 이 장애물을 서포터로 승화시켜야 한다.

미국의 제16대 대통령 에이브러햄 링컨Abraham Lincoln은 미국뿐만이 아니라 세계적으로도 가장 존경받는 대통령이다. 그가 대통령 재임 시 발휘한 포용의 리더십은 너무나도 유명하다. 링컨은 대통령이 되면서 변호사 시절부터 링컨을 무시하고 사사건건 대립각을 세웠던 에드윈 스탠턴Edwin M. Stanton을 측근의 반대에도 무릅쓰고 가장 요직인 국방장관에 임명하였다. 남북전쟁이 끝난 후 링컨이 암살자의 총에 쓰러졌을 때 스탠턴은 링컨의 시신을 부둥켜안은 채 이렇게 외쳤다. "여기 세상에서 가장 위대한 분이 누워 계신다!" 링컨의 대범한 포용력이 자신을 가장 무시하던 스탠턴으로 하여금 링컨을 가장 존경하도록 변화시킨 것이다.

넷째, 팔로어에게 최대한 양보한다. 직장 조직에서는 기준을 초과하는 조직성과를 거두면 조직 전체에 특별보상이 주어지기도 한다. 이때 내려온 보상의 배분을 조직의 장인 리더가 결정할 수 있는 경우라면 팔로어에게 최대한 보상이 가도록 해야 한다. 때로는 리더 개인 몫까지 전략적으로 포기하는 모습을 보여 줄 필요도 있다. 조직에 주어지는 기회도 마찬가지다. 요즈음의 욕심 있고 능력 있는 팔로어들은 자신의 성장에 활용할 수 있는 기회를 매우 소중히 여긴다. 그렇기 때문에 리더에게 찾아온 기회를 기꺼이 팔로어에게 양보하는 행동은 팔로어를 리더의 사람으로 끌어들이는 데 있어서 요긴하다.

이러한 보상이나 기회를 양보하게 되면 리더도 사람이다 보니 물론 아까울 수도 있다. 그러나 리더가 언제나 '형님 먼저'가 아니라 '아우 먼저'의 자세를 견지하고 심지어 희생까지 하는 모습을 팔로어에게 보인다면 그것으로 리더의 성공에 필요한 팔로어의 마음을 상당 부분 잡아낼 수 있다. 리더의 양보와 희생으로 남다른 이익을 누린 팔로어는 결코 리더의 은혜를 잊지 않는다.

> 태산은 흙과 돌의 좋고 나쁨을 가리지 않고 다 받아들였기 때문에 그 높음을 이루었고, 양자강이나 넓은 바다는 작은 시냇물도 버리지 않았기 때문에 저토록 넉넉해진 것이다.
>
> — 한비자 —

chapter 06
외적 매력자산을 불려라

외모의 중요성, 더 이상 불편한 진실이 아니다

조지 W. 부시 전 미국대통령은 휴가 기간에 찍힌 사진에서 샌들에 양말을 신고 있는 모습으로 사람들에게 웃음을 샀지만, 그에 반해 현직 버락 오바마 대통령 부부는 절제와 파격을 적절히 혼합한 패션으로 호감도를 높이고 있다는 신문 기사를 얼마 전에 본 적이 있다. 신문은 상당한 지면을 할애하면서까지 이를 세세하게 알렸다. 국가 지도자급 리더들의 외모가 입방아를 좋아하는 호사가들뿐만이 아니라 대중들의 입에 빈번하게 오르내리면서 때로는 칭찬받고 때로는 비난받는 일은 이제 더 이상 낯설지 않다. 사람들은 리더의 성품이나 능력만을 두고 판단하지 않으며 그의 외적인 매력에도 주목하고 있는 것이다.

조직행동과 리더십 분야의 세계적 권위자인 미국 스탠퍼드대학교 공과대학의 로버트 서튼Robert Sutton 교수는 "보스는 말이 아닌 행동으로 기억된다. 부하들은 보스를 주목하고 있다. 보스의 말투나 옷차림, 무의식적인 습관과 같은 사소한 것들에서도 부하들은 쉽게 영향을 받는다."고 하였다. 그러면서 그는 이와 같은 외적 매력으로 성공한 보스로서 애플신화를 만든 스티브 잡스Steve Jobs, 펩시의 CEO 인드라 누이Indra Nooyi, 세계최고의 투자귀재 워런 버핏Warren Buffett, 2013년 포브스가 선정한 '세계에서 가장 영향력 있는 유명인사 100인'에 뽑힌 오프라 윈프리Oprah Winfrey 등을 꼽았다. 이제 리더십 전문가도 외적 매력의 중요성을 강조하고 있다.

여기 외적 매력의 위력을 실증하는 놀랄 만한 자료가 있다. 미국 잡지인《저지앤드어더스Judge and Others》가 2009년에 발표한 자료에 따르면 외적매력은 직·간접적으로 소득을 21% 정도 높이는 영향력이 있는 것으로 나타났다. 이는 지능, 자신감 등의 능력(23%)보다는 낮지만 학력(18%)보다는 높은 수치이다. '학력=경제력'이라는 등식만을 신봉한 채 학력 높이는 일에 사활을 걸고 있는 현재의 사회 상황을 고려했을 때 외적 매력이 학력 이상의 위력을 가지고 있다면 이깃이야말로 놀라지 않을 수가 없는 일이다.

외모 중시성향은 날이 갈수록 더욱 심화되고 있다. 그러다 보니 외적매력에 대한 투자의 필요성을 재삼 강조하게 된다. 특히 직장의 리더는 팔로어보다 외적 매력에 더더욱 관심을 가져야 한다. 업무능력이야 나이와 비례한다지만 외적매력은 이와는 거의 반대로 가기 때문이다. 많은 리더들이 머리 빠지고 배 나오는 것을 당연지사로 여길 때 외모를 잘 관리하는 리더들은 충성도 높은 팔로어를 훨씬 더 많이 거느릴 수 있다.

숨쉬기운동만 하고 살 때가 아니다

외적 매력이 성공에 적지 않은 영향을 미친다는 인식이 확산되면서 직장의 풍속도가 바뀌고 있다. 얼마 전까지만 해도 퇴근 후 남직원 셋만 모이면 술집으로 달려가곤 했다. 특히 리더들은 팔로어와의 유대관계 구축을 위해서 없는 시간까지 내가면서 이에 더 열성적이었다. 그러나 지금은 "선배들과는 다른 삶을 살겠다."며 술이나 오락 대신에 외모 가꾸기나 운동으로 갈아타는 직장인이 늘고 있다. 최근 서울의 한 피트니스센터에서 개최한 '쿨가이 선발대회'에는 직장인들이 대거 몰려들었다고 한다. 이것은 외적 매력에 대한 직장인들의 관심도가 그대로 반영된 현상이다.

외모관리에 대한 붐은 주로 팔로어 계층에서 일어나고 있지만 리더 계층의 직장인들도 외적 매력 유지를 위해 나름대로 노력하고 있다. 커피 한 잔 손에 들고 옆 팀장하고 세상 돌아가는 얘기 하다가 이내 자기 자리에 앉았던 리더들이 이제는 몸매관리를 위해 식사 후 시간을 달리 보낸다. 잠시지만 회사주변을 걷는다든지 사내 운동시설에서 땀을 빼기도 한다. 나온 배는 상사의 '인격'이 아니라 팔로어에 대한 '부끄러움'으로 간주한다. 필자 역시 예외는 아니어서 사무실 의자만을 가지고도 하루에 대여섯 가지의 운동을 하고 있다.

그러나 외적 매력이 자본이 되고 있는 이 시대에 아직도 숨쉬기운동이 마치 운동의 전부인 양 생각하는 리더가 있다. 한 달에 한 번, 친구들과 노닥거리며 산에 오르는 것을 가지고 운동했다는 포만감을 느끼거나 "이 나이에 내가 무슨 피부마사지를…." "나이 들어 머리 빠지는 건 당연지사."라며 자위하고 사는 리더도 있다. 또 사무실에는 길고 주글주글한 주름이 잡혀 있는 '아저씨' 바지를 입고 사무실 바닥을 쓸듯이 갈지자로 걸어 다니는 리더들이 심심찮게 눈에 띤다. 이들은 자신의 팔로어들이 사무실을 나서는 순간, 이렇게 사는 자신과 자리를 같이하고 싶어 하지 않는다는 사실을 명심해야 한다.

혹자는 외적 매력 없이도 성공은 가능하다고 한다. 물론 틀린 말은 아니다. 외적 매력이 좀 부족해도 성공한 인물이 꽤 많다. 그러나 문제는 지금은 외적 매력의 파괴력이 그 어느 때보다도 극대화돼 있어서 이를 상쇄하려면 시간과 비용이 엄청나게 많이 든다는 것이다. 간발의 차이로도 희비가 엇갈리는 냉엄한 승부의 세계에서 한두 가지 강점으로 점수를 따고 들어가도 만만치 않을 판국에 걸림돌이 있다면 일단은 우승후보에서 밀려있을 수밖에 없다.

'꼬픈남', '꼬픈녀'가 되어라

외적 매력을 높이기 위해서는 다음과 같이하라.

첫째, 신체적인 외모를 관리한다. 온라인 취업포털 사람인은 기업 인사담당자를 대상으로 채용과 외모를 주제로 설문한 결과 '외모가 채용 평가에 영향을 미친다.'는 응답이 66.1%로 나왔다고 밝혔다. 또한 스펙이 부족해도 외모가 뛰어나 가점을 주거나 합격시킨 경험이 있다고 답한 기업이 64.9%에 달했다. 이렇듯 조직에서 생각하는 신체적인 외모는 이제는 '참고사항' 수준을 훨씬 넘어선다. 팔로어가 리더를 볼 때 역시 다를 바가 없다. 똑같이 오늘날을 살아가는 사람들이기 때문이다.

툭 튀어나온 배, 듬성듬성한 머리카락, 구부정한 어깨, 살 없는 허벅지 등 고직급 리더가 가지는 전매특허 같은 이미지는 외적매력을 감소시키는 주범이기도 하다. 신체적인 약점들은 관심을 가지고 노력하면 상당 부분 개선할 수 있다. 전문가들은 한 끼 정량의 2/3만 먹는 소식과 내장지방을 태울 수 있는 속보는 배를 날렵하게 만들 수가 있고, 머리의 혈액순환을 돕는 두피 마사지는 탈모를 방지는 물론 어느 정도 양모의 효과까지를 거둘 수 있다고 조언한다. 팔로어에게 먹히는 지시를 내리려면 '꿀벅지(매끈한 허벅지)', '꼬픈남(꼬시고 싶은 남자)'은 못되어도 그 근처에는 가야 하지 않을까?

둘째, 건강을 잘 챙긴다. 건강은 신체적인 외모유지와 체력, 정신력을 지탱해 주는 근간이다. 돈은 빌려 쓸 수 있지만 건강은 그럴 수가 없다. 그래서 건강한 심신은 정말이지 소중하다. 주머니에 100억이 있다 한들 몸이 부실해 골골하다면 그 돈의 가치가 과연 얼마나 있겠는가? 건강관리 제대로 못하여 얼굴이 병색인 리더에게 결재 받기를 좋아할 팔로어는 아무도 없다. 엊저녁에 똑같이 술 먹고 다음날 출근해서 피곤해하는 리더를 "리더니까," "나이가 많으니까." 하며 봐주는 팔로어도 거의 없다. 국민의 대표자인 국회의원은 면책특권을 가지고 있지만 유감스럽게도 직장의 리더에게는 면책특권이 없다.

손길승 전 SK그룹 회장은 평소 리더의 건강을 강조하기로 재계에서 소문났던 사람이다. "아무리 탁월한 능력을 갖고 있어도 건강하지 않으면 소용이 없다. 부하들을 장악하는 통솔력도 건강에서 나온다. 몸과 마음이 모두 건강할 수 있도록 항시 관심을 기울이고 바른 생활을 해야 한다."는 그의 말은 리더에게 귀감이 되는 진리 같은 말이 아닐 수 없다.

실무자들이 퇴근 후 한가하게 당구장이나 호프집으로 몰려갈 때 리더는 헬스클럽이나 운동장으로 달려가서 건강을 챙겨야 한다. 필자는 지하철을 타면 자리가 있어도 앉지 않는다. 환승 시 에스컬레이터 대신 계단을 이용하는 것도 필수이다. 정거장에서 버스를, 전동차를 기다릴 때는 가만히 서 있지 않고 주변을 서성인다. 이 모두가 건강유지와 증진을 위한, 10년 이상 습관화된 필자 나름대로의 방법인데 이 덕분인지 몰라도 필자의 얼굴, 피부, 근력은 10년 연하와도 자웅을 겨룰 만하다고 주변에서 이구동성으로 말하며 부러워한다.

셋째, 언제나 생동감을 보인다. 싱그러운 자태, 날렵한 몸놀림은 더 이상 젊은 사람들만이 누릴 수 있는 특권이 아니다. 미소 짓는 밝은 표정은 나이와 전혀 상관이 없다. 그런데 우리나라의 직장의 리더들은 동작은 느리고 웃는 데는 너무나 인색하다. 기분 좋을 때야 뒷짐 지고 껄껄 웃지만 평소에는 표정과 자태가 근엄하기 짝이 없다. 이러면 팔로어들이 불편해서 직장이 만들어준 리더의 직책가치 정도만 리더 곁에 붙어 있을 뿐 더 이상은 가까이 하려하지 않는다. 이렇게 해서는 팔로어와 함께 새 역사를 도저히 쓸 수가 없다.

과거 졸업앨범에서 웃으며 사진 찍은 사람들이 더 행복하게 살고 있다는 연구로 유명한 미국 캘리포니아대학교 버클리분교 심리학과의 대커 켈트너Dacher Keltner 교수는 찰나의 미소로도 상대방을 미소 짓게 만들 수 있다는 것을 밝힌 바 있다. 리더가 미소 지으면 상대 팔로어는 물론 조직전체에 미소를 전염시킬 수가 있기 때문에 리더의 미소는 잦으면 잦을수록 좋다. "리더니까 좀 굼떠도 이해해주겠지."라는 착각은 버리고 몸을 활기차고 날렵하게 움직여야 한다. 이러면 리더 자신의 건강에도 좋고 처져 있는 팔로어를 깨워 줄 수 있어 일석이조의 효과를 누릴 수 있다.

넷째, 적절하게 치장한다. 상황과 나이에 걸맞게 잘 치장하는 것과 이를 통해 리더 고유의 개인정체성Personal Identity을 만드는 것도 외적매력을 높여주는 주요한 요소이다. 제대로 차려입은 옷의 긍정적인 영향력을 보여준 실험결과를 보자. 옷을 잘 차려입은 사람이 건널목의 적색신호를 무시하고 건너자 신호가 바뀌기를 기다리던 사람 중 14%가 그를 따라 길을 건넜다. 그런데 그 다음날 같은 사람이 초라하게 옷을 입은 상태에서 신호위반을 하고 건넜을 때는 오직 4%만이 그를 따라 건넜다. 이 실험은 제대로 된 리더의 치장 하나만을 가지고도 팔로어를 일정 부분 통제할 수 있다는 것을 시사해주고 있는 것이다.

　제대로 차려입은 옷은 리더의 나이를 커버해주면서 외적매력을 높여주는 데 큰 몫을 한다. 그래서 옷은 특히 중요하다. 안경, 지갑, 벨트, 악세사리 등도 리더의 품위를 지켜줄 수 있는 것들이기 때문에 엄선할 필요가 있다. 치장하는 물건의 값은 그렇게 중요한 것이 아니다. 값이 싸도 리더에게 잘 어울리고 팔로어에게 좋은 인식을 주어 리더의 개인 정체성을 만드는 데 기여할 수 있는 것이라면 그것으로 오케이다.

매력적인 사람은 더 많은 고객과 의뢰인을 사로잡는다. 손님들은 다시 찾아오기 마련이고 당연히 더 많은 돈을 벌 수 있다.
- 캐서린 하킴, 『매력자본』에서 -

chapter 07
강온 양면전략을 구사해라

리더의 온화함도 소신이 있을 때 비로소 파워가 실린다

　인기가 있으면 존경심도 생겨서 그 사람의 말을 순순히 잘 따를까? 여러 연구나 조사에서도 밝혀진 바 있지만 꼭 그렇지는 않다. 이것은 리더와 팔로어의 관계에서도 마찬가지이다. 팔로어가 리더의 말을 따르도록 마음을 먹게 하는 데는 인기만 가지고는 되질 않는다. 인기와 소신 또는 뚝심을 겸비했을 때에 비로소 리더의 말에 힘이 실리고 팔로어로 하여금 귀를 기울이게 만들 수가 있다.

　애플의 창업자 스티브 잡스를 보자. 그는 인센티브를 강조해 직원의 인기를 얻으면서도 일을 잘 못하는 직원에 대해서는 냉정한 질책을 서슴지 않았다. 회사에 불필요한 사람이라고 판단되면 가차 없이 해고시켰다. 이러한 리더로서의 그의 스타일은 경영학자들로부터 기존의 경영학 이론으로 풀어내기 힘들 정도로 독특하다는 평가를 받기도 했다. 그렇지만 애플의 직원들은 그를 따랐고, 그와 함께 위대한 업적을 일구어 냈다.

미국의 미식축구계에서 '전설의 리더'로 불렸던 보 스캠베클러Bo Schembechler 감독. 2005년 그가 죽었을 때 뉴욕타임스가 관련 소식을 1면에 대서특필했고 추도식에 조문객만 2만 명 넘게 참석했다. 그는 선수들과 24시간 붙어 있으면서 그들의 이야기를 들었고 애정으로 보살폈다. 선수들에게 사소한 문제가 발생해도 해결을 위해 어머니 같은 마음으로 동분서주하였다.

그러나 올바르게 세워진 원칙 하나 만큼은 바이블처럼 여기면서 선수들에게 철저하게 따를 것을 강력히 주문했다. 아무리 우수한 선수라 해도 스타랍시고 게으름을 피우거나 원칙을 벗어나서 행동하면 선발명단에서 그냥 빼버렸다. 그가 이끌었던 미시간대학은 1969년부터 그가 은퇴한 1989년까지 234승, 승률 85%라는 전무후무한 대기록을 작성하였다.

이처럼 조직의 위대한 성과에는 리더의 온화함, 인자함만 가지고는 절대로 만들어지지 않는다. 리더에게는 겉으로 보이는 온화함과 인자함의 이면에 강력한 소신과 뚝심으로 만들어진 엄격함과 강단이 반드시 자리 잡고 있어야 한다.

팔로어를 향한 리더의 애정 어린 보살핌, 따뜻한 말 물론 중요하다. 특히 리더의 카리스마가 마치 '역사의 유물'처럼 취급받고 있는 지금의 상황에서는 더더욱 중요하고 필요하다. 그러나 모든 것이 그러하듯이 그것이 아무리 좋은 것이라 하더라도 오랫동안 지속된다면 신선함은 떨어지고, 서서히 지루함이 생성되면서 결국 그 '약발'은 빠르게 소멸된다. 막대사탕이 처음 빨아먹을 때는 달콤하기 그지없지만 계속 빨다 보면 맛이 밍밍하게 되는 것과 똑같다.

직장인은 인기에 목숨 거는 정치인이 아니다

오늘날 상당수의 리더들은 소신을 가지고 밀어붙이다가도 "이러다가 인기 떨어지는 것 아닌가?" 하며 인기하락을 두려워한 나머지 이미 펼친 소신까지도 거두어들인다. 그러다 보니 인기관리에는 기민한 반면 소신발휘에는 미온적이다. 특히 리더가 팔로어에게 휘둘리는 일이 예서 제서 빈번하게 일어나고 있다. 예전과 다른 리더십 환경은 이러한 현상을 더욱 심화시키고 있다.

한 정부부처에서는 2004년부터 부하직원들이 상사를 평가한 내용을 직원 게시판에 부착해 오는 것을 상례화하고 있다. 어쩌다 '닮기 싫은 상사'로 지목되기라도 하면 스트레스를 견디지 못해 사표 던지고 나가는 상사도 있다고 한다.

이와 같은 집단의 세勢를 빌어서 공공연하게 벌어지는 리더에 대한 인기투표성 평가들은 리더로 하여금 팔로어들에게 욕먹거나 '팽烹 당하지나 않을까?' 하는 두려움까지 느끼게 하는 것이 사실이다. 이러한 상황이라면 리더에게 소신과 뚝심발휘를 편하게 주문하기란 여의치 않을 것 같기도 하다.

그러나 일이 이렇게 된 데에는 일정 부분 리더에게도 책임이 있다. 적지 않은 리더들이 팔로어의 분명한 잘못에도 불구하고 '좋은 게 좋은 것'이라는 사고, 즉 편의 지향적으로 관용을 남발하거나 인기로 조직을 이끌고자 하는 유혹에 빠져 팔로어에 대해 과도한 '대접'을 주저하지 않는다. 때에 따라서는 단호하게 조직에서 정한 원칙과 리더의 정당한 소신을 들이대야 하는데, 이에 인색한 경우가 상당히 많다. 마음이 좋아서 그렇다면야 어느 정도 이해될 수 있다지만 당장의 안녕을 도모하고자 그러는 것은 큰 문제가 아닐 수 없다.

"국민이 원하는 것은 다 줘라!" 이 말은 그리스의 총리였던 안드레아스 파판드레우Andreas Papandreou가 취임 직후 내각에 내린 지시이다. 총리의 지시를 받들어 그리스 정부는 국민의 복지확대에 온갖 노력을 쏟아부었다. 이와 함께 '복지세례'를 맛본 국민의 복지기대감은 급속도로 높아졌다. 이익집단은 점점 더 많은 혜택을 요구했고, 정치권은 복지의 대가로 표를 받는 포퓰리즘 경쟁에 열을 올렸다. 그리스 사회는 순식간에 복지의존 체질로 변했다. 그 결과 오늘날 그리스는 옛 그리스 로마시대의 영화를 뒤로 한 채 남의 나라의 도움 없이 자력으로는 국가부도를 막아낼 수 없는 나라가 됐다.

만일 국민으로서의 책임이행과 국민에 대한 지원을 동시에 추구하였다면, 즉 '표'에 집착하지 않고 강온 양면전략을 지속적으로 펼쳤더라면 그리스가 이렇게 되었을까? 많은 전문가들은 그리스 정부가 통제와 지원을 적절히 병행하였다면 국민들의 국가지도부에 대한 추종인식이 강화되면서 국가정책이 원만하게 집행되어 오늘날의 상황까지는 오지 않았을 것이라고 입을 모은다.

직장에서 성과를 만들어내지 못하는 리더십은 아무런 의미를 가지지 못한다. 이러한 성과는 팔로어의 리더에 대한 추종이 이루어지는 기반 위에서 비로소 가능한 것이기 때문에 팔로어로 하여금 리더의 말에 긍정적으로 반응하게 하는 것은 무엇보다 중요하다. 이를 위해서는 팔로어에게 단호함과 온화함을 같이 주는 것이 필요하다. 이중 어느 하나만 가지고는 리더가 원하는 팔로어의 욕구를 온전히 이끌어낼 수 없다. 그래서 리더는 팔로어에 대해 상황에 부합되는 단호함과 온화함을 균형 있게 주어야 한다.

장미의 아름다움과 긴장감을 동시에 줘라

강온 양면전략을 효과적으로 발휘하기 위해서는 다음 사항을 숙지해야 한다.

첫째, 팔로어로부터 욕먹는 것을 겁내지 않는다. 이 세상에 인기만을 누리고 살 수 있는 사람은 아무도 없다. 일을 하다 보면 칭찬, 더 나아가서 칭송까지도 받을 때가 있지만 때로는 질책의 화살도 날아온다. 특히 리더는 귀책사유가 자신에 있든 아니든 '화살받이'가 될 가능성이 팔로어보다 훨씬 더 높다. 그런데도 이를 피하려고 몸부림친다면 오히려 문제만 더 커질 뿐이다. 올무에 걸린 동물이 몸부림치면 칠수록 더 조여지는 것과 똑같다.

욕먹는 것을 두려워하면 추종의 재료인 소신과 단호함을 팔로어에게 보여주질 못한다. 만일 모두에게 좋은 소리나 들으려고만 한다면 팔로어에게 '겁쟁이 리더'라고 낙인찍힐 수 있음을 각오해야 한다. 리더에게 인기관리도 중요하지만 인기관리는 리더의 본질이 아니다. 리더의 핵심적인 임무는 성과창출이다.

둘째, 항상 소신을 품고 산다. 직장민주화 바람 때문에 리더가 팔로어에게 소신을 부담 없이 이야기하는 일이 이제는 쉽지가 않다. 그렇지만 팔로어를 지나치게 의식해서 펼쳤던 소신을 접으면 그 순간은 편안할지 모르지만 어느샌가 팔로어에게 '만만한 리더'로 인식되서 오히려 팔로어에게 이끌려 다닐 수도 있다. 그래서 리더에게 초지일관의 소신이 필요하다.

일단 합리적이고 이성적인 판단으로 방향을 설정했으면 좌고우면하지 말고 나아가야 한다. 팔로어들의 요구에 따라 리더의 뜻이 쉽게 흔들려서는 안 된다. 말 없는 다수가 리더를 지지하고 있을지 모르기 때문이다. 그리고 소신은 풍부한 지식과 노하우를 먹고산다는 것을 명심해야 한다. 리더가 아는 것이 부족하면 큰 소리도 못치고 소신도 쪼그라들게 마련이다. 체면, 체통을 멀리 하는 것도 필수다. 그것은 리더가 의도하는 일의 강력한 추진에 걸림돌이 되기 십상이다.

셋째, '강'과 '온' 투입시점을 기민하게 포착한다. 팔로어에게 제공하는 단호함과 온화함의 황금비율은 따로 있는 것이 아니다. 가장 적절한 시기에 적용하면 되는 것이다. 그러나 그 적용 타이밍을 제대로 포착하지 못하면 팔로어에게 그저 '빡빡한 리더' 아니면 '연약한 리더' 한쪽으로만 인식되기 십상이다.

팔로어와 1대1로 이뤄지는 다양한 경험을 통해서 팔로어 개개인에 대한 직관력을 키우면 '강'과 '온' 투입을 위한 타이밍포착의 가능성을 높일 수 있다. 일반적인 리더는 1대 다수의 상황에서 업무를 지시하고 문제를 파악하려 한다. 그렇지만 이렇게 해서는 팔로어 각자의 개인특성과 그가 처한 상황이 고려된 타이밍 포착이 어려울 뿐이다. 그리고 리더는 리더라고해서 팔로어를 자신의 자리로만 부르지 말고 그들이 움직이는 동선을 주시하고, 그들이 일하는 현장에 수시로 나아가서 그들과 머리와 마음을 섞어가면서 함께하는 시간을 많이 가져야 한다. 일하는 현장이야말로 상황을 판단할 수 있는 다양한 정보들이 널려있는 곳이다.

넷째, 평소 팔로어와 비공식적인 관계를 돈독히 한다. 온화함은 언제 어느 상황에서라도 팔로어에게 환영받을 수 있지만 팔로어의 상황을 통제하는 데 좀 더 유용한 엄격함, 단호함은 그렇지 않다. 이를 수용할 수 있는 기반이 팔로어에게 형성되어 있지 않으면 리더의 뼈 있는 한마디가 팔로어의 가슴에 오랫동안 박혀서 동기유발은 커녕 팔로어를 적으로 돌변시킬 수 있다. 그래서 평소에 팔로어와의 비공식적인 관계를 잘 맺어놓아야 한다. 감성적인 소통, 사적인 교류, 사내 동호회, 회식, 운동 등은 팔로어로 하여금 리더의 강하고 거친 말이라 하더라도 긍정적으로 이해할 수 있도록 하게 하는 데 큰 역할을 해줄 것이다.

> 리더란 인기상을 타려고 경합하는 것이 아니라 앞서서 이끄는 사람이다. 공직선거에 출마할 필요는 없다. 이미 뽑혔기 때문이다.
>
> – 잭 웰치(GE 전 회장) –

chapter 08
바른생활의 선봉장이 되어라

팔로어는 리더의 일상을 예의 주시한다

EBS방송이 12명의 아이들을 대상으로 도덕성이 가지는 힘을 확인하는 실험을 하였다. 6명의 아이들은 도덕성 지수가 높은 아이들, 나머지 6명의 학생들은 평균적인 아이들이었다. 이들의 눈 가리고 표적물을 맞히는 게임 형태로 실험을 실시하였다. 실험하기 전에 많이 맞히는 숫자만큼 선물을 제공하겠다는 조건을 내걸었는데, 도덕성 지수가 높은 아이들은 눈가리개를 걷지 않고 표적물을 향해 다트를 던진 반면 평균치 아이들은 남몰래 반칙을 하면서 표적물을 맞췄다.

그 후 도덕성의 영향력을 분석해 보았는데, 그 결과 정직하게 모든 실험에 응했던 아이들은 거의가 집중력이 높고 또래 관계도 좋았다. 반면 부정행위를 했던 아이들은 문제행동 경향과 공격성이 정직한 아이들보다 강한 것으로 밝혀졌다. 나아가 도덕성 지수가 높은 아이들은 그렇지 않은 아이들과 비교해서 향후 수능 점수와 사회생활에서 더 큰 성취를 이루거나 시험 등의 결과와 상관없이 행복함을 느끼는 것으로 확인되었다. 이 실험은 바르게 살면 경쟁력이 만들어져서 바르지 않게 사는 사람에 대비해서 성공할 가능성이 더 높다는 것을 말해주고 있다.

이러한 현상이 어린이들에게만 나타나는 것일까? 성인인 직장인들 역시 이들과 크게 다르지 않을 것이다. 그렇다면 직장의 리더 역시 도덕성 지수, 다시 말해 올바르게 행동하는 모범지수가 높으면 팔로어들의 리더에 대한 인식이 좋아져서 리더십 효과성이 높아질 것이라는 것을 쉽게 추론할 수 있다. 따라서 "착하면 손해 본다."고 사람들은 입버릇처럼 말하지만 그것은 잘못된 고정관념이라는 것을 인정해야 한다. 이러한 고정관념을 깨라며 2,500년 전의 '석학' 공자는 논어의 자로 편에서 "지도자의 처신이 바르면 명령이 없어도 스스로 이행하지만, 지도자의 처신이 바르지 못하면 비록 명령을 내려도 따르지 않는다."고 가르치고 있다.

이처럼 리더에게 모범적인 행동은 매우 중요하다. 물론 팔로어들은 직장이란 곳이 일터이다 보니 리더를 바라볼 때 일단은 업무수행능력 중심으로 바라본다. 그러나 이 못지않게 업무나 업무 외적인 측면에서 정도正道로 가는지 여부, 즉 모범이 되는 행동을 하는지 여부도 팔로어의 상당한 관심사항이다. 의식 있는 팔로어들은 리더의 행동을 직장에서 자신의 가야 할 정도의 기준으로 삼으려 하기 때문이다.

그리고 리더가 전지전능한 사람이 아닌데도 불구하고 팔로어는 리더의 모범적인 행동을 지극히 당연한 일로 여기지만, 그렇지 않은 행동은 '용납될 수 없는 일'로 간주하는 경향이 있다. 이것은 리더가 모범적이어야 할 중요한 이유 중의 하나이다. 팔로어들은 리더의 사소한 행동이나 아무런 의도 없는 행동을 유심히 관찰하고 해석하는 데에 평소 상당한 에너지를 소모한다. 그러다 보니 리더가 생각하는 것 이상으로 팔로어는 리더에 대해서 아는 것이 많다. "사람들이 주시하는 방향은 위계질서의 위쪽을 향한다. 다시 말해, 상사가 비서에 대해 알고 있는 것보다 비서가 상사에 대해 알고 있는 내용이 훨씬 많다."는 미국 프린스턴대학교 심리학과의 수잔 피스케Susan Fiske 교수의 말은 이를 뒷받침해준다. 이러한 팔로어의 고감도 안테나에 '용납될 수 없는 일'을 한 사람으로 걸려들기라도 하면 리더로서의 가치는 한순간에 날아갈 수도 있다.

'설마' 하는 방심 속에 신뢰는 무너진다

이와 같이 리더의 모범적인 행동이 중시되고 있는 상황에서 성공적인 성과를 올리는 리더들은 팔로어의 바람직한 롤 모델이 되기 위해서 평소 올바른 생활에 남다른 노력을 기울인다. 조직에서 세운 원칙과 규정을 지키는 데 소홀함이 없다. 그렇다고 융통성 없는 원칙주의자는 아니다. 그리고 자신에게 부여된 책임을 완수하는 것을 당연한 의무이면서도 생활의 보람으로 여긴다. 또한 그들은 공사를 구별할 줄 안다. 업무에 사적인 생활을 뒤섞지 않는다는 것이다. 높은 윤리의식 역시 이들에게 예외 없이 발견되는 덕목이다. 이러한 덕목들을 실천에 옮겨 팔로어의 마음속으로부터 따르고자 하는 충동을 끄집어낸다.

이와는 달리 자신의 팔로어가 자신을 늘 주시하고 있다는 것을 아는지 모르는지 그저 조직구성원의 한 사람처럼 아무 생각 없이 행동하는 리더도 적지 않다. 리더로서 산다는 것은 늘 팔로어의 시선을 의식해야 하기 때문에 결코 편안할 수만은 없는데도 말이다. 그리고 어떤 리더들은 '바른생활'을 잠시 소홀히 하여 그동안 그들의 탁월한 능력으로 쌓아온 명성을 한순간에 날려버리기도 한다. 몇 푼 되지 않는 뇌물을 받아 감옥에 가는 유명 인사들이나, 직장에서 채신없는 행동으로 오히려 팔로어의 핀잔을 받고 머쓱해 하는 몇몇 리더들을 보며 이를 실감한다.

"직원들이 설마 알겠어." 하며 방심하는 리더들은 앞서 기술한 수잔 피스케 교수의 말, 즉 윗사람이 아랫사람을 아는 것보다 아랫사람이 윗사람에 대해서 더 많이 안다는 것을 명심할 필요가 있다. 그리고 리더들은 자신이 생각하는 것보다 실제로는 더 모범적이지 못한 생활을 할 가능성이 높다는 전문가들의 지적도 염두에 두어야 한다. 리더들은 실제는 그렇지 않은데 자신들이 리더이기 때문에 항상 모범적이라고 착각을 하며 산다는 것이다. 심리학에서는 이런 현상을 '이기적 편향Self-Serving Bias'으로 설명하고 있다. 엘리트들은 성공했기 때문에 오히려 부도덕한 일에 빠지기 쉬운 상황에 처한다는 '밧세바 신드롬Bathsheba Syndrome' 역시 팔로어에게 모범적인 사람이 되어서 조직의 성과를 높이고자 하는 리더라면 반드시 참고할 필요가 있다.

일단은 '범생이' 소리를 듣고 살아라

교과서적인 생활을 계속한다는 것이 결코 쉬운 일이 아니다. 사람이라면 누구나 일탈해 보고자 욕구를 가지고 있기 때문이다. 리더 계층에 있는 사람들도 마찬가지이다. 그러나 리더의 모범적인 행동이 과정에서는 다소 불편하겠지만 종국에 가서는 리더를 더 편하게 만들어준다는데 어쩌겠는가? 팔로어에게 모범이 되는 롤 모델이 되기 위해서는 다음의 사항을 숙지해야 한다.

첫째, 솔선수범한다. 솔선수범은 리더가 가져야 할 우선적 덕목이다. 솔선수범에 '거느린다.'는 의미의 솔率자가 들어 있는 데서도 그 우선적 중요성을 알 수 있다. 특히 모범적인 리더에게는 더더욱 필수적인 덕목이다. 포탄이 작렬하는 전쟁터에서 '공격 앞으로'를 먼저 하는 상관을 따르지 않을 부하가 어디 있겠는가. 직장이라는 조직에서도 마찬가지이다.

조직에는 반복적으로 진행되는 경상적인 일이 대부분이지만 느닷없이 주어지는 새로운 일들도 많다. 변화무쌍한 작금의 상황에서는 더욱 그러하다. 이때 '시범조교'처럼 리더가 먼저 나서서 새로운 일을 하고 팔로어가 꺼리는 일을 대신해준다. 신세대 팔로어들이 하찮은 일과 어렵고 힘든 일에 대해 주저하는 성향을 보이고 있는 상황에서 이처럼 팔로어가 꺼리는 일들을 '하늘같은 고참'인 리더가 나서서 진지한 모습으로 해주거나 고난도의 어려운 일을 해결해주면 팔로어는 감동한다. 그 감동이 곧바로 리더에 대한 존경심으로 연결될 것이라는 점은 자명하다.

둘째, 공과 사를 구별한다. 융합, 통섭 등을 외치는 하이브리드 세상에서 말은 쉽지만 공과 사를 적절히 분리하여 생활한다는 것이 사실 쉬운 일은 아니다. 그러나 조직에서는 누구나 엄격히 지켜야 할 덕목이 공사 구별이다. 특히 리더는 공사 구별을 엄격하게 해야 한다. 리더는 조직에서 상사의 입장에 있기 때문에 이를 위반할 가능성이 팔로어보다 더 높기 때문이다. 앞에서도 말했듯이 팔로어는 평소 이를 예의 주시한다.

조직의 시설이나 구성원을 개인의 사사로운 일에 활용하거나 동원하는 것은 절대 금물이다. 한 조직에서 오랫동안 상급자 역할을 하다 보면 자신도 모르게 조직이 '자신의 것'이라는 착각에 빠질 수도 있다. 이런 착각은 자칫 리더를 사지死地로 몰 수 있다. 그리고 공적인 직장에 사적인 일을 끌어들이는 것 역시 해서는 안 될 일이다. 개인적인 일을 업무능력 향상에도 도움이 되는 것이라고 아무리 항변을 해도 개인이익 창출에 치우치는 것이라면 그것은 합리화되기 어렵다. 이런 일들을 팔로어가 알기라도 한다면 그때부터 팔로어가 추중하는 지휘관으로서 입지는 대폭 줄어들게 된다.

셋째, 각종 규정을 준수한다. 남들이 정해놓은 규정을 억지로 지켜야 하는 것처럼 하기 싫은 일도 별로 없을 것이다. 그러나 조직에서 이러한 규정이 지켜지지 않으면 그 조직은 유지될 수가 없기 때문에 싫으나 좋으나 지켜야 한다. 어려운 일일수록 리더가 더 잘 지켜서 팔로어의 모범이 되어야 한다. 그런데 리더부터 규정을 준수하는 상전하전上傳下傳의 바람직한 문화를 만드는 데는 소홀하고 편법이나 들이대려 한다면 어떤 팔로어가 이런 리더들을 귀감으로 삼겠는가?

규정은 크게 두 가지가 있다. 그것은 법률처럼 회사차원에서 제도적으로 제한된 것과 조례나 지침처럼 조직의 장, 즉 리더가 주관이 되어 업무 현장의 단위조직에서 만든 것이다. 회사에서 정한 것이든 리더 자신이 정한 것이든 조직구성원 행동가이드로서의 규정들은 리더부터 잘 지켜야 한다. 상사인 리더가 따르지 않는 회사의 규정을 부하인 팔로어가 제대로 따를 리 없다. 리더가 구두로 또는 문서로 만든 규정을 리더부터 잘 지키는 것은 생각보다 훨씬 중요한 일이다. 이 규정은 리더가 만들었기 때문에 상황 논리를 들이대고 리더 자신이 쉽게 바꿀 수가 있는데, 이렇게 되면 그간 언행일치를 통해 팔로어로부터 어렵게 얻은 소중한 신뢰를 한꺼번에 날릴 수 있다. 뚜렷한 명분 없이 조직의 원칙을, 자신이 만든 가이드라인을 입맛대로 흔들어 대서 팔로어를 혼란시키는 리더를 팔로어는 결코 믿지 않는다.

넷째, 사생활관리를 잘한다. 직장 내에서의 생활만 잘하면 직장에서 무병장수하는 데 지장이 없을 것으로 생각한다면 그것은 오산이다. 사적인 생활이 비정상이면 이로 인해 직장생활의 근간이 흔들릴 수 있다. 이처럼 사생활 문란은 치명상을 줄 수 있는 파괴력을 가지고 있다. 특히 많은 팔로어를 이끄는 고위 리더는 사생활에서도 팔로어의 귀감이 되어야 하기 때문에 이런 모습에 하자가 생기면 막 바로 리더의 생명이 끝장나기도 한다. 사회의 지도층인사들이 불미스러운 일로 하루아침에 나락으로 떨어지는 것을 그간 보질 않았는가?

리더는 사생활이 팔로어의 그것보다 훨씬 더 엄격하게 관리되어야 한다는 점을 부인하는 리더는 없을 것이다. 가족관계가 보다 원만하여야 한다. 스포츠나 휴식을 위한 놀이도 건전함을 지향해야 한다. 부적절한 이성 관계는 금물이다. 한국은 대통령이 동거를 하고 혼외자식을 둬도 이를 문제 삼지 않는 프랑스와는 분명 다른 나라이다.

> 부하를 단속하려면 먼저 자기행실을 올바르게 가져야 한다. 자신이 올바르게 행동하면 지시를 들을 것이요. 하지만 자신이 부정한 행동을 하면 엄명이라 해도 듣지 않을 것이다.
>
> — 다산 정약용 —

술수를
부려도 보아라

술수가 마키아벨리의 전유물은 아니다

아프리카 초원에서 백수의 제왕 사자가 아무 생각 없이 주위를 어슬렁거린다든지 누워서 흐느적거리며 파리 떼나 쫓는 광경을 TV를 통해서 가끔씩 볼 수 있다. 언뜻 보면 태평스럽게 휴식을 즐기는 것처럼 생각되기 십상이다. 그러나 그렇게 생각한다면 오산이다. 먹잇감들이 두려움 없이 근처를 지나칠 수 있도록 하게 하기 위함이다. 사정거리에 들어오면 그때서야 전광석화처럼 움직여서 먹이를 낚아챈다. "사자가 쪼잔하게 뭐 그러냐."고 생각할지 모르지만 사자의 사냥 성공률이 불과 30% 정도밖에 안 된다는 점을 고려하면 이것은 살아남기 위한 전략적 술수 중의 하나다. 이러한 사자의 사냥 방법은 '천상천하유아독존'의 강자라 할지라도 술수가 없으면 살 수 없음을 그대로 말해주고 있다.

직장에서도 마찬가지다. 리더는 팔로어보다 당연히 강자이다. 그렇다 해도 그들 고유의 고직급이나 앞선 업무능력만 가지고는 팔로어의 모든 것을 컨트롤할 수는 없다. 그래서 사자가 연약한 먹이를 잡을 때조차도 때로는 술수를 가지고 접근하듯이 리더도 팔로어를 대상으로 선의의 전략적 술수를 발휘할 줄 알아야 한다. 그래야 손아귀 안의 모래알처럼 잡으면 잡을수록 빠져나가려고 하는 팔로어, 리더의 말에 '마이동풍' 하는 팔로어, 리더에 대해 '경거망동' 하는 팔로어를 컨트롤할 수 있다.

사람에게서 심리라는 것을 똑 떼어놓을 수만 있다면야 원칙과 정도만 붙잡고 살아가도 문제될 것은 별로 없다. 그러나 사람은 옳은 것인지 나쁜 것인지를 미처 파악하기도 전에 자신의 심리에 충실하며 행동한다. 그래서 사람에 대해 성선설과 성악설이 동시에 존재하는 것 같다. 오늘날 적지 않은 리더들이 "군주는 여우의 기만과 사자의 용기가 필요하다."고 한 『군주론』의 저자이자 중세 이탈리아의 정치철학자 니콜로 마키아벨리Niccolo' Machiavelli의 말에 공감하며 살아간다. 조직에서 때로는 술수가 필요하다는 얘기다. 그렇기 때문에 리더가 발휘하는 술수가 궁극적으로 팔로어, 리더, 조직 모두에게 득이 되는 것이라면 그것은 '선의의 술수'로써 리더에게 요구되는 리더십 역량에 포함시키는 것이 마땅하다.

진심, 배려, 순수함, 정도正道 등의 단어들은 참으로 아름답다. 이것은 리더가 업무현장에서 리더십 발휘 시 필수적인 덕목들이다. 그러나 이것만으로 일관해서 팔로어를 이끌려고 하면 팔로어에게 리더로부터 이탈하고자 하는 심리가 발생한다. 오히려 이 경우 마음씨 좋은 리더를 무시하는 불상사가 발생되기도 한다. 원칙도 마찬가지다. 원칙은 속성상 행동을 제약하기 때문에 팔로어들은 가능한 멀리하고 싶어 한다. 원칙을 지나치게 따르면 손해를 본다는 심리는 이러한 현상을 가중시킨다. 여기서도 역시 리더를 이탈하고자 하는 심리가 발생한다. 그러다 보니 원칙을 강도 높게 적용하면 팔로어가 리더를 향해 튀기도 하는 것이다.

그래서 이런 팔로어를 따르게 만들려면 정도에서 다소 어긋난다 하더라도 술수가 리더에게 필요한 것이다. 미국 플로리다 주립대학교의 제럴드 페리스Gerald Ferris 교수는 학교 행정관 및 미국 전역의 금융서비스를 제공하는 기업의 지점관리자들을 대상으로 한 '정치기술지수'를 연구를 했다. 이 연구는 술수의 중요성을 다시 한 번 확인시켜준다. 정치기술지수가 높은 학교 행정관들은 부하직원들로부터 효과적인 리더라는 평가를 받았고, 그리고 정치기술지수가 높은 지점 관리자들은 성과평가를 우수하게 받은 것으로 나타난 것이다.

'수數'가 부족하면 성공리더로의 길이 험난하다

탁월한 성과를 거두는 리더들은 이런 전략적 술수를 활용하는데 매우 능수능란한 솜씨를 보인다. 김응룡 감독. 그는 22년간 프로야구 감독으로 재직하며 무려 10차례나 한국시리즈 우승을 거머쥔 사람이다. 유례없는 성과를 바탕으로 야구인으로는 사상 최초로 구단 사장직에도 오른 바 있다. 그는 감독 시절 구장에서 성난 사자처럼 수시로 과격한 행동을 해댄 감독으로 유명하다. '어영부영' 행동하고 무성의한 경기나 팀워크를 해치는 행동을 하면 '영양가 없는 타자' '정신병자'라는 험한 말을 쏟아냈다. 심판 판정이 마음에 들지 않으면 그라운드에 나타나 육탄전도 불사했고, 더그아웃에서는 의자나 방망이를 예사로 부수곤 했다. 그런데 이러한 행동의 대부분은 선수의 자신에 대한 이탈심리를 잠재우거나 경기관계자들이 함부로 행동하지 못하게 하기 위한 계산된 심리전의 일환이었다. 전략적 술수를 편 것이다.

필자 집무실의 책장에는 다양한 분야의 책들이 꽂혀 있다. 책은 주로 같이 근무하는 직원들이 가져다 본다. 그런데 필자가 애지중지하는 책은 필자의 집무실에 들어오면 누구나 볼 수 있는 책장에는 거의 없다. 필자만 주로 볼 수 있는 책상 뒤의 다른 책꽂이에 있는데, 이 중 90% 이상이 사람의 심리를 다루는 서적들이다. 이 책들은 필자가 많은 직원들을 전략적으로 이끄는 데 도움을 준다. 물론 업무일선의 실전 경험을 통해서도 전략적 술수의 노하우를 많이 확보하고 있지만 책을 통해서도 술수에 관한 알토란 같은 지혜를 얻고 있다. 돌이켜 보면 이렇게 해서 발휘된 술수는 필자가 지휘했던 지점들이 우수지점이 되는 데 적지 않은 기여를 한 것이 분명하다. 이 과정에서 수많은 부하직원들이 보통 직원에서 우수 직원으로 탈바꿈되기도 하였다.

팔로어, 리더, 조직을 삼위일체로 성장시킬 수 있도록 술수를 발휘한다는 것이 사실 쉬운 일은 아니다. 이것은 "당장 성과를 내놔라." 하고 끊임없이 압력을 주는 조직에서 근무하는 리더가 반드시 해야 하는 일이지만 어쩌면 가장 어려운 일일 수도 있다. 원칙과 변칙, 정상과 비정상의 경계선을 조화롭게 넘나들어야 하고, 팔로어의 심리상태를 늘 꿰차고 있어야 하기 때문이다. 그러나 분명한 것은 전략적 술수를 이상적으로 발휘해서 만들어진 성과는 매우 달콤하고 값지다는 것이다.

때론 무시하고 때론 공격하라

전략적 술수는 아무리 선의의 뜻을 가지고 리더십에 적용한다 하더라도 그것이 지나치면 오히려 역효과를 불러올 수가 있다. 그래서 아주 신중한 접근이 필요하다. 최소의 적용으로 최대의 효과를 누리고자 하는 마인드와 지혜를 가지고 술수를 활용하여야 한다.

전략적 술수를 이용하여 팔로어를 자신이 지향하는 방향에 일치시키기 위해서는 다음의 사항을 숙지해야 한다.

첫째, 건전한 긴장감을 조성한다. 올곧은 소리, 싫은 소리하는 것에는 인색하고 팔로어의 환심을 사고자 '교언영색'이나 배려로만 일관하는 리더가 적지 않다. 그러나 이것이 지속되면 팔로어를 장악하기는커녕 오히려 팔로어로부터 무시당하는 사태가 빚어질 수 있다. 팔로어의 리더에 대한 긴장이 이완되고 관심이 줄어들기 때문이다. 그래서 팔로어에게 건전한 긴장감을 유지시키는 것은 리더에 대한 관심도와 위계질서 유지를 위해 중요하다.

건전한 긴장감을 유지시키기 위해서 때로는 팔로어에 대한 까칠함 또는 공격적 행동이 필요하다. 심리학자 토니 험프리스Tony Humphreys는 다음과 같은 말로 공격적 행동을 합리화하고 있다. "부하의 행동에 공격적으로 반응하는 것도 좋은 전략이다. 이것은 리더 자신의 행동에 쏠리는 관심을 분산시킬 뿐만이 아니라 부하가 더 이상 자신을 비판하지 못하도록 만들기 때문이다." 그리고 '도를 넘는 자비'를 베풀어서는 안 된다. 이미 배부른 팔로어에게 자꾸 더 먹으라고 하면 좋아하겠는가? 적당한 통제와 압박을 통해서 리더에 대한 정신적 허기를 느끼게 만드는 것은 전략적 술수의 중요한 부분이다.

둘째, 가끔은 무시한다. 사람의 성격이 다양하다 보니 경거망동하는 팔로어가 있게 마련이다. 이런 팔로어들 때문에 리더가 스트레스 받는 것은 물론이고 조직의 성과까지도 엉망이 되는 경우가 종종 있다. 합리적 대응이 통하지 않는 팔로어들은 간섭하지 않거나 존재를 과감히 무시하는 것도 상책이다. 미국 아리조나주립대학교 심리학과의 로버트 치알디니Robert Cialdini 교수는 "지나친 간섭은 '부메랑효과'를 만들어 심리적 저항을 낳을뿐더러 자신에게 손해로 돌아온다."며 자꾸 간섭하려 드는 사람에게 경고장을 날린다.

2013년에 그야말로 '깜'도 안 되는 북한이 '전쟁을 일으키겠다.' '미국 본토를 공격하겠다.' 등의 공갈협박으로 국제사회를 농락한 적이 있다. 이때 우리나라는 북한이 난리법석을 떨든 말든 그들의 행동을 철저하게 무시했다. 결국 그 일은 일개 해프닝으로 끝났고 북한은 일방적으로 취했던 개성공단 폐쇄를 조건 없이 철회하는 등 납작 엎드리고 꼬리를 내렸다. 이런 원리가 리더와 팔로어와의 관계에서도 상당부분 적용된다는 것을 부정하는 사람은 아마도 없을 것이다. 사람은 누구 할 것 없이 개인적 이익에 대해 강열한 욕구를 가지고 있는 동물이기 때문이다.

셋째, 강온 양면전략을 구사한다. 옛날에 고급연장을 만들 때는 대장간에서 냉탕 온탕을 오가며 잘 담금질된 쇠만을 사용하였다. 우리나라가 지금처럼 초고속으로 발전한 데는 우리나라 사람들이 여름에는 섭씨 40도까지 올라가고, 겨울에는 영하 30도까지 내려가는 기온의 등락폭이 극심한 지역에서 잘 버티고 사는 능력도 한몫을 하고 있다고 외국 사람들은 말한다. 이처럼 '강'과 '온' 속에서 만들어지는 결과물은 값지다. 직장에서도 마찬가지이다. 팔로어에 대한 강온 양면전략은 리더에 대한 팔로어의 관심을 붙들어 매는 데 있어서 효과적이다.

인간의 마음은 원래 변화무쌍하다. 직장의 팔로어도 예외가 아니어서 마음이 부초처럼 흔들릴 가능성은 상존한다. 그래서 잘 해줄 때는 한없이 잘해주다가도 리더에서 이탈하려는 조짐이 보이면 얼른 바로잡아야 한다. 이를 위해서는 리더의 마음속에 난로 같은 따스함과 얼음 같은 냉정함이 동시에 있어야 한다. 팔로어와의 관계를 '불가근 불가원'의 관계모드로 세팅해 놓고 지내는 것도 전략적으로 필요하다.

넷째, 모호하게 행동하라. 리더의 자리에 있으면 팔로어에게 해주고 싶은 말이 참으로 많다. 그러다 보니 업무적인 것을 물론

이고 사적인 것까지도 적나라하게 드러내 보이는 리더들이 있다. 만일 팔로어가 속을 내보이는 투명한 리더를 좋아할까 싶어서 그랬다면 그것은 순진한 생각이다. 리더가 모호한 구석이 없고 생각과 동향이 항상 예측 가능하다면 과연 팔로어가 그에게 호기심을 느끼겠는가?

심리학자 로버트 치알디니 교수는 이런 말을 했다. "모호하면 퍼즐 같아서 풀고자 하는 호기심이 발동한다. 그리고 그 과정에서 긍정적인 느낌을 갖게 된다." 팔로어들 모아놓고 뭔가 얘기를 해주어야 하는데 얘깃거리가 도중에 떨어지면 없는 말까지 만들어서 말해주고픈 유혹에 빠지게 된다. 그럴 때마다 팔로어로 하여금 지속적인 관심을 갖게 하고 이를 통해서 내가 내리는 지시가 먹히도록 하려면 말을 아끼고 알듯 모를 듯한 부분, 즉 궁금증을 자아내게 하는 부분을 반드시 가지고 지내야 한다는 점을 명심해야 한다.

> 나쁜 사람으로부터 방어하기 위해 군주는 스스로 좋지 않은 사람이 되는 방법도 알아야 한다.
>
> — 니콜로 마키아벨리 —

chapter 10
거짓말조차도 곧이듣게 만들어라

신뢰가 깨지면 리더십의 모든 것이 날아간다

자공이 훌륭한 군주가 되려면 어떻게 해야 되는지를 스승 공자에게 물었다. 이에 공자는 "백성들을 배부르게 해주어야 하고, 국방을 굳건히 하고, 백성들이 믿을 수 있도록 행동해야 한다."고 답했다. 이어서 자공이 "어쩔 수 없이 이 중 하나를 포기해야 한다면 어떤 것을 선택하시겠습니까?" 하고 물었다. "국방비를 포기해야지."라는 공자의 대답이 끝나자마자 자공이 또 물었다. "남은 두 가지 중 하나를 포기해야 할 경우에는 어떻게 하실 런지요?" 이에 공자 서슴지 않고 "먹을 것을 버려야지."라고 하였다. 이것은 논어의 안연顔淵 편에 나오는 이야기인데, 오늘날 조직의 리더가 조직구성원으로부터 신뢰를 얻는 것이 얼마나 중요한지를 여실히 깨닫게 해주는 대표적인 중국 고사이다.

신뢰는 일반적으로 '중요한 무언가를 잃을 수도 있는 위험을 적극적으로 감수하는 태도'라고 정의된다. 상황파악을 잘못하여 못 믿을 사람을 믿었다가는 그로 인한 손해를 고스란히 뒤집어써야 하는 일이 발생될 수도 있기 때문에 이러한 정의는 쉽게 이해될 법하다. 정의에서 알 수 있듯이 팔로어가 리더를 신뢰하기로 맘을 먹는 것이 결코 쉬운 일은 아니다. 잘못 맘먹으면 자신에게 불이익이 닥칠 수도 있기 때문이다.

그러나 결정이 어려운 만큼 리더를 믿기로 한번 작정하면 팔로어의 리더에 대한 추종도는 높아지게 된다. 사람들은 싫어하거나 믿음이 가지 않는 사람이 이야기하면 아무리 좋은 얘기 또는 옳은 얘기라 하더라도 부정적으로 해석하려 하지만 존경하거나 신뢰하는 사람이 이야기하면 일단은 긍정적으로 해석하려 한다는 것은 심리학적으로도 이미 알려진 사실이다.

팔로어가 리더를 신뢰할 것인가, 말 것인가를 결정하는 데 고려하는 요소는 크게 세 가지이다. 첫째, 리더의 말이 진실인지. 둘째, 리더가 이끌 수 있는 지식과 기술을 가지고 있는지. 셋째, 리더가 자신이 하는 일에 열정과 책임의식을 가지고 있는지 등이다. 이 세 가지가 있다고 판단하면 팔로어는 그의 충성심, 헌신 등을 기꺼이 리더에게 제공하게 된다.

이렇게 팔로어가 흔쾌히 리더를 믿고 따르면 리더가 펼치는 업무성과의 질과 양은 당연히 높아지고 건강의 주적인 대인 스트레스까지 줄어들게 된다. 성과는 업무차원의 최고의 가치이고, 건강은 비업무차원의 최고의 가치라는 것을 감안한다면 리더에 대한 팔로어의 신뢰는 리더십 발휘에 기여하는 일반적인 가치를 훨씬 뛰어넘는다. 그래서 리더가 팔로어로부터 신뢰를 얻는 것에 '목숨'을 걸다시피 해도 그것은 결코 나무랄 일이 아니다.

리더를 믿는 팔로어는 기꺼이 밤도 지새운다

　1982년 어느 날, 역사가 무려 130년이나 되는 의약품회사 존슨앤드존슨에 죽느냐 사느냐 하는 회사의 운명이 걸린 엄청난 사건이 일어났다. 누가 돈을 노리고 이 회사 제품인 진통제 타이레놀에 독극물을 주입했다는 협박을 한 것이다. 처음에는 당황했지만 존슨앤드존슨은 신속하고도 과감한 결정을 내렸다. 이 협박이 진짜인지 가짜인지 확인은 안 되었지만 그와는 상관없이 미국 전 지역에서 타이레놀을 모두 회수해 폐기처분하기로 하였다. 천문학적인 폐기비용지출과 매출감소로 이 회사는 파산 일보직전까지 몰렸다. 그러나 곧 고객들은 존슨앤드존슨사가 보여준 사회와 고객에 대한 책임의식에 강한 신뢰를 보냈다. 의약품 매출은 상승했고 회사는 살아났다. 오늘날 존슨앤드존슨은 전 세계 60여 개 나라에서 230여 개의 자회사를 운영하는 세계 최대의 건강 관련제품 생산기업으로 성장하였으며 신뢰의 상징이 되는 회사로 찬란하게 빛나고 있다.

　직장에서도 잘나가는 리더들은 팔로어들이 주는 신뢰를 한 몸에 받으면서 생활하고 있다. 신뢰의 기반이 워낙 공고하다 보니 리더가 지시하면 팔로어들은 일사분란하게 움직인다. 중요한 프로젝트가 있을 때는 하루 이틀 밤새우는 일도 불사한다. 이런 조직의 리더에게서 발견되는 공통적인 특성은 팔로어에게 신뢰를 받기 위한 노력이 남다르다는 것이다. 리더는 팔로어에게 한 약속의 차질 없는 이행, 사실에 대한 가감 없는 전달, 팔로어를 대신하는 희생, 열정과 자신감의 표출 등을 리더십을 발휘하는 상황에서 '금과옥조'로 여긴다. 그래서 팔로어의 신뢰는 철저하게 리더의 몫으로 돌아간다.

어떤 리더는 현란한 화술, 탁월한 지적역량, 매혹적인 카리스마, 게다가 학력과 경력이 화려해서 그가 이끄는 조직의 성과는 분명 남다를 것 같은 느낌을 갖게 한다. 그러나 기간실적을 마감한 뒤 성과를 보면 예상과는 전혀 딴판이다. 그런 조직을 자세히 들여다보면 팔로어와 리더 간의 인간관계도 이미 뒤틀어져 있음이 감지된다. 리더는 속으로 "지금 무슨 사고나 치고 있는 거 아냐?" 하며 가재미눈으로 팔로어들을 바라보고, 팔로어들은 "무슨 꿍꿍이속이 있는 것 아냐?" 하며 수군거린다. 그리고 리더는 자신의 팔로어 중 쓸 만한 직원이라고는 한 명도 없다며 동료 리더에게 하소연한다. 팔로어들은 리더를 바꿔달라고 곧 '집단 소송'이라도 제기할 분위기다. 서로 믿을 구석을 발견하지 못하고 있는 것이다. 이런 조직에서 무슨 신뢰가 형성될 것이며, 무슨 성과가 나오겠는가?

직장 내의 적지 않은 부서조직이 리더, 팔로어 상호 간의 불신 또는 리더에 대한 팔로어의 불신이 팽배해 있고, 치유의 손길이 닿지 않은 채 방치되어 있다. 이유야 어쨌든 이것이 해결되지 않고서는 팔로어의 리더에 대한 추종은 힘들다.

'멀리하기엔 너무 아까운 당신'이 되어라

팔로어가 신뢰하게 하는 리더의 행동은 실로 다양하다. 그중에서 직장 내 조직의 리더입장에서 가장 필요한 행동은 다음과 같다.

첫째, 언言과 행行을 일치시킨다. "말이 청산유수와 같다."라는 표현은 언뜻 들으면 긍정적인 표현 같지만 사실 반대의 경우가 더 많다. 만일 직장에서 팔로어가 리더에게 이런 말을 했다면 "말만 뻔지르르하다."고 지적할 것을 그나마 대접해서 완곡하게 하는 말이라고 보면 된다. 이런 말을 간혹이라도 듣는 리더가 있다면 그는 신뢰에 대해서 심각하게 고민하고 그간의 행태를 바꾸지 않으면 안 된다. 효과적인 리더십 발휘의 핵심인 신뢰를 팔로어로부터 얻지 못할 가능성이 아주 높기 때문이다. 가령 부모가 아이에게 담배를 피우지 말라고 해놓고 집 밖에 나가 담배를 피우다가 아이에게 들켰다면 어떤 아이가 부모의 말을 따르겠는가? 직장의 상하관계에서도 이와 다를 바가 선혀 없다.

하기로 한 것에 대해서는 이변이 없는 한 실행해야 한다. 리더인 자신부터 하지 않고 팔로어에게 하라고만 하는 리더는 팔로어로부터 결코 신뢰를 얻지 못한다. 팔로어와 한 약속을 지키는 것도 마찬가지이다. 부득이한 사유로 한두 번 어기는 것은 모르겠지만 반복되면 필경 신뢰에 금이 간다. 백성에게 지키기 어려운 약속을 했지만 그것을 지킴으로써 결국 백성을 잘 따르게 만들었다는 고대 중국 진나라 때의 사목지신徙木之信의 고사가 이에 교훈 점을 던져준다.

둘째, 매사 정직을 견지한다. 세계최고의 '투자귀재'이자 현인으로까지 불리고 있는 워런 버핏Warren Buffett은 직원에게 필요한 능력을 정직성, 지능, 에너지 등 세 가지로 말하는데 이중 정직성을 제일로 꼽고 있다. 정직이 중요하다는 것은 지극히 당연한 얘기지만 팔로어의 리더에 대한 신뢰는 주로 리더의 정직, 진솔이라는 밥을 먹고살기 때문에 리더십에서 더욱 중요하다. 인사청문회를 일단 통과하고자 진실을 왜곡했다가 도중이나 나중에 발각되어 그대로 낙마하는 '고관대작'들을 보아오고 있질 않는가? 신뢰 때문에 일반직장의 리더가 이들처럼 옷 벗는 사태에까지 몰리기야 하겠느냐 마는 자리에 있는 동안 식물리더로 존재할 가능성은 얼마든지 있다.

"부하가 하면 로맨스이고 상사가 하면 불륜이다."라는 말이 나오는 판국이다 보니 윤리는 그야말로 리더십의 생명일 수밖에 없다. 그 윤리의 핵심에는 바로 정직이 자리 잡고 있다. 리더는 항상 오픈마인드를 가지고 팔로어에게 조직이 돌아가는 현실을 가감 없이 전하고, 때로는 리더 자신의 속마음을 솔직하게 드러낼 필요도 있지만 악의의 거짓말이라면 생각조차 하지 말아야 한다. 물론 이것저것 다 따지다 보면 리더 노릇하기가 정말이지 고행일 수도 있다. 그러나 이왕 리더의 길에 들어섰다면 존경받는 리더가 되어야 하지 않겠는가?

셋째, 일관성을 보인다. '초지일관'이라는 말은 리더의 신뢰와 불가분의 관계를 맺고 있다. 한번 내린 업무지시가 도중에 여러 번 바뀌면 수많은 팔로어가 힘들게 되고, 힘들게 만든 리더의 신뢰는 추락할 수밖에 없기 때문이다. 이때 대부분의 팔로어는 이를 '리더의 변덕'이 초래한 결과라고 여길 뿐, 그럴 수밖에 없었던 리더의 깊은 마음까지는 헤아리지 못한다. 그래서 아주 긴박한 상황이 아니라면 최초의 결정을 최후까지 밀고 가는 것이 신뢰유지를 위해 중요하다.

이미 내린 지시를 긴박하지도 않은 상황에서 일종의 불안감 때문에 도중에 변경하는 것은 금물이다. 그리고 리더 자신의 상사가 내리는 불합리한 지시에 흔들려서 한참 진행되는 일에 브레이크를 걸어서도 안 된다. 명분이 뚜렷하지 않은 '리더의 변덕'은 부하직원을 맥 빠지게 하고 신뢰를 깨뜨려 따르고자 하는 의욕에 찬물을 끼얹는다. 불가피한 경우라면 그간의 노고를 위로해 주고 수정할 사항만을 정확히 지시하되 기본적인 일관성은 유지해야 한다.

넷째, 앞선 업무능력을 발휘한다. 팔로어들은 리더의 업무능력을 예의 주시한다. 리더의 앞선 업무능력은 직장 내에시 지신의 몸값을 결정하는 업무능력의 향상과 정비례적인 상관관계를 가진다고 보기 때문이다. 그래서 리더가 자기보다 앞선 지식과 노하우를 가지고 있지 않으면 자신의 발전에 별 도움이 되지 않는다고 얼마든지 생각할 수 있다. 이렇게 되면 '영양가 없는 리더'로 간주되어 그를 신뢰하지 않을 것이 뻔하다. 그럼에도 불구하고 일부 리더들은 이미 철지난 지식과 노하우에 의존한 채 새로운 첨단 지식 확보를 소홀히 하고 있다. 지식정보화시대를 맞이하여 팔로어는 업무능력을 담보해줄 수 있는 첨단지식으로 단단히 무장해 가고 있는데도 말이다.

리더는 리더니까 리더십능력만 있으면 된다고 생각하기 십상이다. 그러나 그것은 고위간부나 경영층 얘기다. 중간관리자로서의 리더는 당연히 팔로어를 지도하는 데 부족함이 없는 업무지식과 노하우도 풍부하게 가지고 있어야 한다. 좀 정확히 말한다면 업무능력과 리더십능력을 반반 가지고 있어야 한다. 그래야 일 몰라서 머리 싸매고 있는 팔로어가 반기는 리더가 될 수 있다.

다섯째, 헌신하는 마음을 갖는다. 자기를 위해서 희생하고 책임을 져주는 사람을 존경하고 기꺼이 따르지 않을 사람은 아무도 없다. 직장에서도 마찬가지이다. 리더는 팔로어에게 '가까이하기에 너무 먼 당신'과 같은 존재이다. 그러나 리더가 자기희생으로 팔로어 자신에게 돌아갈 불이익을 감소시켜 주고 팔로어가 잘 되기를 학수고대하는 모습을 그들에게 보여주며 살아간다면 리더는 팔로어에게 '멀리하기엔 너무 아까운 당신'이 될 수가 있다. 이런 리더에게 팔로어로부터 아낌없는 신뢰가 답지될 것은 너무나도 자명하다.

리더는 해당조직의 책임자다. 그래서 조직에서 일어나는 일에 포괄적인 책임을 지게 되어 있다. 그런데도 책임을 지기는커녕 팔로어에게 책임을 전가하고 자신은 뒤로 빠진다면 그것은 리더로서 곧바로 자격상실이다. 아무리 작은 것이라도 팔로어를 위해 헌신한다는 시그널만 보여준다 해도 팔로어의 마음을 상당 부분 자극하여 강한 지지를 이끌어낼 수 있다.

스티브 잡스는 구두쇠였지만 1997년 애플로 복귀할 당시 자신에게 주어진 주식 150만 주를 포기하고 연봉을 1달러로 책정하였다. 애플의 실적이 호전된 이후에 600만 주의 보통주와 100만 주의 주식을 보수로 제시받았지만 잡스는 이를 사양하였다. 평소 구두쇠로 불렸던 잡스로서는 매우 큰 자기희생이었다. 이로 인해 잡스는 돈 주고도 살 수 없는 직원들의 절대적인 신뢰를 얻을 수가 있었고, 신뢰는 급기야 그를 애플직원의 영웅이자 IT계의 전설적인 인물로 추앙받게 만드는 데 일조하였다.

> 흔히 사람들은 자본이 없어서 사업을 시작하지 못한다고 말한다. 그러나 자본보다 훨씬 더 중요한 것은 신용이다. 사업계획과 내 과거가 주위로부터 신뢰를 받을 수가 있다면 그 규모의 대소는 문제되지 않는다. 신뢰가 전부다.
>
> — 정주영(현대그룹 창업자) —

chapter 11
때로는 한없이 연약해져라

연약한 이미지가 오히려 리더를 리더답게 만든다

2011년 4월 국내의 대표적인 금융사인 현대캐피탈 전산망이 해킹을 당하는 미증유의 사건이 발생하였다. 약 43만 명에 해당하는 고객 정보가 줄줄이 새 나갔다. 현대캐피탈은 사건 발생 다음 날 언론에 신속히 해킹사건을 시인했다. 그리고 노르웨이 출장 중이던 CEO 정태영 사장은 급거 귀국해 기자회견을 통해 고객들에게 잘못을 사과했다. 어이없는 일로 당시에는 여론이 매우 차가웠다. 그러나 회사의 신속한 초기조치와 CEO의 진심어린 사과로 여론은 점차 호전되기 시작했고 급기야는 이일로 인해 현대캐피탈은 '착한 금융사'라는 인식이 확산되면서 이미지가 업그레이드되었다. 잘못은 했지만 적절한 조치로 고객의 동정심과 신뢰감을 유발하여 오히려 전화위복이 된 것이다. 만일 현대캐피탈 CEO가 변명이나 하고 늑장대응을 했다면 고객은 어떤 반응을 보였을까? 굳이 언급할 필요가 없을 것 같다.

마찬가지로 조직 내에서도 리더는 여느 조직구성원과 마찬가지로 일하는 과정에서 곤경에 처해지는 일이 비일비재하다. 리더는 업무책임 외에 지휘 책임까지 져야 한다. 그래서 뜻하지 않게 곤경에 처하는 빈도수나 그로 인해 받는 스트레스의 강도가 사실 팔로어들보다 더하다. 그러나 이때 같이 일하는 팔로어로부터 동정심과 지지라도 얻어낼 수 있다면 보다 쉽게 궁지에서 탈출할 수 있다. 이것은 팔로어와 직접적으로 관련된 경우가 아니라도 마찬가지이다. 그래서 리더가 리더십 동력을 유지하고 벌어진 사태를 수습하는 데 있어서 팔로어의 동정심과 지지는 매우 중요하다.

팔로어의 동정심과 지지를 얻어내기 위해서는 무엇보다 겸손, 실수에 대한 인정, 빈틈을 보이는 일 등 그들에게 자세를 낮추는 일이 필수적으로 수반되어야 한다. 물론 리더가 상급자이다 보니 부하인 팔로어들 앞에서 자세를 낮추는 것이 자존심 상하는 일이 될 수도 있다. 그러나 소신조차 없애버리는 것이 아니라면야 자존심이 잠시 구겨지는 것은 크게 문제될 것 없다. 왜냐하면 팔로어에게 보이는 일순간의 '약한 모습'은 팔로어의 감성을 건드려 리더의 성공적인 리더십 발휘에 지대한 공헌을 할 수 있고, 때로는 죽어가는 리더를 살릴 수도 있기 때문이다.

지금은 고인이 되었지만 애플의 전 CEO 스티브 잡스는 평소에 명품이 아닌 빛바랜 청바지에 뉴발란스 운동화만 신었다. 단정한 셔츠와 캐주얼한 정장 바지를 입고 빛나는 가죽구두를 신는 MS

사의 CEO 스티브 발머Steve Ballmer와는 확연히 비교되었다. 지금 발머를 모르는 사람은 있어도 잡스를 모르는 사람은 거의 없다. 더욱이 잡스의 이미지는 가히 영웅적이다. 이것을 보면 사람들은 '평범한 루저'의 이미지를 사랑하는 것이 분명하다.

팔로어는 곤경에 처한 착한 리더에게 마음을 준다

그럼에도 불구하고 팔로어 앞에서 자신을 필요 이상으로 과대 포장하거나 빈틈을 보이려 하지 않는 리더들이 많다. 특히 실력이 떨어지는 리더일수록 이러한 경향을 더욱 강하게 보인다. 잘난 사람은 팔로어를 빨아들이지만 잘난 체를 하는 사람은 근처에 있던 팔로어까지도 멀리 쫓아버리게 된다는 사실을 이런 리더들은 생각하지 못하고 있는 것이다.

그리고 상사라는 위치를 과신해서 자신의 잘못을 직급으로 덮으려 하고 핑계로 일관하는 리더들도 있다. 더욱이 문제가 되는 것은 이들 리더의 상당수가 상사의 변명, 선배의 핑계는 부하 또는 후배에게 이해되거나 그들의 기억에서 금방 사라질 것으로 착각한다는 것이다. 이런 리더는 팔로어에게 환영 받기는커녕 잘못하다가는 팔로어들에게 '따'의 대상이 될 수도 있다는 사실을 명심해야 한다.

그러나 실력 있고 남다른 업적을 올리는 리더들은 그렇지 않다. 일하다가 실수라도 하면 솔직하게 시인하고 사과하며 이해를 구한다. 외부 자극에도 민감하게 반응하지 않고 눈초리와 태도도 부드럽다. 알차게 익은 벼가 더 고개를 숙이는 것과 마찬가지로 오히려 더 겸손하고 조용하다.

어떤 리더들은 팔로어의 동정심을 구해서 그들의 행동을 자신이 바라는 방향으로 유도하고자 전략적인 행동을 하기도 한다. 최근 세계유수의 신문인 워싱턴 포스트지까지 인수한 아마존의 창업자 제프 베조스Jeff Bezos는 기업의 총수답지 않게 낡을 대로 낡은 책상과 의자를 버리지 않고 그대로 사용하는 사람으로 유명하다. 그가 이러는 배경에는 베조스의 태생적인 검소함도 있지만 직원들의 마음을 자극하기 위한 전략적인 의도가 자리하고 있다. 직원들보다 오히려 자신을 더 낮게 두는 그의 처신은 직원들의 마음을 자극하여 그를 따르게 만든다고 한다. 이것이 오늘날 아마존이 세계 최초, 최대의 인터넷서점이자 종합 쇼핑몰로 성장하게 한 동력 중의 하나가 아닐까 싶다. 사실이지 팔로어는 더운 사무실에서 고생하는데 리더는 넓은 독방을 차지하고서 푹신한 소파에 앉아 빵빵하게 틀어놓은 에어컨 바람이나 즐기고 있다면 팔로어들이 과연 리더를 자신들과 한 배에 탄 사람이라고 생각하겠는가?

되로 받고 말로 갚아라

리더가 팔로어로부터 동정심과 지지를 얻어내기 위해서는 다음의 사항을 숙지해야 한다.

첫째, 웬만한 약점은 그냥 드러내 보인다. 리더는 여간해서 자신의 약점을 팔로어에게 보이려 하지 않는다. 동료라면 모를까 팔로어에게 그러기에는 자존심이 허락하지 않는다. 그리고 팔로어가 약점을 알면 "얕잡아 보지 않을까?" "말을 안 듣지 않을까?" 즉 통제력 저하를 걱정한다. 그러나 털어서 먼지 안 나는 사람 없듯이 약점 없는 사람은 이 세상 어디에도 없다. 요즈음의 똑똑한 팔로어들은 이를 누구보다도 잘 안다. 리더라 하더라도 오히려 자기보다 약하면 도움을 주려는 마음씨 좋은 팔로어들도 많다. 만일 리더가 지나치게 완벽해 보이면 팔로어로 하여금 심리적 거리감을 느끼게 하여 리더를 도와야 한다는 생각을 멈추게 만들 수 있다.

 자신의 약점이 겉으로 드러나게 되면 그저 감추려고만 안간힘을 쓰지 말고 그대로 인정하라. 어느 정도의 빈틈은 팔로어가 편안히 놀 수 있는 자리가 될 수 있다. 그렇다고 해서 약점을 적나라하게 늘어놓으면 안 된다. 약점이 많은 리더를 좋아할 팔로어는 거의 없기 때문이다. 특히 언제 어느 때 부메랑이 되어 자신을 강타할지 모르는 치명적인 약점은 '1급 비밀'로 취급하는 것이 좋다. 심리학자 로버트 치알디니는 "약점을 먼저 말하고 다음에 의지를 말하면 상대는 당신을 더 믿을 만한 사람으로 본다."는 말을 하였다. 시정하려는 의지만을 말하지 말고 그 전에 '이실직고'를 하게 되면 솔직함과 의지가 섞여져서 이것이 팔로어에게 더 큰 믿음으로 다가가게 된다는 뜻으로 해석할 수 있는 말이다.

 둘째, 늘 겸손한 자세를 견지한다. 노하우로 보나 경험으로 보나 일반적인 상황에서의 리더는 팔로어를 압도한다. 수많은 경험

속에서 만들어진 무용담용 소재도 많이 가지고 있다. 틈만 나면 팔로어에게 자랑하고 싶어진다. 그러다 보니 리더가 팔로어 앞에서 겸양의 미덕을 발휘한다는 것이 결코 쉽지는 않다. 그러나 이를 참고 오히려 팔로어 앞에서 자신을 겸손하게 낮추면 팔로어에게 존경심을 심어줌으로써 참은 것에 대한 보상을 톡톡히 받아낼 수가 있다. 물이 세상을 삼켜버릴 수 있는 무서운 힘을 가지고 있지만 언제나 낮은 곳으로 임하여 결국에 가서는 강이 되고 드넓은 바다가 되는 것처럼 말이다.

낭중지추란 말이 있듯이 리더가 실력이 있으면 과시하지 않으려 해도 그 실력은 튀어나와 언젠가는 팔로어에게 알려지게 되어 있다. 리더의 입과 행동을 통해 알려지는 모습보다 겸손하게 있는 동안 팔로어가 알아채는 리더의 실력과 진면목은 훨씬 더 큰 파괴력을 가진다. 특히 부서에 새로 배치된 신참 리더들은 이 점을 주의하여야 한다. 요즈음의 팔로어들은 신참리더에 대해서 별로 긴장하지 않는다. 오히려 길들이기 위해 호시탐탐 실수나 약점을 잡으려고 노린다. 그런데 이 상황에서 우쭐한 마음으로 자칫 오비액션이라도 하다면 망가진 리더의 자리를 원래대로 복구하는데 시간 깨나 걸릴 것이다. 그렇다 하더라도 겸손으로 동정심을 얻으려고 기둥뿌리 같은 소신까지 버리는 우를 범해서는 안 된다.

셋째, 잘못은 과감히 인정한다. 어제오늘의 일은 아니지만 사람들은 잘못에 대한 인정이나 실수에 대한 사과는 인색하다. 과거와는 다르게 그로 인해 두들겨 맞는 등의 후폭풍이 워낙 거세기 때문이다. '정략'에 따라 움직이는 정치권이라면 이런 일이 워낙 비일비재하기 때문에 이해될 법도 하다. 그러나 직장에서 리더와 팔로어 간의 사과는 겁내지 않아도 된다. 팔로어는 업무상의 소소한 잘못쯤은 이해할 줄 안다. 평소에 돈독한 관계를 맺고 있는 상황이라면 리더의 잘못을 오히려 은폐, 엄폐해주려 들 것이다. 사실은 잘못이 알려지게 되면 리더십에 치명상을 입을까 싶어 노심초사하는 소심하고 자존심 센 리더가 더 큰 문제이다.

리더십 전문가 존 케이더John Kador는 이런 말을 하였다. "사과할 때 인간은 가장 인간다워지고 일상생활에서 쓰고 있던 가면을 벗고 진실한 얼굴을 하게 된다. 사과는 패자의 변명이 아닌 리더의 언어다. 사과란 단지 잘못을 시인하고 용서를 구하는 행위 이상의 가치를 지녔다." 이 정도라면 리더가 팔로어에게 주는 사과의 가치는 충분하다. 이제는 잘못의 인정이나 사과가 팔로어만이 활용하는 전매특허가 아님을 명확히 인식해야 할 것이다.

넷째, 받은 도움은 최대한 빠르게, 더 크게 갚는다. 리더가 팔로어로부터 동정심과 지지를 얻어낸다는 것이 결코 쉽지는 않다. 대부분의 팔로어들은 조직의 위계 상황으로 본다면 당연히 리더로부터 그들이 동정받고, 위로받고, 지지받아야 마땅하다고 생각하기 때문이다. 이런 상황에서 동정심과 지지를 얻은 리더도 대단하지만 이를 베푼 팔로어는 더욱 대견스런 부하이다. 그래서 이들에게서 받은 도움은 그 누구보다도 가장 빠르게, 그리고 더 크게 갚아 주어야 한다. 이렇게 될 때 팔로어의 동정심과 지지는 확대재생산될 것이며, 확대재생산된 동정심과 지지는 팔로어로

하여금 "우리 팀장을 따르자!"는 마음을 굳히는 데 크게 기여할 것이다.

상사가 부하에게 자신의 부족함을 당당하게 표현하는 데 주저하지 말아야 한다. 인간적인 약점은 비즈니스에서 가장 저평가되고 있는 자산이다. 이는 우리 모두가 인간이라는 점을 알게 해준다.

— 키스 페라지(미국의 경영컨설턴트) —

chapter 12
비공식에서 관계의 길을 물어라

인간적인 관계가 53년 만의 눈물을 만들다

2008년, LS산전 노동조합은 노동조합 창립 이래 처음으로 "임단협을 회사 측에 모두 위임하겠다."고 선언한다. 무려 53년 만의 일이다. 이때 노동조합과 협상하던 회사의 대표이사인 구자균 부회장의 눈시울은 붉어졌다. 그는 평소 틈이 나면 직원들과 팔씨름을 하였다. 남산 둘레길 산행을 제안해 직원들과 같이 떠났다. 승진한 직원의 배우자를 초청해 저녁도 함께하며 즐거움을 나누었다. 다시 말해 그는 평소 업무와 관련이 없는 장면에서 직원들과 수많은 시간을 같이 보냈다. 이렇게 해서 형성된 구자균 부회장과 직원들 간의 끈끈하고 돈독한 비공식적 유대관계가 바로 회사가 53년 만에 '눈물의 기쁨'을 누릴 수 있었던 결정적인 배경이 되었던 것이다.

업무현장에서 비공식적 대인관계는 종종 큰 위력을 발휘한다. 직무현장에는 당연히 공식적인 관계가 주가 되지만 사람들이 서로 부대끼며 살아가다 보니 비공식적인 관계가 적지 않은 비중으로 존재하기 마련이다. 비공식적 관계는 공식적인 관계의 효과성을 높이는 촉진제 역할을 한다. 그래서 현명한 리더들은 이 촉진제를 능수능란하게 활용함으로써 자신이 맡은 조직에 고성과를 선사한다.

이러한 비공식 관계의 핵심에는 인간적인 관계가 자리 잡고 있다. 인간적인 관계는 말도 안 되는 지시도 따르게 하는 마법을 지니고 있다. 그리고 비공식 관계의 안에는 편한 관계도 있다. 편한 관계는 일이든 아니든 리더와 모든 것을 함께하고 싶게 만든다. 그래서 이러한 인간적인 관계와 편한 관계가 돈독해지면 서로의 의견을 수용할 수 있는 공감대가 형성되게 된다. 또한 형식에 얽매이지 않는 관계도 중요한 비공식적인 관계의 한 부분이다. 특별한 형식이 없다 보니 팔로어는 리더에게 아무 말이라도 하고 싶어지고, 리더의 말에 귀를 크게 연다. 이 과정에서 아이디어도 잘 튀어나온다. 그래서 멍석이 말끔하게 깔려진 회의장에서보다 노닥거릴 수 있는 휴게실에서 좋은 아이디어가 튀어나오는 것이다.

세계적인 베스트셀러 『생각의 빅뱅』 저자로 유명한 미국의 신경과학자 에릭 헤즐타인Eric Weisstein 박사는 "자연스러운 상태에서 비공식적인 만남을 가져봐라. 의외의 아이디어가 튀어나온다."라면서 비공식적인 관계의 중요성을 강조한 바 있다.

비공식 관계의 영향력을 가장 크게 해주는 것은 역시 인간적인 교류이다. 업무 등의 공식적 관계에서는 주로 경직되기 쉬운 사무적 분위기가 감돌 뿐 인간적 분위기를 찾아보기 힘들다. 그러나 비공식적인 관계의 장면에서는 이와는 반대이다. 이때 나타나는 리더의 인간적 매력은 팔로어로 하여금 리더를 따르게 하는 중요한 힘으로 작용한다.

연세대학교 경영학과의 정동일 교수는 이때의 힘을 '준거적 권력'이란 말로 표현한다. 그에 의하면 인간적 매력을 지닌 리더를 대하면 부하들은 같이 시간을 보내고 싶다는 본능적인 충동을 느끼게 되고, 리더가 가지고 있는 미래에 대한 꿈을 같이 이루고 싶다는 생각을 갖게 되며, 궁극적으로 일과 조직에 헌신하게 만들 수 있다고 한다. 즉 리더의 인간적인 매력이 바탕이 된 비공식적인 관계는 팔로어의 리더에 대한 자발적 추종을 불러일으킬 수 있다는 얘기이다.

'사무실 리더'는 사무실을 벗어나면 불안할 뿐이다

사람들은 비공식적인 상황을 좋아한다. 특히 직급이 낮고 입사가 늦은 팔로어일수록 더욱 좋아한다. 하급자일수록 공식적인 상황으로부터 받는 스트레스가 더 크기 때문이다. 비공식적인 상황은 리더가 이들과 친해질 수 있는 좋은 기회이다. 친해지면 당연히 갈등이 줄고 팔로어의 업무지시 이행도가 높아진다.

요즈음 조직의 간부들은 직원들과 비공식적으로 관계하는 시간을 계속 늘려가고 있다. 기업의 총수도 예외가 아니다. D그룹의 P회장은 젊은 직장인들과 스마트폰을 이용하여 격의 없이 소통하는 '소통 회장님'으로 정평이 나있다. "건강검진 끝나자마자 냉면 흡입! 회사 식구들이 여기저기 몇 테이블이나 있어서 ○○면옥 계산 기록 세움 ㅋㅋㅋㅋ 냉면이 무려 48마넌(만 원) ㅋㅋㅋㅋ." 이것은 그가 직원들에게 날린 문자 중 하나이다.

그러나 아직도 대부분의 조직은 공식이 지배하고 있는 게 현실이다. 여유 없는 일부 경영층은 겉으로는 팔로어들과 비공식 관계를 늘리는 게 답이라고 강조하면서도 한편으로는 찜찜해 한다. "잘못하다가 사무실이 놀자 판 되는 것 아냐?" 하는 우려 때문이다.

팔로어와 얼굴을 맞대고 살아가는 중간관리자들은 비공식적 관계맺음이 좀 나은 편이다. 그래도 적지 않은 중간관리자들이 안타깝게도 이런 저런 이유로 이를 소홀히 한다. 경영층이야 그렇다 치고 이들만큼은 그래서는 안 되는데도 말이다. 항상 화급을 다투는 일만 있는 것도 아닌데 '지금 안 하면 큰일 날 일들'이 소홀할 수밖에 없는 가장 큰 핑계거리로 등장한다. "계급장 끝발이 약해지는 바깥 장소에서 괜히 후배들에게 당하는 것 아냐?" 하는 내심의 걱정도 비공식 관계맺음의 걸림돌이 된다. 이런 리더들은 비공식 관계가 결국에 가서는 크게 남는 장사라는 것을 깨닫지 못하는 리더들이다. 그래서 부장까지는 그럭저럭 가다가 임원진급에서는 번번히 고배를 마시고 신세를 한탄한다.

요즈음은 다수의 직장에서는 리더가 팔로어를 평가하는 것은 물론 팔로어도 리더를 평가하는 다면평가제도를 도입하고 있다. 팔로어의 리더 평가에서는 리더와의 비공식적인 관계가 평가의 중요한 변수로 작용하는 게 사실이다. 팔로어가 기계 아닌 사람이다 보니 어쩔 수 없는 일이다. 그래서 팔로어와 업무 외적인 관계가 좋지 못한 리더는 자신의 인사평가점수가 그렇지 않은 사람 대비해서 당연히 떨어질 수밖에 없다.

그러다 보니 "특진도 하고 상도 수두룩하게 받은 능력 있는 나를 왜 직원들이 이렇게 평가하는지 모르겠어요." 하며 하소연하는 리더도 생겨난다. 이러한 리더는 팔로어와의 인간적 관계 등은 생각지 않고 오로지 자기중심, 업무중심으로 생각하는 사람이다. 인사 평가의 세계적인 전문가인 딘 스태몰리스는 이러한 리더를 타인은 이용하려고만 하는 반면 자신은 어떻게든 내세우려 하는 '유독성 리더Toxic Leader'로 분류하고 있는데, 팔로어들로부터 인색한 평가를 받는 리더들은 이러한 전문가의 의견에 귀를 기울여야 할 것이다.

비공식적인 관계는 공식적인 관계에 영향을 주어 조직의 성과를 끌어올리기 위한 일종의 도구라고도 할 수 있다. 직장에서는 어디까지나 주主가 아니고 부副이다. 그럼에도 불구하고 공식관계를 부드럽게 만들고자 하는 목적으로 시작한 비공식 관계맺음의 재미에 함몰되어 오히려 비공식 관계에 더 열을 올리는, 다시 말해 주객이 전도되는 행동을 하는 리더도 있다. 그래서 업무비상이 걸려 강도 높게 밀어붙여야 할 상황에서 사사로운 정에 발목 잡혀 이도저도 못하게 되어 결국 자신은 '아웃'되고 따랐던 팔로어들마저 자생력 저하로 고생하며 살아가게 만든다. 이런 상태에 있는 리더들은 아무리 좋은 것도 지나치면 문제가 된다는 과유불급이란 말을 되새겨볼 필요가 있다. 가장 좋은 것은 돈독한 관계를 통해서 조직과 개인의 업무성과가 극대화되는 방향으로 공식과 비공식 관계를 조화롭게 유지해 나가는 것이다.

완장일랑 과감히 벗어던져라

비공식적인 관계를 구축을 통해서 팔로어를 따르게 만들기 위해서는 다음 사항을 숙지해야 한다.

첫째, 비공식적 상황을 가능한 많이 만든다. 직장에서 평직원들은 그들 나름대로의 소그룹이 있어서 알아서 끼리끼리 업무 외적 시간들을 보낸다. 그러나 직장에 얽매여 있는 사람들이기에 그렇게 하면서도 찝찝할 때가 많다. 누구나 놀 수 있는 일요일인데도 골프장에서 상사를 만나면 왠지 모르게 죄진 느낌이 드는 것도 이 때문이다. 그러나 리더가 멍석만 잘 깔아주면 얘기는 달라진다. 개인적인 사리까지 업무적인 분위기로 물들게 해서는 절대로 안 된다. 마음 편히 비공식을 즐긴 팔로어들은 그러한 자리를 만들어준 리더에 감사하기 마련이고, "언젠가는 빚을 갚아야지." 하는 마음을 먹게 된다.

이러한 리더가 멍석을 깔아준 비공식적인 자리에 리더가 참석할 수도 있고 안 할 수도 있다. 만일 참석한다면 "감 놔라 대추 놔라." 하며 쓸데없이 간섭하는 일은 금물이다. 그 자리에서는 완장을 벗어던져야 한다. 자칫 잘못하면 어렵게 멍석 깔아주고도 욕은 욕대로 먹을 수 있다. 그리고 팔로어들이 함께하기를 원하는 분위기이면 계속 있어도 되지만, 반대로 팔로어들이 "제발 좀 빠져줬으면…." 하는 눈치를 보이면 미련 갖지 말고 그 자리를 박차고 나와야 한다.

둘째, 공식적인 장면에서도 비공식적 분위기를 조성한다. 요즘의 직장은 그 어느 때보다도 폭주하는 업무 때문에 바쁘기 그지없다. 장기적인 경기위축 등의 이유로 채용은 정체되고 일은 일대로 증가하고 있기 때문이다. 그렇다 보니 팔로어들과 업무현장을 떠난 별도의 자리에서 관계를 맺기 위한 정신적, 시간적 여유가 리더에게 부족한 게 사실이다. 그래서 업무가 벌어지는 공식적인 장면에서도 리더의 말에 귀를 기울이고 마음을 열 수 있도록 리더는 순간순간 비공식적인 상황을 만들어줘야 한다.

업무 중에 팔로어의 사적인 근황을 잠시 물어보는 말 한마디로도 "나한테 뭐 이리 어려운 일을 시키는 거야!" 하고 투덜거리는 팔로어의 불평을 잠재울 수 있다. 심리학자들은 이것을 '사생활효과Privacy Effect'라고 한다. 월요일 아침 주례회의 시작하기 전에 일요일 등산 중에 있었던 리더의 에피소드 한마디는 딱딱하게 경직되어 있는 회의장의 분위기를 녹이면서 곧 있게 될 회의에 임하는 팔로어의 참여태도를 바꿀 수가 있다. 그뿐만이 아니다. 회의 끝나고 휴게실에서 담배나 피우면서 동료들하고 얘기하려 했던 신선한 업무 아이디어를 회의장에서 그대로 다 쏟아 놓게 만든다.

셋째, 인간적으로 관계한다. 인간적 유대는 가장 중요한 비공식적 관계의 핵심이다. 리더와 팔로어간의 관계를 돈독하게 만드는 것은 물론 보다 끈끈하고 순종적인 관계로 만드는 데에는 이것만한 것이 없다. 사실 팔로어가 리더에게 순종한다면 지시를 따르게 해야 하는 리더십 상황에서 이 이상 무엇이 필요하겠는가?

팔로어는 대부분 리더의 아래에서 약자로 존재한다. 그렇다 보니 자신을 이해해주고 보듬어 주는 진정성 있는 배려는 팔로어의 마음을 울리게 되어 있다. 리더의 솔직함도 팔로어로 하여금 인간적임을 느끼게 하여 리더의 의도에 공감을 하게 만들어 주는 역할을 한다. 세계적인 IT기업 인텔의 명예회장 앤디 그로브Andy Grove와의 기자인터뷰 도중 기자 한 명이 "당신은 어떻게 매 순간 그렇게 직원들과 주주들, 언론 앞에서 자신감 있는 모습을 보일 수 있었습니까?" 하고 물었다. 그랬더니 앤디 그로브는 "웬걸요. 두렵고 겁이 나서 바지에 오줌을 쌀 번한 적이 한두 번이 아니었는데요."라고 답하였다고 한다. 이 얼마나 솔직함이 녹아있는 인간적인 모습인가?

넷째, 기능한 1대1 아니면 1대 소수의 관계를 견지한다. 숫자의 차이는 조직 간에 어느 정도 있겠지만 리더들은 다수의 팔로어들과 생활한다. 그렇기 때문에 주로 리더 한 명이 팔로어 다수를 동시에 상대해야 하는 상황에서 일을 하게 된다. 그렇다고 해서 항상 1대 다수로 관계하게 되면 리더가 전하고자 하는 것들이 모두에게 흩뿌려져서 누구 한 명에게도 완벽하게 전달되기 힘들다. 비공식적인 관계에서는 더더욱 그렇다. 그래서 비공식 장면에서는 가능한 1대1, 이것이 정히 어려우면 1대 소수를 대상으로 관계하는 것이 관계의 질을 높이는 데 효과적이다.

어떤 리더는 여러 명의 조직구성원 전원을 한꺼번에 식당에 불러 모아 놓고 '일장연설'을 섞어가며 술잔을 돌린다. 그리고 포만감을 느끼며 이후 원활하게 돌아가는 업무장면을 상상한다. 그러나 유감스럽게도 이러한 회식의 효과는 거의 없다고 봐야 한다. 여러 명의 팔로어와 함께 일하는 리더가 팔로어 한 명, 한 명을 따로 불러서 관계하는 것은 물론 쉽지 않다. 그러나 차를 한잔 마시더라도, 한잔의 술을 기울이더라도 단둘에서 하면, 복식보다 단식 테니스를 치면 비공식 관계의 효과가 훨씬 더 커지면서 관계를 엮느라고 고생한 이상으로 리더에게 보상이 뒤따를 것이다.

구성원들을 모아 놓기는 하되 멍석은 깔지 말아라. 멍석이 깔리면 그전까지 활발하게 정보를 교환하던 사람들도 갑자기 입을 다물게 된다.

— 에릭 헤즐타인(미국의 신경과학자) —

chapter 13
확 터놓고 지내라

'격隔 없음'은 리더로 향하게 하는 구심력이다

대통령과 기업인들이 공식적으로 모였다면 어떻게 앉아 있을 것으로 생각되는가? 당연히 대통령은 상석에, 나머지 사람들은 서열에 입각해서 그 주변에 앉을 것으로 생각할 것이다. 그러나 한 장의 신문 사진은 이러한 예상을 뒤엎는다. IT업계 최고경영자 12명과 대통령이 만찬을 함께하는 사진이었다. 사진을 좀 더 구체적으로 기억해보자. 대통령과 기업인들이 어느 기업인의 자택에서 만찬을 즐기고 있었다. 사진이 보여주는 장면은 친구들 13명이 몸이 닿을 정도로 바짝 붙어 앉아 오손도손 수다를 떠는 모습 그 이상도 그 이하도 아니었다. 여기서 윗사람과 아랫사람을 구별 짓는 서열의식도 찾으려야 찾을 수가 없었다.

이 사진은 다름 아닌 2011년 어느 날 미국의 버락 오바마 대통령과 IT 기업 리더들 간의 만찬장면을 보여주는 사진이다. 이러한 상하 사이에 가로놓여 있는 부담과 격을 허무는 리더십문화가 오늘날 세계 최강의 미국을 만들고 있다고 말한다면 지나친 비약일까?

필자는 그렇게 생각하지는 않는다. 리더가 격을 없애 팔로어를 편하게 해줄 때 여기서 발생되는 끈끈한 팔로어십과 그로 인한 값진 성과를 수없이 경험하고 있기 때문이다. 필자뿐만이 아니다. 리더십 전문가들이나 성공한 사람들도 이를 강하게 지지하고 있다. 심리학자이자 감성 지능과 감성 리더십의 세계적인 대가 대니얼 골먼Daniel Goleman은 『리더의 자질이란 무엇인가』라는 제목의 기고문에서 상사가 편안한 분위기를 조성했을 때의 장점을 설명하고 있다. 조직구성원의 뇌 속에 있는 거울 뉴런이라는 신경 세포가 활성화되면서 조직의 분위기는 좋아지고 그들 간의 결속력도 높아지며 궁극적으로는 성과를 높인다고 하였다.

사람으로 구성되지 않는 조직은 이 세상 어디에도 없다. 그런데 사람이라면 누구나 통제되고 있는 질서에서 이탈하고자 하는 심리를 가지고 있다. 그래서 조직차원에서 만들어 놓은 상하 간의 위계질서가 아무리 엄하다 하더라도 때로는 그 힘을 발휘하지 못한다. 그러나 리더와 팔로어 간의 사이가 편안하고 스스럼없는 관계라면 이탈욕구가 줄어드는 대신 팔로어가 리더에게로 향하는 구심력이 작동될 수 있다. 이런 환경에 있는 팔로어라면 상사인 자신의 리더와 빈번하게 접촉한다 하더라도 부담을 덜 갖게 되면서 자연스럽게 리더를 따르게 될 것은 뻔하다.

골프나 리더십이나 힘을 빼야 하는 것은 똑같다

이처럼 직장에서 리더와 팔로어 사이에 존재하는 보이지 않는 벽을 제거하는 일은 두 사람을 혼연일체로 만들어서 궁극적으로 업무성과 창출에 기여하기 때문에 매우 중요하다. 이러한 벽을 허무는 데 주역을 해야 할 사람은 역시 리더이다. 물론 요즈음에는 스스로 알아서 벽을 허물거나, 리더를 압도하며 적극적으로 나서는 팔로어들도 존재한다. 그렇다 해도 벽을 허무는 일에 앞장서야 할 사람은 어디까지나 리더라는 점을 부인할 수는 없다.

잘나가는 리더들은 다양한 방법으로 이를 적극적으로 실천하고 있다. 그들은 팔로어와 친하게 지낼 때 자신에게 돌아오는 반대급부를 분명 잘 알고 있다. 국내 모 대기업의 사장실 입구에는 '사장 사용설명서'가 붙어있다. 거기에는 "모델명 ○○○, 제조일자 ○월 ○일, 소비전력 된장찌개"라고 적혀 있다. 여기에 "소극적이고 추진력이 약한 사람은 조작에 어려움이 있을 수 있음."이라는 내용도 덧붙여져 있다. 사장은 직원과의 거리를 좁히기 위해 이름, 생년월일, 좋아하는 음식, 성격 등의 개인 정보를 익살스럽게 공개한 것이다. 이런 사장이 직원들 곁에 불쑥 나타난다 해도 비록 '하늘같은 상사'이지만 직원들은 큰 부담을 갖지 않을 것 같다. 오히려 '큰형님'에게 말이라도 한마디 걸어보려고 하지 않을까?

그럼에도 불구하고 직장이 만들어준 직급과 세월이 가져다준 '고참'이라는 계급장에 의존한 채 리더생활을 하는 사람도 있다. 그들의 목과 어깨에는 언제나 잔뜩 힘이 들어가 있다. 이들은 마치 부하들은 상사의 권위를 알고 있어서 상사에게 잘 보이려는 경향이 있다는 심리학자 로버트 치알디니의 '권위의 법칙'을 맹신하는 리더가 아닌가 싶다.

　상하의 위계로 팔로어를 상대하는 딱딱한 방식은 감성에 울고 웃는 요즈음 같은 시대에는 정말이지 정답과 거리가 멀다. 골프나 리더십이나 모두 어깨에 힘을 빼야 잘 맞고 잘 먹힌다. 그렇다고 공식적인 파워를 지나치게 과소평가하고자 하는 것은 물론 아니다. 불필요한 격을 허물고 지낼 때 비로소 팔로어들이 리더를 잘 따르고, 이래야 리더의 공식적 권위도 더욱 빛날 수 있기 때문에 이를 강조하는 것이다.

유리벽을 허물어라

　리더와 팔로어 간의 관계를 친한 동료 사이로 바꾼다는 것은 매우 어려운 일이다. 어쩌면 불가능할 수도 있다. 그러나 그와 유사한 관계라도 한번 만들어지면 리더와 팔로어 모두 긴장관계에서 벗어나 아주 편해질 것이다. 이를 위해서는 다음 사항을 숙지해야 한다.

　첫째, 눈높이를 팔로어의 높이에 맞춘다. 일반적인 상황에서 리더는 아무래도 오래 근무했기 때문에 팔로어보다 업무지식의 폭이 더 넓고 깊이가 더 깊을 수밖에 없다. 그래서 팔로어를 알게 모르게 무시하는 경향을 보인다. 다수의 리더들이 훈계조의 말로 일관하거나 습관적으로 가르치려 드는 이유가 바로 이 때문이다. 이렇게 되면 팔로어와의 거리는 자동적으로 멀어질 수밖에 없다. 불편하고 때로는 아니꼬운 리더를 어떤 팔로어가 가까이 하려하겠는가?

물은 절대로 높은 곳으로 나아가지 못한다. 최소한 같거나 낮아야 그리로 흘러갈 수 있다. 마찬가지로 리더의 몸과 마음이 팔로어보다 높은 곳에 있으면 팔로어의 마음이 리더의 마음으로 자연스럽게 흘러들어가지 못한다. 리더와 팔로어의 관계가 불편함 속에서 계속 겉돌게 될 뿐이다. 그러나 알아도 모른 척, 높아도 낮은 척하며 리더 자신을 팔로어의 눈높이에 맞추게 되면 엘리베이터에서 처음 만난 사람 같았던 팔로어가 어느새 친구 같은 팔로어로 바뀌게 될 것이다.

세계 최대의 커피전문점 스타벅스의 창업자 하워드 슐츠Howard Schultz가 왜 "내가 만나는 그 누구라도 나를 그냥 '하워드'라고 불러줬으면 좋겠다. 기본적으로 나의 직원들에게 나는 파트너로 불리길 원한다."고 했는지 이해될 법하지 않은가?

둘째, 위계질서에 지나치게 의존하지 않는다. 직급이나 직책의 '약발'이 예진 같지 않다. 위계질서에 연연해봐야 별 의미가 없다는 얘기다. 그럼에도 불구하고 업무현장에서는 아직도 위계질서를 신봉하는 리더가 "무슨 소리야, 팀장을 나이롱뽕해서 딴 줄 아나?" 하며 목에 힘주는 소리가 간혹 들린다. 그러나 팔로어가 부담 없이 나를 대하고, 나와 섞여서 나를 위해 열심히 일해주기를 바란다면 그런 생각은 접어야 한다. 직급과 직책의 권위는 그것을 잘못 사용하게 되면 직장 내 인간관계에 걸림돌이 될 뿐이다.

과거의 리더들이 '전가의 보도'처럼 사용했던 "나를 따르라!"를 버리면 틀림없이 버리는 것 이상으로 팔로어가 몰려오게 된다. 회의장에서 리더의 자리를 굳이 고집하거나, 회의 중에 형님처럼 부드럽게 분위기 만들어 놓은 것까지는 좋았는데 회의 말미에 아버지처럼 한 말 또 해가며 군기를 잡아 급기야 분위기를 깨는 아마추어 같은 행동은 하지 말아야 한다. 팔로어들이 불편하기만 할 뿐이다. 이때 팔로어가 노트에 기재한 '상사의 말씀'은 절대로 다시 보지 않는다. 그리고 팔로어가 찾아오기만을 기다리는 대신에 팔로어들이 모여서 공적, 사적으로 수다 떠는 장소에 가끔 얼굴을 디밀고 한두 마디 던져보는 것은 팔로어들과 거리를 없애는 데 큰 도움이 된다.

셋째, 둘만의 동질감 형성을 극대화시킨다. 어느 관계에서나 공감 또는 동질감은 사이를 가깝게 해주는 최고의 촉진제이다. 그래서 여러 팔로어하고 공감대 형성이 되면 리더의 행위는 팔로어에게 쉽게 수용될 수 있다. 그만큼 리더를 흔쾌히 따를 가능성이 훨씬 높아지게 되는 것이다. 그러나 모든 팔로어와 동일한 교감을 나눈다는 인식을 팔로어들에게 심어주게 되면 개별 팔로어와의 동질감 형성은 어렵게 된다. 그래서 '둘만의 비밀'을 만들어야 한다. "이 말은 자네니까 해주는 건데, 다른 직원들에게는 말해서는 안 되네." 은밀한 둘만의 정보와 둘만의 동행, 차별화된 대우는 공감대와 동질감을 형성시켜 팔로어를 리더의 편으로 만드는데 결정적으로 기여할 것이다.

넷째, 팔로어와 동일한 커뮤니케이션 도구와 방법을 활용한다.

지금 커뮤니케이션도구의 끝 모를 진화는 계속되고 있다. 스마트폰 하나만으로도 수십 가지의 방법으로 커뮤니케이션이 가능하다. 요즘 팔로어들은 이러한 커뮤니케이션 도구 활용에 당연히 귀재다. 팔로어들과 격의 없이 소통하기를 바라는 리더라면 팔로어들이 빈번하게 이용하는 바로 이러한 커뮤니케이션 도구 속으로 들어가 섞일 줄 알아야 한다. 다시 말해 커뮤니케이션 플랫폼을 공유해야 한다는 것이다.

동일한 커뮤니케이션 도구와 방법을 활용하는 것은 기본이다. 주고받는 내용에서도 수준을 같이해야 한다. 리더의 언어와 팔로어의 언어가 달라야 한다고 생각한다면 그 순간 팔로어는 멀어져 갈 뿐이다. "약속한 대로 업어줬습다. ㅠㅠ 허리 아포요 ㅠㅠ 무쟈게 무거워요." 이것은 환갑을 바라보는 모 재벌그룹 총수가 일반 직원들에게 보낸 휴대폰 문자내용이다. 지금 직장에서는 어쩔 수 없이 존재하는 리더와 팔로어와의 간극을 조금이라도 좁히기 위해 과거에는 상상하기 어려운 일들이 벌어지고 있다.

다섯째, 유머와 웃음으로 무장한다. 어느 조직에서나 마찬가지겠지만 회의와 교육은 직원들이 좋아하는 메뉴와는 거리가 멀다. 그러다 보니 시작 직전 직원들의 얼굴 대부분은 마치 상갓집에 온 듯한 표정 일색이다. 아직 긴장이 풀어지지 않은 오전 근무시간의 표정도 이와 크게 다르지 않다. 이런 상태에서는 리더가 '공자님 같은 말씀'으로만 일관한다면 팔로어의 마음과 귀는 열리지 않는다. 그래서 리더는 하루 중 경직될 수 있는 시간을 최대한 줄여야 한다.

무거움이 드리워진 사무실에서 들려오는 리더의 웃음소리와 밝은 표정은 무거움과 딱딱함을 깨는 데 톡톡히 기여할 수 있다. 이때의 웃음소리는 팔로어에게 '공습경보' 해제로 인식된다. 여기에 유머가 더해지면 금상첨화다. 요즈음의 리더들은 팔로어들에게 활용할 유머를 찾기 위해 자료나 인터넷을 뒤지느라 분주하다. 결연한 의지표명으로 일관했던 리더의 건배사는 웃음을 쏟아내게 만드는 건배사로 바뀌어가고 있다. '유머경영'이 뜨고 있는 것이다.

> 권위주의 조직일수록 구성원과 관리자와의 관계, 임원과의 관계, 그리고 최고 경영자와의 관계에서 한 단계 멀어질 때마다 심리적 거리감은 제곱으로 커져 직급 간에는 두꺼운 벽이 존재하게 된다.
>
> — 켈의 법칙Kel's Law —

chapter 14
나만의 세력을 구축해라

배후가 빈약한 리더는 외로울 뿐이다

사람 속에 묻혀 살아가는 세상에서 성공하려면 혼자의 힘이 아무리 강하다 하더라도 그것만으로는 부족하다. 상대가 무리를 이루어 덤비면 감당할 수가 없기 때문이다. 혹 내 쪽에도 무리가 있다 해도 무리의 힘이 상대 무리의 힘보다 약하면 역시 소용없다. 다시 말해 자신의 세력이 없거나 약하면 살아가기도 어려울 뿐더러 하고자 하는 뜻을 펼치기가 어렵다는 얘기다.

정치권을 둘러보면 이러한 현상을 쉽게 발견할 수 있다. 개인적인 능력이 출중하고 의욕은 하늘을 찌르지만 세력이 없어 가끔 훈수나 한마디씩 던지기나 할 뿐, 본의 아니게 조용히 살아가는 정치인이 꼭 있다. 대권, 당권 얘기가 나올 때마다 후보로 거론은 되지만 결국 세력 부족이 그의 발목을 잡는다.

그런데 이러한 현상이 정치권에서만 일어날까? 그렇지 않다. 직장에서도 마찬가지이다. 다만 직장이라는 조직의 특성상 세력, 파벌 등의 부적절한 힘을 연상시키는 단어가 겉으로 회자되지 않거나 그것의 영향력이 비교적 약할 뿐이다. 사람들이 모여 있는 조직에서 세력의 파워는 어디에나 존재하고 있다. 여기서 세력이라 함은 리더를 지지하는 직장동료들의 규합된 힘으로써 건전하게 작동하여 리더의 리더십 효과성을 올려주는 힘이다.

리더의 리더십 발휘에 영향을 미치는 여러 변수 중에서 리더의 세력이 차지하는 비중이 적지 않은 게 사실이다. 즉 팔로어가 리더를 좇고 지시에 따르는 정도는 리더의 세력 여하에 따라서 달라지는 것이다. 그러다 보니 리더의 세력은 리더의 성과창출에까지 당연히 영향을 미친다. 세력은 리더에게 든든한 힘이 되어 주기도 하지만 또 다른 세력을 확대재생산하기도 한다. 그래서 세력이 약한 리더는 세력 유지는커녕 있는 세력조차도 점점 잃어가지만, 세력이 강한 리더는 지속적으로 세력을 불려 나간다. 그래서 조직에서는 세력의 빈익빈 부익부 현상도 눈에 띤다.

리더의 말과 행동이 불합리하여 따지고 싶어도 그를 추종하는 동료 팔로어들이 많으면 위축되는 게 사실이다. 리더의 개인적인 능력이 출중해서 눌리는 것과는 차원이 좀 다르다. 업무가 다소 과다해도 배후가 든든한 리더의 지시를 외면한다는 것은 왠지 불안하다. 결국 팔로어의 십중팔구는 '분부'를 받들게 된다. 팔로어에게 비교적 수월하게 먹히는 것이다. 그래서 리더 자신의 개인 실력을 키우는 것은 물론 세력을 육성하고 이를 팔로어가 알 수 있도록 하게 하는 것은 리더십의 효과성을 높이는 데 일조한다.

유능한 리더들의 대부분은 세력의 중요성을 일찌감치 인식하여 작든 크든 자신의 심복과도 같은 팔로어나 동료 리더로 이루어진 나름대로의 세력을 가지고 있다. 그러나 자신을 든든하게 보좌하는 팔로어 그룹이 있다고 해서 절대로 자만해서는 안 된다. 리더의 세력 밖에 있는 팔로어들 때문이다. 이들 중에는 방관자도 있지만 리더를 견제하면서 리더와의 일전을 벼르고 있는 팔로어가 있을 수 있다. 이들이 외곽에서 힘을 모아 공격을 하면 자칫 치명상을 입을 수가 있다.

미국 하버드대학교 케네디스쿨의 바버라 켈러먼Barbara Kellerman 교수도 그의 저서『팔로어십』에서 "분야를 불문하고 리더는 자신의 통제를 벗어난 세력에게 공격당하기가 더욱 쉬워졌다."며 통제 밖 세력에 조심할 것을 강력하게 주문하고 있다.

'내 사람'이 많은 리더가 팔로어를 빨아들인다

우수한 리더는 세력구축은 물론 가지고 있는 자신의 세력을 효과적인 리더십 발휘에 시의적절하게 활용한다. 외로움이나 곤란에 처한 팔로어, 자신에 열광하는 '팬' 같지만 불안정한 상태로 있는 팔로어를 그냥 지나치지 않는다. 반드시 '내 사람'으로 만든다. 가끔은 교과서적인 리더에서 여러 수하를 거느린 보스형 리더로 변신하기도 한다. 그래서 팔로어들은 이러한 리더를 무시하지도 못할뿐더러 자의반 타의반 그의 생각과 행동에 동조한다.

켈러먼 교수는 리더를 따르는 팔로어십의 유형을 리더와 연계된 강도에 따라 무관심자Isolate, 방관자Bystander, 참여자Participant, 운동가Activist, 완고주의자Diehard 등 다섯 가지로 분류하였다. 그는 이 중 운동가, 완고주의자를 전형적인 조직과 리더의 사람으로 간주하면서 이들을 리더를 대신해 열심히 일하거나 전쟁터의 군인같이 목적을 위해 죽을 각오로 뛰어드는 팔로어로 보았다. 이처럼 조직에는 '리더의 사람'이 될 수 있는 사람들이 있다. 그렇기 때문에 리더하기 나름에 따라서 전쟁터의 전우 같은 팔로어를 구할 수가 있는 것이다. 이렇게 되면 리더에게서 멀찌감치 떨어져 있는 방관자형 팔로어들도 리더가 가는 길에 동참하도록 만드는 흡인력을 발휘할 수 있다.

그럼에도 불구하고 상당수의 리더들이 리더 동조세력의 위력을 모른 채 오로지 주어진 업무에만 매진하고 있다. 이중에는 리더이기 때문에 리더십의 힘이 오직 자신의 능력에서만 나오는 것으로 착각하고 있는 리더도 더러 있다. 이들은 "직장에서 세력은 무슨 세력?"이라며 순진하게 살아간다. 강력한 '후광효과'를 누릴 수 있는 자기 세력화를 소홀히 하고 있는 것이다.

세력은 인적 세력이 거의 전부라고 해도 과언이 아니다. 그러나 비 인적세력도 무시할 수 없다. 그것도 적절히 이용해야 한다. 동물 중에서는 왕이라고 하지만 인간과는 비교가 안 되는 사자조차도 사냥을 할 때 자신의 힘으로만 상대를 제압하려 하지 않는다. 밤과 낮, 평지와 언덕, 풀과 숲, 바람의 방향 등 시간과 공간, 주변 환경 같은 요인 등의 세勢가 자신에게 유리한지를 파악한 뒤 공격한다. 그러니 조직에서 모든 인적, 물적 세력을 합리적으로 규합하여 팔로어의 동기를 끌어내는 것은 리더로서 매우 중요한 일이라 아니할 수 없을 것이다.

미국 스탠퍼드대학교 경영대학원의 제프리 페퍼Jeffrey Pfeffer 교수는 "세상이 공평하다는 믿음은 적극적으로 세력 기반을 구축할 필요가 있다는 사실을 망각하게 만든다."고 하였다. 이 말은 세력을 만들 필요가 없을 정도로 세상의 여건이 모든 개인에게 호의적이지가 않다는 얘기다. 그렇기 때문에 적극적으로 세력을 구축해야 한다.

열광하는 '팬'을 만들어라

리더 자신의 힘만으로는 그 많은 팔로어의 마음을 모두 붙잡기는 힘들다. 그러나 리더 뒤에 그의 '편'들, 즉 그의 우호 세력들이 대거 포진하고 있다면 상황은 많이 달라질 수 있다. 어떤 팔로어는 자신의 리더를 무시하려고 했다가 리더를 전폭적으로 지지하는 팔로어 그룹을 의식해서 리더를 대하는 태도를 무시에서 존중으로 바꾸기도 한다. 그렇다면 그 리더는 리더십 발휘에 있어서 자신이 가지고 있는 세력의 덕을 톡톡히 본 것이다.

사실 세력은 이것만이 아니다. 이순신 장군이 명량에서 13척의 배로 일본 수군을 대파하기 위해 빌린 울돌목의 빠른 물살이나 하룻밤에 천 리 이상을 가기 위해 적토마의 꼬리에 붙인 불까지도 목적 달성을 위한 중요한 세력일 수도 있다. 이러한 세력을 구축하고 활용하기 위해서는 다음 사항을 숙지해야 한다.

첫째, 무리에서 저편에 있는 팔로어를 특별히 챙겨준다. 작금의 조직상황은 갈 길은 멀고 시간은 항상 부족하여 숨 가쁘기 만하다. 그러다 보니 리더는 습관적으로 상대하기 쉽고 당장의 업무에 기여하는 팔로어에게 주로 기대게 된다. 그러나 이러한 편의주의 관행은 신속히 버려야 한다. 이들도 여타 팔로어와 마찬가지로 리더와의 이해관계가 끝나면 언제라도 리더의 반대편에 설 수도 있기 때문이다. 그래서 이제는 리더의 세력으로 오래 남아 있을 가능성이 높은 팔로어를 찾아나서야 한다.

외로운 팔로어들이 이들 중 한 부류이다. 조직에는 한 구석에 홀로 있으면서 극히 일부의 동료들하고만 어울리며 지내는 팔로어가 있게 마련이다. 자의라면 모르지만 그렇지 않다면 이들은 대부분 외로움에 젖어 있는 팔로어들이다. 즉 누군가가 자신을 알아주고 보듬어주기를 간절히 원하는 팔로어들이다. 이들은 리더가 조금만 관심을 가지면 아주 쉽게 '내 사람' '내 세력'으로 만들 수 있는 인적자원이다. 이들을 최대한 확보하여 세력의 저변을 넓혀야 한다.

둘째, 키Key맨을 가까이한다. 키맨은 문자 그대로 문제해결의 열쇠를 쥐고 있거나 조직에서 타인의 발전에 결정적으로 기여할 수 있는 사람이다. 직장인이라면 누구 할 것 없이 이런 사람과 가까이 지낼 수 있기를 원한다. 이런 영향력 있는 사람과 친근하게 어울리는 사람을 그렇지 못한 사람들이 함부로 대하기란 무척이나 부담스럽다. 리더의 세력 그룹에 이러한 회사의 실세가 여럿 포함되어 있다면 팔로어에 대한 리더십 파워는 커지게 될 것이 자명하다.

관계하는 동료 리더나 팔로어가 많다는 것이 능사는 아니며, 지지하는 팔로어들이 많다 해도 이것으로는 충분치 않다. 리더인 나 자신을 팔로어로 하여금 따라야 할 존재로 느끼게 만들려면 직장 내 여러 사람들에게 직접적인 영향력을 발휘할 수 있는 경영층이나 감사, 허가 등의 권한을 쥔 핵심부서의 장들도 알고 지내는 것이 필요하다. 핵심 경영층과 식사하는 모습을 본 것만 가지고도 일반 팔로어는 물론 그간에 소원했던 팔로어까지 리더를 향하는 마음가짐을 달리할 수 있다.

셋째, 리더인 자신을 나서서 홍보해줄 '팬'을 만든다. 어느 조직에서나 세력의 일원 중에는 충성도가 남다르게 높은 팔로어가 있기 마련이다. 리더에게는 심복 또는 열렬한 '팬'이 될 수 있는 팔로어이다. 이들은 리더에 대한 외부세력의 '외침'도 막아주지만 리더를 위한 공세적인 대외 홍보 활동도 마다하지 않는다. 이렇게 되면 리더의 약점은 축소되고 강점은 널리 그리고 빠르게 알려질 수가 있다.

이러한 사내의 '팬'을 통하여 리더의 위상이 알려지면 리더를 향해 마음을 열 것인가, 말 것인가를 고민하는 팔로어는 물론 아무 생각 없었던 아웃사이더들까지도 리더를 다른 각도로 바라보게 된다. 결국 리더의 지시는 팔로어의 '귓가를 맴도는 지시'에서 '귓전을 울리는 지시'로 변할 것이다. 그래서 리더는 자신의 세력 중에서 추종도가 높은 팔로어를 선별하여 '열광하는 팬'으로서의 역할을 다할 수 있도록 육성할 필요가 있다.

넷째, 우호 세력에 대한 관리를 꾸준히 한다. 리더십의 영향력을 강하게 해주는 리더의 우호 세력들은 충성도가 비교적 높은 '동지' 같은 사람들이다. 그들은 리더를 위해서 행동한다. 그러나 이들도 사람인지라 리더의 힘이 약화된다든가, 이해관계가 종료되는 시점에서는 '동지'가 그저 그런 '지인', 더 나아가서 남과 같은 사람으로 전락될 수가 있다. 그래서 세력으로 유지시키기 위해는 평소 이들에 대한 남다른 관리가 필요하다.

우호세력들에 대한 관리는 그들이 다른 동료들과는 달리 무언가 다르게 대접받고 있다는 것을 느끼게 해야 한다. 평소 친구처럼 친근하게, 동생처럼 사랑하고, 형님처럼 존경하며 지내면 된다. 술자리에서 윙크 한 번 해주고 술 한 잔 더 따라주는 것만으로도 돈독한 관계유지를 기대할 수 있다. 무엇보다 중요한 것은 리더 자신의 몸값을 변함없이 유지하거나 더 높이는 일이다. 혹시 얼마 전까지만 해도 곁에 불러 앉혀놓고 "잘하란 말이야." 하고 훈계하며 술 따라주면 머리 조아리고 두 손으로 잔을 받던 팔로어에게 지금은 오히려 당신이 그의 자리로 찾아가서 어깨 감싸며 술을 따라 주는 일은 없는가? 그렇다면 우호 세력에 대한 관리를 서둘러야 한다.

세상사에는 모두 세(勢)가 있다. 세를 타지 못하면 1의 힘은 어디까지나 1에 불과하지만, 세를 잘 타면 2나 3, 심지어는 100의 힘도 발휘할 수 있다.

— 송병락(서울대학교 명예교수) —

chapter 15
감성으로 커뮤니케이션해라

팔로어의 관심은 옳은 말이 아니라 와 닿는 말이다

'EQ 이론'을 창시한 미국의 세계적인 심리학자 대니얼 골먼 Daniel Goleman 박사는 미국의 기업 간부 3,800명을 대상으로 리더의 감성지능EQ이 리더십 발휘에 미치는 영향력에 대해서 연구하였다. 우선 보통사람들의 성공요인을 지능지수IQ에 관한 것과 EQ에 관한 것으로 나누어 분석하였는데, 그 결과 직업군 전체로는 IQ와 EQ가 차지하는 성공 비중이 각각 평균 33%와 66%로 나타났지만 리더십을 필수적으로 발휘해야 하는 직업군인 관리자 직군에서는 EQ가 차지하는 비중이 그 이상으로 훨씬 높았다. IQ는 불과 15%인 반면에 EQ가 차지하는 비율이 무려 85%나 되었다. 이 연구는 대인관계에 있어서 감성이 보통사람들도 중요하지만 특히 리더에게 얼마나 중요한지를 여실히 보여주고 있다.

세계의 TOP 비지니스 리더 50인을 대상으로 리더십 능력을 연구한 세계적인 헤드헌팅 회사 스펜서 스튜어트의 토머스 네프 Thomas J. Neff 대표 역시 리더의 성공 역량을 감성에서 찾고 있다. 그는 저서 『CEO가 되는 길』에서 성공 리더 50명의 15가지 공통적 자질 중 단지 3가지만이 지적, 기술적 능력과 관련이 있을 뿐 나머지 12가지 자질은 대부분 감성지능을 기반으로 한 역량과 관련이 있다고 하였다.

20세기는 이성의 시대였다면 지금 펼쳐지고 있는 21세기는 감성의 시대라고 일컬어진다. 감성은 사람과의 관계를 통해서 개인이 의도하는 바를 성취하게 하는 데 있어서 놀라운 힘을 발휘한다. 그래서 감성은 창의성과 함께 이미 21세기를 움직이는 핵심 키워드로써 갈수록 그 중요성이 부각되고 있다.

특히 감성이 이렇게 중요하다 보니 감성이 기반이 된 리더와 팔로어간의 감성 커뮤니케이션은 리더의 리더십 성공을 위해 필수불가결한 조건이 되고 있다. 감성 커뮤니케이션이란 논리와 합리가 아니라 감성이 주가 된 대화로써 팔로어의 마음을 자극하여 그로부터 리더를 따르겠다는 결심을 얻어낼 수 있는 대화이다. 감성 커뮤니케이션을 위해서는 팔로어와의 정서 공유, 팔로어의 말에 대한 진솔한 경청과 공감적 이해, 감동을 주는 스토리텔링 등이 요구된다.

과거와는 달리 지금의 팔로어들은 럭비공처럼 자유분방하게 생각하고 행동한다. 그리고 보다 스마트해진 그들은 지식정보화 시대를 맞이하여 리더 못지않은 지적능력을 가지고 있어서 리더가 해주고 싶은 '올바른 말'은 이미 많은 부분을 알고 있다. 그들이 원하는 말은 화난 마음을 달래주는 말, 고조된 기분을 알아주는 말, 맞장구 쳐주는 말 등이다. 그래서 팔로어의 마음을 흔들어 리더의 방향으로 정렬시키기 위해서는 리더는 감성으로 무장하고 그들에게 접근해야만 하는 것이다.

감성이 빠진 말은 단팥 없는 찐빵이다

그럼에도 불구하고 아직도 20세기에서 살고 있는 듯한 리더들이 있다. 이성을 '주식'으로 하고 감성을 '간식'으로 여기는 20세기형 리더들은 업무현장의 팔로어들에게 부담스러운 존재일 뿐만이 아니라 유리벽 같은 존재다. 이런 리더를 팔로어가 좋아할 리가 만무하다.

LG경제연구원이 직장인 843명을 대상으로 대한민국 직장인의 리더십 정도를 조사한 결과는 이런 '숨 막히는 리더'들이 의외로 많다는 것을 알려주고 있다. 우리나라 직장인들의 직장 상사에 대한 리더십 만족도는 불과 44.1점으로 바닥수준이었다. 특히 리더의 감성소통에 가장 큰 불만을 나타낸 것으로 나타났다. 이러한 현상을 보인 것은 리더들이 지나치게 일 또는 성과 중심의 편향된 리더십 스타일을 보였기 때문으로 분석된다.

감성에 무감각한 채 "Follow me!"나 외치던 시대의 구태의연한 사고와 방식으로 팔로어를 관리하는 리더, 자신의 전문성에만 갇혀 '나는 이미 다 안다.'는 태도로 일관하며 자신이 하고 싶은 말만 일방적으로 늘어놓는 리더는 감성리더로서 완전 자격상실이다. 적어도 팔로어의 마음을 움직여 성과를 내야 하는 직장에서는 분명 그렇다. 이러한 리더의 지시는 팔로어가 따르지 않을 가능성이 아주 높기 때문이다.

세계적인 기업 GE는 상시퇴출 인사시스템으로 유명하다. GE에서는 아무리 성과가 좋고 지적 능력이 뛰어난 사람이라 해도, 감성지능이 지나치게 모자란 리더는 퇴출 대상 1순위로 꼽힌다. 제프리 이멜트Jeffrey Immelt 회장을 비롯한 GE의 최고경영진은 현장의 리더들과 수시로 의사소통을 하면서 이들이 감성 커뮤니케이션 능력을 갖추고 있는지를 파악한다고 한다.

사실 팔로어와 감성 커뮤니케이션을 하는 것이 쉬운 일은 아니다. 리더도 '세상잡사'에 일희일비하는 범인凡人의 한 사람이기 때문이다. 그렇지만 조금만 더 팔로어 지향적으로 생각하고, 조금만 더 감성 커뮤니케이션을 발휘할 수 있는 스킬을 확보해서 활용하면 그렇게 어려울 것도 없다. 문제는 이를 해보지도 않고 이제는 프로리더의 세계에서는 구시대의 유물이 된 관리자용 통솔 방식 방식을 '급하다'는 미명하에 아직도 바꾸지 않고 관행적으로 되풀이해서 사용하고 있는 데 있다.

차세대를 이끌 대표적 미래학자로 꼽히는 미국의 다니엘 핑크Daniel H. Pink는 감성 커뮤니케이션의 가능성을 다음과 같이 힘주어 강조하고 있다. "우리 모두 우뇌의 능력을 갖고 있다. 우뇌의 능력, 그러니까 공감하고 디자인하고 스토리텔링하는 것은 인간이 원초적으로 갖고 있는 능력이다. 자신감을 갖고 노력하면 누구나 개발할 수 있다."

직장의 리더십 발휘 현장에는 이성에서 감성 중심으로 이동하는 속도가 과거보다 매우 빠르다. 그럼에도 불구하고 팔로어의 감성 커뮤니케이션에 대한 목마름이 여전하다. 이러한 상황에서 풍부한 감성으로 팔로어와 커뮤니케이션을 잘한다면 그 리더는 그렇지 않은 경쟁 리더를 쉽게 앞서갈 것이다.

듣고 싶은 말로 커뮤니케이션하라

감성능력은 매우 광범위하다. 모두를 다룬다는 것은 한계점이 있어서 본장에서는 현장에서 늘 성과를 내고 살아야 하는 리더에게 우선적으로 필요한 감성으로 커뮤니케이션할 수 있는 방법에 대해서 살펴본다. 이를 위해서는 단계적인 접근이 필요하다.

첫째, 진솔한 자세로 팔로어의 말을 경청한다. 경청의 위력이 워낙 강하다 보니 경청 하나만으로도 사실 감성 커뮤니케이션의 목적 절반이 해결된다 해도 과언이 아니다. 리더들은 지시할 수 있는 위치에 있다 보니 말을 팔로어보다 더 많이 해야 한다는 강박관념을 가지고 살아간다. 그러다 보니 말은 많고 경청에는 인색하다. 이런 상황하에서는 제대로 된 리더의 경청이 팔로어의 마음을 움직이는 데 대단히 큰 힘을 발휘하게 된다.

부득이한 경우를 제외하고 팔로어의 말을 듣는 도중에 끊어서는 안 된다. 가뜩이나 리더에게 어렵게 말하고 있는 팔로어에게 사전 양해도 얻지 않고 갑자기 말허리를 끊는 것은 팔로어의 입을 아예 닫게 만드는 행위가 될 수 있다. 그리고 다른 사람들은 너도 나도 말하는 중간에 치고 들어오더라도 변치 않고 계속 귀 기울여주면 주면 그 팔로어는 감동한다. 그 외에도 말하는 팔로어를 진지하게 바라보는 것과 메모하는 자세를 보이는 것도 감성 경청의 필수요소이다. 이것은 팔로어의 리더에 대한 신뢰감을 극대화시킬 수가 있어서 안 하려고 했던 말까지 쏟아내게 만들 수 있다.

둘째, 팔로어의 마음을 이해해주고 관찰한다. 팔로어가 어떤 문제로 인해서 하소연하며 물어볼 때는 그가 몰라서 그러는 경우도 물론 있지만 사실 대부분은 경우에는 물어보는 본인이 답을 알고 있다. 다만 그가 바라는 것은 리더가 잘 이해해주고 공감해주길 바라는 것이다. 그런데도 불구하고 이를 감지하지 못하는 리더들은 그저 올바른 답, 즉 팔로어는 별 관심도 없는 답을 주기 위해 상황을 이해하려고 애를 쓴다. 그렇다고 고개만 열심히 끄덕이며 공감하는 것으로만 일관해서는 안 된다. 경청, 이해 다음에 이어지는 피드백이 부실해질 수 있기 때문이다.

팔로어의 말이 리더의 생각과는 좀 다르더라도 손바닥을 쳐가며 "맞아, 내가 자네 입장이었다 해도 그랬을 거야." 하면서 전략적으로 공감해준다. '분기탱천'한 팔로어의 기분을 풀어주는 데는 맞장구만큼 효과적인 방법도 별로 없다. 이렇게 기분을 풀어준 뒤에 이면의 진실을 면밀히 파악한다. 정확한 사실관계 확인은 적합한 피드백을 위해 필수적이다.

셋째, 리더의 말이 들릴 수 있는 분위기를 만든다. 팔로어의 말을 진지하게 듣고 상황 이해 단계가 종료되면 그 다음에는 리더의 피드백이 이어질 차례이다. 그런데 그전에 반드시 선행되어야 할 것이 바로 공감대 형성이다. 리더와 팔로어가 대화 사안에 대해서 '동상이몽' 하고 있거나, 팔로어가 상하관계를 의식해서 경직되어 있다면, 즉 상황에 대해서 공감하지 못하고 들을 분위기가 안 되어 있으면 리더의 말이 아무리 화려하다 하더라도 팔로어의 귓전을 긍정적으로 자극할 수 없다.

그래서 팔로어가 관심을 갖고 듣고자 하는 마음의 준비가 되었는지를 확인해야 한다. 사람은 자신이 말할 때는 총력을 다하지만 남의 말을 들을 때는 딴청을 피우는, 이율배반적인 태도를 보이는 경우가 많기 때문이다. 이럴 때는 해당사안에 대한 얘기부터 꺼내지 말고 다소 시간이 걸리더라도 말이 위에서 아래로 잘 흘러 내려갈 수 있도록, 나아가 평지에서도 굴러갈 수 있도록 '기름칠'을 하는 것이 필요하다. "얼마 전 부부싸움 했더니 요 며칠 사는 게 사는 것 같지가 않네 그려. 어떻게 해야 할지 영 대책이….", 하며 사적인 얘기 등으로 분위기를 전환시켜라. 경직된 팔로어의 마음과 귀를 부드럽게 만드는 윤활유 역할을 할 것이다. 심리학자들은 누구나 공감할 수 있는 사람의 이야기나 사건 등을 화제로 삼으면 상대방 자아가 자극 되어서 말에 관심을 기울이게 된다고 한다.

넷째, 감성으로 말해준다. 보통의 리더들은 곤경에 처한 팔로어들이 하소연하면 말을 잘해주어야겠다는 생각을 하게 된다. 그래서 일단은 올바른 이야기부터 해주려고 애를 쓴다. 정작 팔로어가 듣고 싶은 말은 이러한 이성적인 말이 아니다. 자신을 위로해주고, 자신감을 심어주고, 이해해주는 그런 감성적인 말인데도 말이다. 그래서 열심히 준비하느라고 힘은 힘대로 들이고도 팔로어의 마음을 잡는 데는 실패하게 된다.

  수많은 전문가와 성공을 이룬 사람들이 감성 스토리텔링이 중요하다고 그토록 강조하는 것은 다 이유가 있는 것이다. 리더가 어려웠던 시절에 그것을 극복한 사례를 감동적으로 이야기하는 스토리텔링은 팔로어에게 용기와 의욕을 불어넣어 주고, 결국에는 리더에 대한 존경심을 높여준다. 그리고 피드백을 해줄 때는 긍정적 피드백과 부정적 피드백간의 공정성을 유지해야 한다. 그래야 팔로어에게 리더가 진심으로 믿고 따를 수 있는 사람이라는 느낌을 준다. 공정이 깨졌을 때 믿음이 무너지는 것은 어느 경우나 마찬가지이다. 적절한 시기에 감성 멘트를 날리는 것 역시 필수다. "아침은 먹고 다니는 거야?" "넌 아프면 안 돼." "오늘 따라 젊어 보인다." 이 얼마나 마음을 녹이는 말인가?

> 기업 내에 소통을 직관적으로 반영하는 숫자가 있는데, 그것은 바로 70%이다. 기업경영자들은 70%의 시간을 소통을 위해 사용하고 기업의 문제 중 70%는 소통의 장애로 야기된다.
>
>   - 뤄궈룽, 『경영의 지혜』에서 -

chapter 16

자존심만큼은 살려줘라

자존심은 지켜주어야 할 최후의 보루이다

조사를 위해 10명씩 두 개 그룹으로 나눈 뒤 한 그룹 사람들에게는 100불씩, 또 한 그룹 사람들에게는 1불씩을 주었다. 이어서 조사 진행자는 그들에게 "영화 한 편을 보여줄 텐데 보고 나서 누가 물어보면 본 영화가 재미가 없더라도 재미있다고 말해 달라."고 부탁하였다. 실제로 영화는 재미가 없었다. 영화 끝난 후 제3의 조사 진행자가 100불 받은 사람에게 "영화 재미있었느냐?"고 물어 보니 "아 영화 재미있었다. 끝내준다."고 하였다. 1불을 받은 사람에게 물어 보니, 그는 "제기랄, 내가 1불 받고 거짓말을 해야 하나, 자존심 상하게 시리…."라고 혼자 중얼거릴 뿐 정식으로 대답하지는 않았다. 1불이라도 돈을 받았으면 부탁 받은 대로 답을 했을 것 같은데…. 그는 왜 그랬을까? 그는 자기가 생각하는 자신의 존재 가치, 즉 자존심이 훼손당했다고 생각했기 때문에 대답은 고사하고 불쾌감까지 드러낸 것이다.

취업포털 잡코리아가 최근 남녀 직장인 911명을 대상으로 '직장에서 퇴직 신호를 언제 느끼는지' 다시 말해 언제 직장을 뛰쳐나가고 싶은지에 대해 조사했다. 그 결과 응답한 여러 가지 요인 중에서 자존심과 직접적으로 관련 있는 '나의 업무 능력이 무시당할 때'가 '회사 내에서 나의 미래가 불투명할 때'에 이어서 두 번째로 많은 것으로 나타났다.

자존심은 자신을 존귀하게 생각하는 마음이다. 그러니까 남에게 굽히지 아니하고 자신의 품위를 지키고자 하는 심리의 마지노선이다. 그렇기 때문에 자존심이 상하면 다른 상황에서보다 훨씬 기분이 나쁘게 되고, 직장에서 사표 던지는 것을 두려워하지 않게 되고, 심지어는 이성을 잃고 공격적으로 변하게 되는 것이다.

조직은 위계질서에 의해서 작동되기 때문에 리더의 일반적인 질책에 대해서 대부분의 팔로어는 그대로 수용한다. 이때만 하더라도 이성이 살아 있기 때문에 생사여탈권을 쥔 리더의 눈 밖에 나지 않으려고 조심한다. 그래서 대들고 싶어도 참는다. 그러나 자존심이 공격당하는 질책에는 얘기가 좀 달라진다. 이 경우 아무리 직급이 낮은 팔로어도 감정을 컨트롤하지 못하고 리더를 향해 흥분하고 대들기도 한다.

이렇게 되면 그동안 팔로어와 어렵사리 쌓아놓은 좋은 관계도 순식간에 깨지게 된다. 그렇다고 깨진 관계를 그냥 놔두고 지낼 수는 없는 일이다. 예전과 다르게 요즈음에는 한번 깨진 관계를 다시 복원하는 데는 상당한 시간과 노력이 들어간다. 그래서 팔로어와 함께 성과를 만들어 가는 리더는 자신의 알량한 직급에 기대어 질책을 남발해서는 안 된다. 질책이 남발되면 아무리 조심을 한다 해도 팔로어의 자존심으로 향하는 유탄이 있을 수밖에 없기 때문이다. 자존심을 깨지 않는 것도 물론 중요하지만 적절하게 자존심을 살려주는 적극적인 리더십 발휘도 팔로어를 리더의 지시통제권 안에 놓기 위해서 필수적이다.

잘못 나간 말 한마디로 심복이 적으로 돌변한다

팔로어의 동기를 유발시키기 위해서 팔로어에게 잘해주는 것을 넘어서 팔로어의 감정까지 보살펴 주어야 한다는 리더십 전문가들의 주장들이 예서 제서 들려온다. 그래서 감성 리더십, 서번트 리더십, 섬김의 리더십 등 이를 옹호하는 자료나 서적들이 쏟아지고 있다. 그러다 보니 과거와는 달리 많은 리더들이 팔로어들의 감정 관리에 많은 관심을 보이고 있다. 말 한마디 하더라도 한 번 더 생각하고, 자존심에 상처가 될 만한 말이 나갔다 싶으면 그것을 쓸어 담느라고 바쁘다. 자존심을 살려주기 위해서도 무진 애를 쓴다. 번거롭더라도 이렇게 하는 것이 리더 입장에서는 당장은 피곤할 수 있지만 중장기적으로 보았을 때 더 큰 이익으로 되돌아온다.

요즈음같이 장기간에 걸쳐 경기가 위축되어 있는 때는 경상적인 일도 일이지만 긴박하게 해결해야만 하는 문제들이 비일비재하다. 그런데 긴축경영 때문에 부서의 인원은 오히려 줄어든다. 그러다 보니 리더나 팔로어나 마음이 가볍지가 않다. 특히 출근 직후 아침시간에는 긴장이 극에 달해 누가 싫은 소리라도 한마디 하면 폭발할 것 같은 기분에 휩싸이기 십상이다.

그런데 어떤 눈치 없는 리더는 어제저녁 팔로어가 애써 작성해서 올려놓은 결재서류를 보자마자 인상 쓰며 해당 팔로어를 부른다. 팔로어는 모닝커피 한 모금 입에 넣다가 화들짝 놀라서 리더에게로 달려간다. "이럴 것 같았으면 대리에게 시켰지. 과장인 자네가 대리만도 일을 못하면 어떻게 하나!" 그 소리에 팔로어는 마음은 무너진다. 가뜩이나 심신이 가장 무거운 아침시간에 일 못해서 욕먹고, 후배보다도 못한다고 비교당하니 그럴 수밖에 없다. 그 팔로어는 자리에 돌아가서 무슨 생각을 할까? '어떡하면 저 팀장 상종 않고 회사 다닐 수 있을까? 이참에 회사 때려치워?' 십중팔구 이런 생각에 휩싸여있을 게 틀림없다. 어쩌면 이때부터 부장과 과장은 '견원지간'의 관계로 치달을지도 모른다.

습관적으로, 그리고 무심코 날린 말 한마디가 팔로어의 자존심을 건드려 결국은 잘 키우면 리더 자신을 위한 '전사戰士'가 될 수 있는 팔로우 한 명을 리더 앞길의 '바리케이드'로 만들게 되는 것이다. 리더가 분명히 인식해야 할 것은 리더에게 아무리 합당한 이유가 있다 하더라도 질책으로 자존심에 상처를 입는 순간 팔로어는 그의 잘못을 반성하는 일에는 거의 관심을 갖지 않은 채 리더를 공격하고자 하는 일에 돌입한다는 것이다.

직장이라는 곳이 상하 수직적 관계로 이루어져 있기 때문에 팔로어의 자존심을 상하게 하는 언사가 리더의 입에서 쉽게 튀어나올 수 있는 구조적 특성을 가지고 있는 것이 사실이다. 그렇기 때문에 리더는 늘 긴장해야 한다. 이에 관심을 두지 않고 살아가면 부지불식간에 팔로어의 자존심을 건드려 화를 초래할 수가 있다.

세계역사를 배운 사람이라면 펠로폰네소스 전쟁을 모르는 사람이 없을 것이다. 기원전 431년 아테네와 스파르타 사이에 벌어진 대규모 전쟁이다. 이 전쟁은 자존심 강한 두 도시국가 사이의 경쟁에서 비롯되었다. 스파르타가 우위를 차지하고 있었으나 아테네가 급성장하면서 두 나라 사이에 자존심 경쟁이 불붙어 결국 전쟁이 일어났다는 것이 정설로 굳어있다. 세계전사에 기록될 정도의 유명한 전쟁이 자존심 하나 때문에 발발하였던 것이다. 직장에서 자신과 조직의 성과 향상을 위해 오늘도 비지땀을 흘리는 리더들은 자존심 하나로 전쟁까지 일어날 수 있다는 역사적 사실을 인식하면서 팔로어들의 자존심 관리에 만전을 기하여야 할 것이다.

'역린逆鱗'만큼은 건드리지 마라

세상이 변하여 리더가 오히려 '고삐 풀린' 팔로어들 때문에 자존심에 상처를 입는 와중에 팔로어의 자존심까지 관리해줘야 하니 "리더 해먹기 힘들다."는 소리가 절로 나올 법하다. 그러나 리더의 대열에 들어선 이상 이를 비켜갈 수는 없는 노릇이다. 그래서 인내심을 가지고 리더의 덕목을 실천해야 한다. 팔로어의 자존심을 지켜주려면 다음 사항을 숙지해야 한다.

첫째, 치명적인 약점은 건들이지 않는다. 아무리 친한 사이도 치명적인 약점을 건드리면 수치심을 넘어 분노까지 느끼게 만들 수 있다. 사실이지 리더라고 해서 농담이든 진담이든 팔로어가 수치스럽게 생각하는 문제를 화제 삼아 꺼낸다면 그 어느 팔로어가 듣고만 있겠는가? 대놓고 대들지 않으면 그나마 천만 다행일 것이다. 중국고전 한비자의 세난說難편에 나오는 역린지화逆鱗之禍의 고사는 약점은 알아도 못 본척하고 그냥 지나쳐야 함을 일깨워준다. 용의 목덜미에는 용이 수치스러워하는 한 자 길이의 거꾸로 난 비늘이 한 개 있는데 그것을 건드리는 사람은 용이 반드시 죽였다는 것이다.

털어서 먼지 안 나는 사람은 분명 없다. 우수하게 평가받는 팔로어는 설령 자신의 약점을 건드려도 그냥 넘어가주기도 한다. 그가 가진 다른 강점들이 자극받은 자존심을 진정시켜주기 때문이다. 그러나 보통의 팔로어는 대부분 그렇지가 않다. 즉각적으로 민감한 반응을 보인다. 가뜩이나 본인도 창피하게 생각하고 있는데 '역린'을 건드리면 불에 기름을 붓는 격이 된다. 그래서 리더가 어찌한다 해도 개선이 불가능한 팔로어의 약점은 철저하게 감싸주고, 대신 그 약점을 상쇄할 수 있는 강점을 키우는 데 주력해야 한다.

둘째, 비교질책은 자제한다. 취업포털 커리어가 20~30대 직장인 1,766명을 대상으로 '회사에서 수치심을 느껴 본 경험이 있습니까.'라는 제목으로 설문조사를 실시한 결과 93.3%가 '있다.'

고 응답했는데, 그 원인으로는 '업무 실적 등에 대해 동료와 비교 당할 때'가 압도적이었다. 이처럼 직장에서 동료와 비교하며 하는 질책은 팔로어의 자존심을 강하게 자극한다. 그래서 리더는 비교 질책일랑은 최대한 자제해야 한다. 물론 자존심 자극이 팔로어의 관심도를 유지시킨다든가 단기적인 성과 제고에는 어느 정도 도움이 되기 때문에 간혹 딜레마에 빠지기도 하겠지만 말이다. 좀 더 길게 보자는 얘기다.

특히 공개석상에서 개인을 두고 비교 질책하는 일은 금물이다. 집단을 가지고 비교하는 것은 질책이 집단 내 여러 명의 팔로어에게 분산되기 때문에 수용하고 넘어가지만 비교질책 시 자기 이름이 거명되기라도 한다면 아무리 부처님 같은 팔로어라 하더라도 흥분한다. 부득이 동료 팔로어와 비교해서 자극을 주고자 한다면 자료를 만들어서 자연스럽게 혼자만 보게 해라. 그것만으로도 리더가 의도하는 효과를 상당 부분 거둘 수가 있다.

셋째, 하찮은 것이라도 무시하지 않는다. 리더들은 상대적으로 높은 직급과 오랜 업무경험을 등에 업고 평소에 팔로어를 의식적 또는 무의식적으로 무시하는 경향이 있다. 어떤 리더는 회의석상에서 한참 열 내면서 말하는 팔로어의 말에 끼어들어 "알았어. 그런 말은 누구는 못하겠어." 하면서 면박을 주기도 한다. 그리고는 "내가 상사인데 부하가 어쩌겠어." 하며 속으로 안도한다. 이것은 부하 팔로어를 자신의 적으로 만드는 지름길이다. 밤새워 해놓은 일, 어렵게 입을 열고 제시한 의견 등이 무시를 당하면 직급고하를 막론하고 자존심이 상해 속이 뒤집힌다는 사실을 리더는 잠시라도 잊지 말고 살아야 한다.

　감성이 이성을 지배하는 시대를 맞이하여 대부분의 직장인들, 특히 신세대 직장인들은 감수성이 예민하다. 그러다 보니 무시당하는 것에 결코 관대하지 못하다. 그래서 리더는 팔로어의 하찮게 보이는 성과라도 우선은 인정해주는 것이 필요하다. 지적은 그다음 일이다. 그리고 팔로어가 의견을 개진할 경우 "그건 아냐."라며 무시할 것이 아니라 "그건 내 생각과는 좀 다르네." 하며 먼저 다름을 인정하고 수용하는 자세가 필요하다. 이어지는 상황에서도 리더의 생각만으로 지적하지 말고 질문을 통해 팔로어의 변론도 들어보는 것이 이상적이 방법이다.

　넷째, 자존심을 키워주는 데도 적극성을 보인다. 팔로어의 자존심이 지나치게 강한 것이 문제라면 지나치게 낮은 것도 문제다. 자존심이 어느 정도 있어야 자극을 받았을 때 상황을 개선하려고 노력하기 때문이다. 사회심리학자인 미국 플로리다 주립대학교의 로이 바우마이스터Roy F. Baumeister 박사의 말도 이를 지지한다. 그의 말에 의하면 자존심이 낮은 사람은 공격적 행동에 나서기는커녕 만사에 미적지근하게 대처하고, 자신의 우월성을 입증하려고 노력하기는커녕 얼렁뚱땅 넘어가려는 성향이 농후하다는 것이다.

　자존심이 약한 팔로어에게는 자신이 존귀하다는 것과 자신의 소극적인 행동이 자신은 물론 조직의 발전에도 도움이 안 된다는 것을 스스로 깨닫게 해주어야 한다. 그러기 위해서 적당한 과대평가를 통해 자신감을 갖게 만든다. 설령 인정할 만한 것이 아니라 하더라도 본인이 조금이라도 자랑스럽게 생각하는 것은 좀 띄워주고 본인이 인지하지 못하는 자랑거리를 찾아준다. 가끔은 팔로어 자신의 미지근한 행동이 같이 일하는 동료 팔로어들의 자존심에 상처를 주고 조직의 발전에 걸림돌이 될 수 있음을 상기시킨다.

나는 3분을 야단치기 위해서 3시간을 고민한다. 야단이나 꾸중에는 분명히 의욕저하와 함께 생산성 저하가 있다. 그래서 야단치는 사람은 신중하고 3시간을 투자할 정도의 열정이 있어야 한다.

― 호리바 마사오(일본 호리바제작소 회장) ―

chapter 17
세대차를 극복해라

세대 갈등은 조직 분위기를 좀먹는다

K팀장이 팀원들에게 저녁 번개회식을 발령한다. 그러자 M차장은 친구에게 전화를 건다. "나 오늘 갑자기 회사 팀 회식을 하게 되었는데, 오늘 우리 약속은 다음으로 미루어야 할 것 같다." L과장은 무거운 표정으로 부인에게 전화를 건다. "오늘 팀 회식이라 좀 늦을 것 같아. 갑작스런 회식이라…. 아무튼 미안해." 그런데 입사 1년차인 P사원은 전화 대신 불만스런 얼굴을 하고 팀장에게로 간다. "팀장님, 저는 선약이 있어서 오늘 회식에 참석하지 못합니다. 그리고 다음부터 회식할 때는 갑자기 이러지 마시고 회식 날짜를 미리 알려주시기 바랍니다." 이 소리를 들은 팀장은 "아니, 고참들도 다 참석하는데 한참 후배인 자네가 불참한단 말이야?" 하며 어이없다는 듯 한마디 하지만 P사원에게서

돌아오는 대답은 "죄송합니다."일 뿐이다.

 예전 같았으면 1년차 신참이라면 아무리 중요한 개인적인 약속이 있어도 모두 접고 번개회식에 흔쾌히 참석하였다. 하늘같은 고참도 군말 없이 참석하는데 신참의 불참은 어림없었다. 그러나 지금은 그렇지가 않다. 상당수의 디지털 초급사원들이 당당한 의사표현은 물론 예고 없는 상사의 지시에 대해 불평을 늘어놓는다. 그래서 이런 일로 인해 고참세대와 신참세대 간의 마찰이 심심찮게 일어난다.

 지금 직장에는 네 개의 세대가 공존하고 있다. 1970년대 산업화 시기 직장생활을 경험한 1세대 직장인, 이후부터 1960년대 중반까지 출생한 '베이비부머'로서 기업이 고속 성장하는 시기를 함께하며 회사의 중추 역할을 맡고 있는 2세대 직장인, 1960년대 후반에서 1970년대 생으로 민주화와 글로벌화를 겪으며 경제적 풍요 속에서 자란 3세대 직장인, 1980년대, 90년대 생으로 형제가 적고 귀하게 커 자신을 중시하고 온라인 네트워킹 능력이 뛰어난 4세대 직장인 등이다. 이렇게 다양한 세대가 한 지붕 아래 함께 살아가고 있다 보니 함께 있어 좋은 점도 있지만 세대차이로 인해 발생하는 세대 간 갈등이 작든 크든 빈번하게 일어난다.

 이런 다세대 간의 갈등은 다시 기성세대와 신세대 등 두 개로 압축되어 갈등하는 양상을 보이고 있다. 기성세대는 1~3세대, 신세대는 4세대이다. 밀레니엄세대, Y세대라고도 불리는 이들 신세대는 사고와 행동이 기성세대와는 확연히 다르다. 이들은 외국어 실력이 출중하고, 디지털 이용에 선수이고, 자기계발에 남다른 관심으로 가지고 있는 것은 물론 의사표현에 당당하고, 칼퇴근 문화를 선도하고, 사표 내는 일을 두려워하지 않는다.

회사의 발전은 나의 발전이고 상사의 지시사항 이행과 업무 목표 달성은 숙명적 과제라고 생각하며 밤샘근무도 불사했던 40대, 50대 간부들이 볼 때 이들은 이해하기 어려운 존재들이다. 신세대들이 기성세대를 볼 때 답답하기는 마찬가지이다. 실제로 대한상공회의소의 조사 결과가 이와 같은 현실을 잘 보여주고 있다. 1980년대 출생 대졸 신입사원 340명을 대상으로 조사했는데 '직장생활을 하면서 상사나 선배와 세대차이 때문에 갈등을 겪는다.'는 응답이 무려 72.9%나 나온 것이다.

그러다 보니 리더 계층에 있는 관리자들은 이들과 수시로 갈등하고, 이 갈등은 조직의 성과 창출에 걸림돌이 되고 있는 실정이다. 이러한 갈등이 신세대의 잘못에서 오는 경우라면 당연히 그들이 바뀌어야 하겠지만 반대의 경우라면 리더 계층을 이루고 있는 기성세대가 바뀌어야 한다. 팔로어의 마음을 잡는 일이 중요한 리더십 측면에서 보면 목마른 사람이 샘을 파듯 리더가 팔로어에 맞추어 바뀌는 것이 당연하다.

그런데 신세대인 팔로어를 이해하지 못하거나 그들의 행동을 따라가지 못하는 리더가 적지 않게 있다는 것이 문제이다. 신세대 팔로어들이 이러한 리더를 좋아하고 따라갈 리 만무하다. 신세대 팔로어에 대한 리더의 인식과 행동에 있어서 일대 전환이 필요한 이유가 바로 여기에 있는 것이다.

신세대 팔로어에게 '노땅', '꼰대' 소리를 듣고 싶은가

때론 럭비공 같아 어디로 튈지 몰라 불안하고, 때론 특유의 싱그러움으로 같이 있고 싶어지는 사람이 신세대 팔로어들이다. 이러한 신세대 팔로어를 이해하고 지원하기 위해 개인차원은 물론 조직차원의 노력이 다양한 형태로 이루어지고 있다. 신입사원 교육 시 기존의 상명하복 교육에 거부감이 많은 신입사원의 취향에 맞도록 연수프로그램으로 바꾸거나, 그동안 쓰이던 두꺼운 책과 인쇄물을 터치스크린 기능을 가진 넷북 등 디지털 교재로 대신하는 회사가 늘고 있다. 그리고 조직을 리더와 팔로어간의 세대갈등이 최소화될 수 있는 형태로 꾸미기도 한다. 일례로 인사이동에 따른 인력배치 시 해당 조직의 리더급 구성원들과 팔로어들 간의 나이 격차가 지나치게 벌어지지 않도록 최대한 고려하는 것이다.

기성세대 중에는 나이 차이가 많아 신세대 팔로어들에게 비록 '노땅'이나 '꼰대'로 여겨지긴 하지만 그래도 이들과 원만히 호흡하여 '형님', '오빠' 소리 들어가며 잘 어울리는 리더들도 많다. 이들은 업무나 친목행사에 대해 팔로어들이 이견을 제시하면 기분이 좀 상해도 적절히 수용해주고, 언제 배웠는지 신세대도 놀라는 디지털 활용능력으로 팔로어들과 소통하고, 팔로어의 복장이나 패션이 튀어도 한계선을 넘지 않는 한 이해하고 감싸준다. 그래서 팔로어를 다루는 능력에서 철 지난 리더십 문화를 아직도 떠받들고 사는 리더들과는 현격한 차이를 보인다.

반면에 이제는 벌써 폐기처분 되었어야 할 고루한 고정관념에서 벗어나지 못한 채 사고가 자유분방한 신세대 팔로어를 자신의 경직된 사고 틀 내에 가두어 놓거나, 위계질서를 지나치게 강조하며 그들의 세계에 녹아드는 것을 꺼리는 리더가 있다. 이들은 말로는 의사소통에 있어서 버텀 업Bottom up 방식을 외치면서, 행동은 탑 다운Top down 방식으로 일관하며 신세대 팔로어들의 의욕을 꺾는 리더들이다. 용수철처럼 탄성이 강한 신세대 팔로어들은 다른 데로 튀면 튀었지 이러한 리더를 따라갈 리 만무하다.

팔로어 하는 꼴이 맘에 안 들거나 일하는 것이 성에 안 찬다고 그들과 싸워 봐야 종국에 가서는 십중팔구 리더가 손해를 보는 게 작금의 현실이다. 직장 민주화 과정에서 만들어진 하후상박下厚上薄의 조직문화도 여기에 한몫을 한다. 모 기업의 상사가 "일하는 게 마음에 들지 않는다."며 강하게 질책하는 내용을 담은 e메일을 신세대 직원에게 보냈는데, 이에 분개한 직원이 "이런 대접받고는 회사에 다닐 이유가 없다."며 e-메일 전문을 인사팀에 보냈다. 결국 사건은 상사의 전보발령이 나서야 일단락됐.

아무리 상중하의 위계질서가 중시되어도 이성과 감성이 아닌 감정으로 팔로어 다스림이 가능했던 시대는 지나갔다. 적어도 기업의 신세대 팔로어 리딩 장면에서는 완전히 가버렸다고 해도 과언이 아니다.

커뮤니케이션 코드를 팔로어에 맞추어라

조직 내 세대갈등은 세대가 다양하게 존재하는 한 있을 수밖에 없다. 지금의 신세대도 구세대가 되면 다음의 신세대와 갈등할 것이 뻔하다. 중요한 것은 갈등을 완전히 없애려는 무모한 노력이 아니라 갈등의 차이를 최대한 좁게 줄이는 현명하고 현실적인 노력이 필요한 것이다. 이를 위해서는 다음의 사항을 숙지해야 한다.

첫째, 신세대 팔로어의 사고와 행동을 이해하고 존중한다. 시대가 바뀌었다고는 하지만 우리나라 직장에는 아직도 업무능력 이상으로 동양적 정서에 뿌리를 둔 인성을 중시한다. 그러다 보니 곳곳에서 신세대와 기성세대는 직간접으로 충돌한다. 이제 리더들은 합리적이지 않은 정서적 근거만으로 리더 입맛에 맞는 인성을 신세대 팔로어에게 강요할 수 없다. 그래서 한도를 크게 이탈하지만 않는다면 그들의 사고와 행동을 최대한 이해해주고 존중해주어야 한다. 그렇게 함으로써 리더를 따르게 만들어야 한다.

이를 위해서는 우선 신세대 팔로어와의 밀착행동을 통해서 그들 고유의 특성을 정확히 확인해야 한다. 이것이 선행되지 않고서는 그들의 사고와 행동을 제대로 이해할 수 없다. 그리고 그들의 사고와 행동을 탄력적으로 수용한다. 특히 이 과정에서 발견되는 신선한 아이디어나 생산적인 신세대문화는 과감하게 손승하고 장려해야 한다. 그러나 신세대를 껴안아야 한다고 해서 근간이 되는 조직의 룰을 깨는 일은 빈대 잡으려다가 초가삼간 태우는 일이나 다름없으니 조심할 일이다.

둘째, 신세대 팔로어의 욕구를 채워준다. 직장 내에서 기성세대 리더가 추구하고자 하는 바가 있다면 당연히 신세대 팔로어들도 그들 특유의 욕구가 존재한다. 그들의 욕구는 리더보다는 훨씬 더 개인적이다. 이러한 그들의 욕구를 조직으로 향하도록 하기 위해 리더가 그동안 무던히도 많이 써먹었던 "회사가 잘돼야 직원이 잘된다."는 말은 이미 수명을 다하였다. 그렇다고 이 '개인적'을 '이기적'과 동일시해서는 안 된다. 팔로어의 개인적인 욕구를 충족시켜 주는 과정에서 제공되는 리더의 배려에 대한 그들의 만족감과 고마움, 그리고 자신감 등은 리더의 리더십 발휘에 크게 기여하기 때문이다.

이를 위해 자기계발 기회를 최대한 부여해야 한다. "부서일이 급한데, 이번 교육 좀 빠질 수 없겠나?" 하고 부탁하는 상사의 말은 직장을 통해서 자신의 몸값을 올리려는 신세대 팔로어에게는 수용되기 매우 곤란한 말일 뿐이다. 자기계발을 위해 사내에서 주어지는 기회와 퇴근 이후 술자리 마다하고 스스로 만드는 시간은 그들에게 매우 소중하다. 성과와 연동된 적절한 보상도 이들의 욕구충족을 위해 매우 중요하다. 보상이 반드시 물질적일 필요는 없다. 자신감을 키워주는 진심어린 칭찬과 격려, 성장할 수 있는 다양한 기회 제공, 자기관리를 위한 시간제공 등만으로도 리더의 마음을 이해하게 만드는 데 모자라지 않다.

셋째, 커뮤니케이션 방식을 업그레이드한다. 직장 내 세대 차이에 관해서 취업포털 잡 코리아가 직장인 741명을 대상으로 조사한 결과를 보면 세대 차이를 가장 많이 느끼는 부분은 '커뮤니케이션 방식'이고, 그 다음은 '업무 스타일' '복장 및 출퇴근 시간' 등인 것으로 나타났다. 이처럼 서로 어긋나 있는 커뮤니케이션 방식은 직장 내에서 기성 리더 세대와 신세대 팔로어 간의 세대 갈등을 유발하는 핵심요인이다. 신세대 팔로어는 카톡, 라인, 마이피플, 밴드는 물론 페이스북, 트위터로 소통을 한다. 일반문자나 기껏해야 카톡 정도밖에 모르는 리더라면 그들과 소통하기 쉽지 않다. 그래서 신세대 팔로어와 '통通'하고 싶은 리더는 커뮤니케이션 방식을 지속적으로 업그레이드 해나가야 한다.

신세대 팔로어는 '투 웨이', 나아가서 '멀티 웨이' 소통방식을 원하는 판에 더 이상 '원 웨이' 방식으로는 안 된다. 그리고 직접 얼굴 보며 대화하는 면담이나 회의를 최선으로 생각해서는 곤란하다. 일반적인 상황이라면 이메일은 물론 다양한 형태의 디지털 문자 및 영상회의 시스템, 블로그 등의 온라인 방식이 신세대 팔로어들에게 더 잘 통한다. 성향이 이러한데 무조건 면전이나 딱딱한 회의 자리에서 아이디어를 내놓으라고 닦달하면 팔로어가 그 리더를 좋아하겠는가?

넷째, 사기 진작 문화를 바꾼다. 직원 사기 진작에 퇴근 후 함께 모여 밥 먹고 술 마시는 회식만 한 것이 없었다. 여기다가 볼링이나 당구 정도가 더해지면 최고였다. 회식은 과거 조직의 리너들이 식원들의 기를 살려주는 데 '선가의 보도'저럼 써왔던 방식이다. 리더나 목소리 큰 고참의 한마디로 회식장소가 결정되고 열외 없는 참석은 필수였다. 그러나 신세대 직장인이 점증하면서 지금의 상황은 달라지고 있다. 그들은 과거 고성장 시대 친목 행사 때 용인되던 일사불란한 행동, 과도한 음주와 오락, 들러리 같은 참여를 거부한다. 그래서 시대에 걸맞는 새로운 사기 진작

문화가 리더에게 필요하다.

　직장의 사기 진작 행사는 거의 대부분 업무 외 시간, 즉 신세대 팔로어가 개인을 챙기려 하는 시간에 주로 일어난다. 그래서 이들을 포함한 다수의 팔로어가 배제된 상태에서 리더의 독자적 결정은 있을 수 없다. 지금 그렇게 하면 회식자리에서 팔로어의 반 이상을 못 볼 수도 있다. 그래서 진정한 의미로 시기 진작 행사를 갖으려면 업무 외적인 시간에서는 팔로어들에게 행사진행 결정권한을 과감히 넘겨주고, '열외 1명 없는 참석'에 지나치게 예민하지 말고, 신세대가 좋아하는 놀이 아이템을 흔쾌히 받아들여야 한다. 그리고 모기소리만 한 목소리로 "어딜 벌써 가십니까?" 하며 만류하는 신세대 팔로어의 진정한 속뜻을 모른 채 눈치 없이 계속 머물지 말고 슬며시 자리를 피해주는 것도 그들에 대한 예의요, 그들로부터 호감을 얻기 위한 방법이다.

개인의 특성이 무시되고 획일화될 때 팀워크는 기대할 수 없다. 팀의 성공을 위해서는 조직구성원들이 지닌 성향과 능력의 차이를 인정하는 것만으로는 부족하다.
　　　　　　　　　　　－ 그레고리 후츠소, 『Tools for team excellence』에서 －

Your management
skill for follower
motivation

- 뭐든 할 수 있음을 확신시켜라
- 사기로 날뛰게 해라
- 일할 수 있는 능력을 키워줘라
- 칼자루도 때로는 넘겨줘라
- 불편부당 不偏不黨 하게 살아라
- 마음에 보상해줘라
- 머리에 보상해줘라
- 풍랑 너머에 있는 신세계를 알려줘라
- 참을 수 없는 승리욕구에 불을 댕겨줘라
- 스스로 경영하게 해라
- 팔로어의 이익에 포커싱해라
- 생산적인 긴장감을 조성해라
- 권한을 주었으면 책임도 줘라
- 몰입하게 해라
- 다양한 목소리에 귀 기울여라
- 걸림돌을 제거해줘라
- 의욕이 샘솟는 일을 시켜라

YOUR MANAGEMENT SKILL FOR FOLLOWER MOTIVATION

/ Part 02 /

일을 하고 싶게 만들 수 있는 스킬

chapter 01
뭐든 할 수 있음을 확신시켜라

직장만사 자신감에 달려있다

　H팀장은 책임의식과 업무능력은 있으나 소심하고 자존심이 워낙 강해 자존심이 한번 무너지면 일이 눈에 보이지 않는 사람이다. 그러다 보니 H팀장 팀의 판매실적은 기복도 심하고 변변찮았다. 그렇다고 숨 가쁘게 돌아가는 판매 현장에서 여유롭게 직원의 자존심이나 챙겨줄 수 있는 상황도 못된다. 그래서 실적도 안 좋은 데다가 성격까지 괴팍하다고 L지점장은 H팀장에 늘 불만이다. 그러던 어느 날 인사이동에 따라 지점장이 바뀌었다. 당연히 H팀장은 전임 지점장으로부터 신임 J지점장에게 '문제팀장'으로 인수인계되었다. 그 말을 들은 J지점장은 현재의 H팀장을 다른 형태의 리더로 탈바꿈시키기 위해 '작전'을 세웠다. 그때부터 J지점장은 알짜 구매정보를 H팀장에게 집중적으로 알려주

었다. 판매성사를 위한 특별지원은 물론 기발한 판매 노하우 몇 가지도 '팁'으로 제공되었다. 이로 인해 H팀장과 그의 팀원 모두의 판촉활동이 빈번해지면서 팀 실적은 당연히 급신장이 되었다.

그러던 어느 날 J지점장이 H팀장을 불렀다. "H팀장! 판매실적과 리더십이 이렇게 탁월한지 몰랐네요. 정말 대단하십니다. 지점 분위기도 H팀장 덕분에 확 달라졌습니다. 요즈음 팀원들의 H팀장 자랑이 늘어집니다. 그리고 주변의 지점장들 만나면 능력 있는 팀장을 두었다고 다들 부러워하고 난리입니다." 이날 이후 그의 자신감은 최고조에 달하였다. 잠시라도 여유 부리며 쉬는 모습이 거의 보이질 않았다. 팀원들이 부대껴 할 정도로 팀 판촉활동에 몰입하였다. 꼴찌를 도맡아 하던 H팀장이 이끄는 팀은 이후 5개 팀 중에서 6개월 연속 1등을 차지하였다. 이로 인해 지점의 실적도 크게 향상되면서 급기야 지점은 전국 최우수지점에 등극하게 되었다.

이 이야기는 필자의 지점장 근무 중에 있었던 경험담이다. 일상생활에서 칭찬으로 고조된 자신감의 위력은 가히 폭발적이다. 고려대 심리학과의 성영신 교수는 "칭찬 한마디는 마치 직장상사에게 '너 정말 유능하다'린 평가, 혹은 교수로부터 A+ 학점을 받았을 때의 성취도와 비슷한 심리 효과가 있다."고 말한다. 그 누가 "칭찬은 고래도 춤추게 한다."고 하질 않았던가? 어떻게 만들어졌든지 간에 만들어진 자신감의 위력은 대단하다. 세계적인 경영컨설턴트인 하버드대학교의 로자베스 모스 캔터Rosabeth Moss Kanter 교수는 그의 저서 『자신감』에서 "모든 개인이나 조직은 행운 또는 악운의 주기에 말려들 수 있다. 이때 일어서느냐 주저앉느냐는 대개 자신감에 달려 있다."며 자신감의 영향력을 역설하고 있다.

　이를 고려하면 리더가 팔로어의 자신감을 제쳐놓고 팔로어 개인의 성과와 조직의 성과를 논한다면 그것은 그야말로 어불성설이 될 수밖에 없다. 경영층은 팔로어를 그냥 이끄는 리더보다 팔로어를 유쾌하게 자극하여 팔로어 스스로가 자신을 이끌 수 있도록 하게 하는 리더를 더 좋아한다. 그래서 '훌륭한 리더' '인정받는 리더 = 팔로어의 자신감을 키워주는 리더'라는 등식이 자연스럽게 성립되는 것이다.

'부하 잡는 자신감'에 불타는 리더들이 있다

　자신감이 있는 직장인은 "이 일을 어떻게 해결해야 할까?"를 생각하며 문제 해결에 자신의 에너지를 집중하여 일의 수행이 비교적 원만하다. 반면에 자신감이 부족한 직장인은 "잘될까? 만일에 실패하면 어떻게 하지?"라는 두려움에 사로잡혀 일을 제대로 진척시키지 못한다. 따라서 일을 잘하고 못하고는 자신감에 달려 있다 해도 과언이 아니다. 일반적으로야 자신감은 당연히 당사자인 본인이 전적으로 만들어 가는 것이다. 그러나 조직구조를 가진 직장이라는 상황에서는 좀 다르다. 팔로어의 자신감 발휘에 있어서 팔로어 본인 외에도 리더의 힘이 상당 부분 작용한다.

　그런데 업무현장에는 직급은 한참 아래이고 경륜은 짧아 하루

하루 살얼음판을 걷는 팔로어들에게 자신감을 만들어 주기는커녕 이들에게 "하면 된다."를 반복해서 외치면 될 것으로 착각하고 오늘도 '부하 잡는 자신감'에 불타는 리더들이 있다. 조직 분위기를 압도하는 리더의 진두지휘가 때로는 팔로어에게 위협으로 느껴질 뿐인데도 말이다.

그리고 어떤 리더들은 팔로어들과 더불어 프랑스 인시아드대학교의 장 프랑수아 만조니Jean Francois Manzoni 교수가 말하는 이른바 '필패必敗신드롬'의 악순환 고리에 빠지기도 한다. 부하에 대한 상사의 반복적인 불신이 유능한 부하까지도 결국 무능하게 만든다는 것이다. 리더가 "내 그럴 줄 알았어." 하며 팔로어를 한번 못 믿으면 신뢰받지 못한 팔로어는 "나는 구제불능인가 봐."를 되뇌며 이내 작아진다. 이렇게 되면 멀쩡한 직원이 리더의 오해로 가지고 있던 자신감마저 사라지고 급기야는 리더의 인식에 아예 무능한 팔로어로 전락되어 남게 된다.

이렇게 정신적으로 팔로어에게 자신감을 심어주지 못하는 리더들은 대개 업무능력 함양을 통한 팔로어의 자신감 제고에도 취약한 모습을 보인다. 이런 리더의 아래서는 팔로어의 육성은 물론 조직의 성과를 기대하기가 어렵다. 그나마 좋았던 직장이 종국에 가서는 리더나 팔로어나 견디기 힘든 직장으로 돌변할지도 모른다.

그렇지만 상당수의 리더들은 다양한 방법을 통하여 팔로어의 자신감을 키워주기 위해 노력한다. 이들은 대인관계에 외로워하는 팔로어에게는 친구가 되어 주고, 일에 힘들어하는 팔로어에게는 멘토가 되어주고, 꿈에 부풀어 있는 팔로어에게는 든든한 지지자가 되어 준다. 이들은 말로만 "힘내라!"고, 휴대폰 문자로만 "화이팅!"을 외치는 것은 리더에게 팔로어를 위해 '한 건' 했다는 포만감만 느끼게 해줄 뿐 팔로어에게 자신감을 만들어주는 일과는 거리가 멀다는 것을 잘 안다.

말로만 외치는 화이팅은 이제 그만해라

일반적으로 다른 사람에게 자신감을 불어넣어 준다는 것이 쉬운 일은 아니다. 그러나 상하좌우의 위계질서로 움직이는 조직은 외부의 작용이 개인의 자신감 증감에 영향을 미칠 수 있다. 특히 팔로어의 자신감 유발을 위한 리더의 '작용'은 팔로어의 긍정적인 '반작용'을 상당 부분 이끌어낼 수가 있다. 팔로어의 자신감을 이끌어내기 위해서는 다음의 사항을 숙지해야 한다.

첫째, 충분한 격려를 제공한다. 동일한 상황이라도 팔로어에 따라서 할 수 있을 것이라는 믿음은 다르게 표출된다. 어려움에 봉착되어있거나 소심한 팔로어는 올라가야 할 나무가 그리 높지 않은 나무인데도 마치 하늘에 맞닿아 있는 것처럼 느낀다. 능력까지 딸리는 팔로어는 아마 주저앉을지도 모른다. 이런 팔로어의 자신감을 올려주기 위해서는 무엇보다도 팔로어의 도전의식을 북돋울 수 있는 리더의 격려가 필요하다.

외치기만 하는 "할 수 있다." "하면 된다."는 말은 이제 약발을 잃어가고 있다. 과거 산업화시대 때는 이러한 말을 적어 현수막으로만 붙여놔도 그대로 먹혔지만 지금은 그렇지 않다. 할 수 있다는 구체적인 근거까지 제시해주어야 한다. 그리고 정신적으로 위축된 팔로어를 살아나게 하기 위해서는 리더가 이들이 밟고 올라갈 수 있는 말없는 디딤돌이 되어줘야 한다. 이때 "필요하다면 나를 밟고 가도 좋다."고 말해준다면 이들에게 큰 힘이 될 것이다. 강한 지지 위의 완곡한 질책 역시 리더의 생각을 전하면서도 팔로어의 자신감을 잃지 않게 해줄 수 있는 좋은 방법이다.

둘째, 칭찬과 인정을 아끼지 않는다. 일을 시키는 리더들은 자신의 눈높이로 팔로어를 바라보는 습성 때문에 그들의 성과를 평가하는 데 상당히 인색한 경향을 보인다. 그러다 보니 팔로어의 입장에서는 '잘해야 본전'이라는 생각과 함께 자신감을 잃어가게 된다. 그래서 리더들은 팔로어 중심으로 바라보는 시각을 견지하면서 그들에게 칭찬과 인정을 아끼지 않는 습관을 들여야 한다. 리더들은 2002년 월드컵 때 히딩크 감독이 일반 축구선수에서 지금은 세계적인 선수의 반열에 오른 박지성 선수에게 했던 "너는 대단한 친구야. 앞으로 세계적인 축구선수가 될 거야."라는 칭찬 한마디를 기억할 필요가 있다. 칭찬 한마디는 사람의 운명을 바꾸어 놓을 수도 있다.

팔로어는 리더의 인정을 먹고 산다. 그래서 그가 조직에서 없어서는 안 될 존재임을 인정해주는 것이 필요하다. "당신이 없으면 우리 팀은 단팥 빠진 찐빵이야."라는 아부도 팔로어의 자신감을 키워줄 수 있는 아주 좋은 연료이다. 그리고 팔로어가 세운 공貢에 대해서 잊지 말고 칭찬해줘야 한다. 공을 세우는 과정에서 과寡도 있을 수 있지만 공이 더 많으면 과는 과감하게 지나친다. 칭찬 한마디 한다고 돈 들어 갈 일 없을뿐더러 칭찬은 고래도 춤추게 한다고 하니 칭찬은 리더에게 분명 남는 장사일 수밖에 없다. 남발만 하지 않는다면야 얼마든지 좋다. 특히 리더의 칭찬 못지않게 위력적인 것이 바로 동료의 칭찬인데, 팔로어 리딩에 이것을 끌어들일 수가 있다면 팔로어의 자신감 향상을 위해 매우 효과적으로 활용할 수 있다.

셋째, 생활 속의 성공 경험을 많이 갖게 한다. 작은 성취가 반복적으로 쌓이고 쌓이면 자아효능감이 생기고 이것이 결국은 팔로어에게 자신감을 만들어준다. 그래서 리더는 팔로어로 하여금 비록 작더라도 성공한 경험을 많이 갖도록 해줘야 한다. 노자도 도덕경에서 백성으로 하여금 스스로 해냈다는 생각을 느끼게 하는 지도자가 최고의 지도자라고 하였으니 성공을 경험할 수 있는 기회를 주는 것은 매우 중요한 리더의 덕목임에 틀림없다.

성공 경험이 꼭 대단한 것일 필요는 없다. 업무의 과정에서 발생되는 작은 성취, 소소한 문제의 해결이나 걸림돌 제거조차도 팔로어에게는 희열을 느낄 수 있는 좋은 성공경험이 될 수 있다. 하버드대학교 경영대학원의 테레사 애머빌Teresa M. Amabile 교수는 '업무진전', 즉 현재 수행하고 있는 업무가 차질 없이 잘 진행되는 것만으로도 작업자에게 최고의 자신감을 선사할 수 있다는 점을 그의 연구에서 밝히면서 이 과정에서 리더의 역할을 강조한 바 있다. 큰 성공에서 큰 자신감을 얻으려다가 실패하면 오히려 자신감은 고사하고 자포자기에 빠질 수가 있으니 리더는 이 점에 유념할 필요가 있다.

넷째, 업무수행을 위한 실무능력을 키워준다. 과거와는 달리 오늘날 지식정보화시대의 직장에는 복잡다단한 것은 물론 전문지식과 고도의 노하우를 요하는 업무들이 비일비재하다. 해결을 위해 주위를 두리번거리지만 선배는 바쁘고 상사는 멀다. 혹시 하고 인터넷을 뒤지기도 하지만 정보는 넘쳐나도 당장의 일을 해결할 수 있는 뾰족한 방법은 별로 없다. 그러다 보니 정신적 위축은 차치하고서라도 업무 자체에 치여서 자신감을 상실할 수도 있다. 이런 상황에서 리더가 개입해서 업무능력을 키워주지 않으면 팔로어의 원만한 업무추진은 기대하기 어렵다.

리더는 팔로어보다 경험도 풍부하고 업무능력도 분명 앞선다. 리더는 어려운 일을 앞에 놓고 의욕만 앞서서 좌충우돌하는 팔로어를 가려내어 업무방법을 가르쳐줘야 한다. 팔로어의 실력을 업그레이드 시켜주는 것도 리더의 일이다. 요즈음은 인재개발의 기치 아래 사내 인적자원 개발시설이 대부분 잘 마련되어 있는데, 이를 적절히 활용하면 더욱 효과적으로 그들의 업무능력을 육성시킴은 물론 자신감까지 키워줄 수 있다.

위대한 감독은 선수들로 하여금 자신이 생각하는 것보다 훨씬 더 우수한 선수라고 믿게 만드는 재주가 있다. 자기가 얼마나 우수한지 깨달은 선수는 자신의 최고 기량에 미치지 못한 경기에 만족하지 못하게 된다.

― 레지 잭슨(명예의 전당에 헌정된 미국 야구선수) ―

chapter 02

사기로 날뛰게 해라

수없이 많은 '데이'들이 왜 필요한지 아는가

날마다 '데이'는 반복되고 있는데 요즘 직장 가에는 특별한 '데이'들이 있다. 가족들과 보내는 시간을 가지라는 취지에서 정한 D기업의 '패밀리 데이', 특별활동이나 부서 회식을 지원하는 S기업의 '펀 데이', 직원들이 케이크 만들기나 마술 배우기 등의 특별한 체험을 하도록 하게 하는 G기업의 '해피 데이', 매년 초복날 특식을 하는 G기업의 '리프레시 데이', 사장과 직원들이 맥주를 마시며 대화를 하는 P기업의 '호프 데이', 사장이 팀을 찾아가 함께 식사를 하며 고충을 듣는 D기업의 'CEO 런치 데이', 불필요한 연장 근무를 하지 않는 K기업의 '휴머니즘 데이' 등이 바로 그것이다. 이러한 기업들이 머리를 짜내서 만든 특별한 '데이'는 바로 직원의 기를 살려주기 위한 사기진작 행사 날이다.

혹자는 "일하기도 바쁜 판에 무슨 이런 한가한 행사야?"라고 의아해 할지 모르겠지만 직원들의 기를 살리는 움직임이 붐처럼 일고 있다. 이것은 직장 차원만이 아니다. 직장 내 조직을 책임지고 있는 리더 차원에서도 마찬가지이다. 조직을 구성하는 팔로어들의 사기가 조직성과 창출에 막대한 영향을 미치기 때문이다. 사실 포탄이 작열하는데 사기가 떨어진 전선의 병사가 적진을 향해서 '돌격 앞으로'를 하고 싶겠는가? 직장의 팔로어들도 전선의 병사와 크게 다를 바 없다. 그들은 총탄만 오가지 않을 뿐이지 개인 간, 조직 간, 회사 간의 치열한 경쟁, 더 나아가 '죽기 아니면 까무러치기' 식의 경쟁이 벌어지는 전쟁터 같은 곳에서 하루를 긴박하게 보내고 있다. 그러니 경쟁승리, 성과창출 등의 선행지표가 되는 사기는 팔로어에게 필수불가결한 요소일 수밖에 없다.

과거 산업화 시대에 기업에 가장 중요한 자산은 기계, 설비, 공장 등의 물적 자산이었기 때문에 직원들은 그냥 지시나 수행하면서 살아가는 존재로 간주되기 십상이었다. 그러다 보니 직원의 사기는 경영층이나 단위조직의 리더들에게 주요 관심사항이 아니었다. 그러나 직원 한 명이 마음 한번 잘못 먹으면 몇 조원이 날아갈 수 있는 첨단 IT 및 서비스시대인 지금은 그때와는 판이하게 다르다. 최대의 자산은 직원이다. 그들은 바로 사기를 먹고산다. 고도의 교육혜택을 받아 그렇잖아도 개인역량이 뛰어난데 거기에다가 사기까지 충천되면 이들 앞에는 거칠 것이 없게 된다.

이처럼 조직에서 팔로어의 사기는 무엇보다 중요하다. 일하고자 하는 동기와 직결되어 있는 팔로어의 사기 진작을 소홀이 하고 당장의 성과에만 연연해한다면 리더에게 주어질 달콤한 성과는 기대않는 것이 좋다. 뉴욕타임즈 부편집장이자 세계적인 컬럼리스트인 아담 브라이언트Adam Bryant는 그의 저서『사장실로 가는 길』에서 이런 말을 한다. "조직 효율성을 높이기 위해서라면 비용을 절감하는 데에만 목숨 걸지 말고 직원들의 사기를 높일 수 있는 데 투자해야 한다." 이것이 사장실로 가는 지름길이라면서.

사기는 팔로어를 춤추게 한다

사기 진작이 이렇게 중요하다 보니 리더들은 팔로어들의 사기 진작을 위해 실로 다양한 움직임을 보이고 있다. 말로 칭찬하고 격려하는 것은 기본이고 감동적인 행사와 푸짐한 선물 제공도 아끼지 않는다. 심지어는 '가화만사성'이라는 기치 아래 집에 있는 팔로어 가족의 건강, 돈독한 부부관계까지도 챙겨준다.

홍보대행사인 프레인의 대표이사로 있는 어준영 사장의 직원 사기 챙기기가 이채롭다. 프레인에는 여성 직원들이 절반이 넘는데, 이들은 업무 특성상 하루의 절반 이상을 하이힐을 신고 외부에서 활동한다. 어 사장은 이들의 사기 진작을 위해서 전원에게 '세상에서 가장 편하고 섹시한 구두'를 선물해주었다. 그런데 그 구두는 시중에 있는 기성 제품이 아니었다. 국내 최고의 디자이너와 스타일리스트를 데려와서 무려 1년 이상 공을 들여 만든 제품이었다. 이 구두를 신게 된 직원들은 당연히 감동해 마지않았다. 어 사장이 이끄는 이 회사는 급성장하여 지금 국내 최대의 홍보

대행사로 자리를 굳건히 하고 있다.

'투자의 귀재' 워런 버핏Warren Buffett 버크셔 해서웨이 회장이 몇 년 전 비행기로 17시간 이상을 날아와 자신이 대주주로 있는 한국 회사에 3시간을 머물고 돌아간 적이 있었다. 방문목적은 오직 하나 직원의 사기 진작이었다. 실제로 그의 얼굴을 못 봤던 직원들은 그를 보고 난 후 회사에 대한 애사심은 물론 일에 대한 의욕이 급격히 치솟았다고 한다.

이러한 고위층 리더들은 경영층에 있기 때문에 직원의 사기를 올려보겠다고 작심만 한다면 실천이 비교적 어렵지는 않다. 그러나 업무일선 조직의 리더들은 예산 등의 문제로 팔로어 사기 진작을 위해 할 수 있는 가지 수가 제한적인 것이 사실이다. 그렇지만 사기 진작에는 돈이 있어야만 하는 것은 아니다. 마음만 먹으면 작은 공간에서 말, 태도, 행동으로도 얼마든지 할 수 있다. 그래서 앞서 가는 리더들은 효과적인 스킬을 동원하여 그들의 팔로어를 일에 대한 투지를 불태워주고 있다.

리더십의 풍성한 결실은 리더 자신의 사기 진작보다 팔로어의 사기진작이 우선되는 곳에서 거두어진다. 그럼에도 불구하고 업무현장에는 "자기들도 월급 받으려면 별수 있겠어? 알아서 하셨지."라는 태평스런 생각으로 일관하며 자신의 사기 챙기기에나 바쁜 리더가 간혹 눈에 띈다. 그리고 이러한 팔로어에 대한 무관심은 물론 칭찬할 일을 당연한 것으로 여기고, 위로해주는 대신 질책하고, 신뢰 대신 불신을 주는 등 사기 진작은커녕 사기를 떨어뜨리는 행위를 하는 리더도 있다. 이런 일은 리더가 직원의 사기 진작이 업무에 어느 정도 영향을 미치는지에 대해 평소 깊게 생각지 않고 하루하루의 일에 급급하며 살아가기 때문에 벌어지는 것이다. 이런 리더는 사기가 진작되면 팔로어는 춤추며 일하게 된다는 사실을 직시해야 한다.

신명나게 해줘라

조직심리학박사인 스탠퍼드대학교의 로버트 서튼Robert Sutton 교수는 다음의 말에서 리더에게 팔로어의 사기 진작 관련하여 특별한 함의를 던져주고 있다. 그는 원래 누구든 권력을 갖게 되면 다른 사람들을 지배할 수 있는 능력을 가졌다고 인식하면서 자신의 욕구에 더욱 집중하고, 다른 사람에 대한 관심은 줄이고, 공식, 비공식적 규칙들이 자신에게는 적용되지 않는 것처럼 행동하는 등 세 가지의 변화가 그 사람에게 일어난다고 말한다. 이 말은 리더의 위치에 있는 사람은 속성상 언제라도 팔로어 사기 진작에 도움이 안 되는 행동을 할 수 있기 때문에 리더는 아래 사람인 팔로어의 사기 진작을 위해서 자신의 욕구를 통제하면서 각별한 노력을 기울여야 한다는 말과 다를 바 없다. 팔로어의 시기를 진작시키기 위해서는 다음의 사항을 숙지해야 한다.

첫째, 요구를 최대한 들어준다. 일단 직장인이 되면 좋으나 싫으나 그 직장에서 세워 놓은 규정에 따라야 한다. 개인사업자가 아니기 때문에 임의대로 생활할 수는 없다. 그러나 직장민주화 바람을 타고 규정 내 또는 규정 외적인 개인 요구사항은 차고 넘치는 상황이다. 여기에는 필요한 니즈Needs의 차원을 넘어 심리적인 욕구인 원츠Wants까지 포함된다. 이때 합리적인 요구사항이거나, 리더가 좀 더 관심을 가지면 해결해줄 수 있는 것인데도 이에 대응해주지 못한다면 팔로어의 사기는 떨어질 수밖에 없다. 이에 미온적으로 대처하면 팔로어사기는 고사하고 리더가 팔로어로부터 술자리에서 봉변까지 당하는 사태가 발생될 수도 있다.

팔로어가 요구하는 희망사항이야 물론 다양하다. 이 모든 것을 다 해준다는 것은 어려운 일인데, 그럼에도 불구하고 "그래, 자네 부탁인데 까짓거 죽이 되든 밥이 되든 한번 해 보지 뭐" 하며 무리하게 의협심을 발휘하려다가는 리더부터 녹초가 될 수 있다. 리더가 주된 관심을 가져야 할 일은 개별적인 핵심 건의사항과 하고 싶은 업무를 하게 해주는 일, 업무 추진이 원활하게 될 수 있도록 개입해주는 일, 직원 간의 갈등을 줄여주는 일, 업무 폭주를 막아주는 일 등이다.

둘째, 흥이 나게 해준다. 지식정보화시대가 사람을 박식하게 해준다는 좋은 점도 있지만 많이 알아야만 당면한 일을 할 수밖에 없는 상황도 만들고 있다. 그야말로 세상에 공짜 점심은 없다. 그러다 보니 어느 때보다도 고난도의 업무가 폭주하는 게 업무현장의 현실이고, 이러한 가운데 직장인의 시름도 깊다. 그러나 흥이 난다면야 무슨 일을 못하겠는가?

"칭찬은 고래도 춤추게 한다."는 말이 칭찬만을 부각시키기 위해 그냥 만들어진 말이 아니다. 조련사들이 돌고래가 뛰어오를 때마다 잘한다고 소리치고 박수치며 먹을거리 한 개를 던져주면 춤추면서 더 잘 뛰어오른다고 한다. 직장의 팔로어들도 마찬가지이다. 리더의 칭찬을 먹고 사기를 키운다. 인정과 포상 역시 사기 진작의 핵심적인 에너지원이다. 가치를 진심으로 인정해주고 공貢에 대해 정신적으로든 물질적으로든 적절히 보상을 해줘야 한다. 애플 창업자인 천하의 스티브 잡스Steve Jobs도 당연히 받아야 할 직원에 대한 보상을 게을리하여 직원의 사기를 바닥으로 내몬 적이 있다. 공동창업자인 스티브 위즈니악Steve Wozniak이 주식배분으로 간신히 문제를 해결했지만 말이다.

셋째, 곤경에서 구해준다. 직장에서 직장인이 겪는 애로점은 여러 분야에서 광범위하게 발생한다. 이 애로점은 사안에 따라서는 팔로어에게 치명상을 가하여 업무자체를 마비시킬 수 있다. 그렇다고 어렵게 들어온 직장을 포기할 수도 없기 때문에 팔로어는 진퇴양난에 빠져 사기가 저하되고 에너지는 고갈된다. 그래서 리더가 비록 전지전능한 사람은 아닐지라도 할 수 있는 범위 내에서 최선을 다해 구원의 밧줄이 되어줘야 한다.

 문제를 파악하는 것이 급선무인데, 이 과정에서 문제가 무엇인지를 진정으로 들어주고 공감해주는 것만으로도 팔로어의 마음을 상당 부분 가볍게 해줄 수 있다. 그리고 희생정신을 발휘하여 대신 총알받이 역할을 하는 것도 필요하다. 이런 총알은 백발을 맞아도 죽지는 않으니 걱정 안 해도 된다. 대신 팔로어로부터 감동의 윙크를 맞으면서 그의 사기를 충천시킬 수 있다. 건강, 가정사 등 사적인 애로점 해결까지 손을 맞잡아 주면 금상첨화이다. 동료들은 제 앞가림하느라고 정신없고, 어떤 나쁜 동료는 동료의 어려움을 자신의 이익을 챙길 수 있는 발판으로 생각하기도 하는 냉정한 상황에서 리더가 팔로어를 구해야 하지 않겠는가?

넷째, 사기에 불타는 리더의 모습을 보여준다. 애플은 지금 스티브 잡스 사후 리더십의 혼돈기를 맞이하고 있다. 지금 티머시 쿡Timothy Cook이 잡스의 바통을 이어받아 뛰고 있지만 미국의 유명 IT전문 파워 블로거인 로버트 스코블Robert Scoble은 "애플의 가장 큰 문제는 쿡이다. 그는 잡스에 비교하면 존재감이 없다."고 혹평하면서 그의 열정과 감성 부재를 지적하였다. 사실 쿡은 지나치게 차분하고 내성적인 것으로 알려져 있다. 최근 직원들도 사기가 떨어져서 핵심 인력들이 이미 회사를 나갔거나 이직을 준비 중이고, 경영진은 이에 주목하고 직원들의 사기에 대한 조사를 벌였다고 한다. 리더의 열정이 직원 사기에 얼마나 크게 영향을 미치는지를 일깨워주는 대표적인 사례가 아닌가 싶다.

팔로어의 사기가 유지되고 진작되려면 리더부터 사기가 충천되어 있어야 한다. 물론 리더도 사람이다 보니 언제나 그렇게 될 수는 없을 것이다. 그러나 사기도 열정과 같은 것이어서 쉽게 전염된다는 것을 생각하면 적어도 팔로어 앞에서는 일부러라도 긍정적이고 활력적인 모습을 보일 필요가 있다. 다시 말해 리더는 팔로어가 사기를 키울 수 있는 기름진 토양이 되어야 한다.

만약 당신이 직원들 안에서 최상의 것을 찾는다면 그들은 꽃처럼 활짝 필 것이다. 만약 비판하거나 최악의 것을 찾는다면 그들은 시들어 버릴 것이다.
― 리처드 브랜슨(버진그룹 회장) ―

chapter 03
일할 수 있는 능력을 키워줘라

팔로어의 능력이 리더의 성공을 좌우한다

2012년 1월, 스위스에서 열린 2012 다보스포럼(Davos Forum, 세계경제포럼 연례회의)의 개막에 맞추어 세계 최대 회계컨설팅사 PwC Price waterhouse Coopers는 60개국 글로벌 CEO 1,258명을 대상으로 설문하였는데, 그 결과 CEO 53%가 사업 확장의 가장 큰 걸림돌로 '인재부족'을 꼽은 것으로 나타났다. 이 포럼에 참석한 세계의 경제 리더들은 급기야 이제는 자본 대신 사람이 기업의 핵심 요소라는 점에 인식을 같이하면서 '자본주의' 대신 '인재주의'를 선포하기에 이르렀다. 이러한 상황은 지금 전 세계가 인재에 주목하고 있음을 단적으로 보여주고 있는 단적인 사례이다.

이처럼 기업 존립의 중심축이 자본에서 사람으로 빠르게 이동하고 있다. 이런 흐름에 따라 인재육성이 모든 리더에게 화두가 되고 있는 가운데 팔로어의 능력 함양에 관한 리더와 조직차원의 노력이 다양한 형태로 전개되고 있다.

팔로어의 능력은 조직의 성과를 담보하는 핵심적인 선행 요인이다. 리더가 조직목표를 달성하기 위해 선봉에 서는 길잡이라면 팔로어는 그들의 업무수행 능력을 바탕으로 맡은 바 일들을 차질 없이 수행하는 실행의 주역이다. 그래서 업무수행을 뒷받침할 수 있는 팔로어의 역량을 유지하고 함양시키는 일은 팔로어 자신은 물론 리더에게도 필수적이다.

지적역량이 요구되는 지식정보화시대를 맞이하여 자기계발에 대한 마인드가 급격히 높아지고 있다. 팔로어들은 직장 내외 여건을 활용해서 자신의 능력을 육성시키는 데 그 어느 때보다도 높은 열의를 보이고 있다. 이와 함께 그들은 리더에게 팔로어 육성에 대한 책임 있는 노력을 강하게 요구하고 있다. 얼마 전 LG경제 연구원에서 직장인들을 대상으로 직장에서 존경받는 리더의 유형을 조사한 적이 있는데, 조사에서 직장인들은 존경받는 리더의 4가지 유형 중에서 '부하의 성장을 돕는 리더'를 가장 으뜸으로 꼽았다. 이 조사 결과는 '교육'이나 '육성'이라고 하면 대부분의 팔로어가 알레르기 반응을 보였던 지난 시절과는 달리 지금은 자신의 능력과 경력관리를 위해 팔로어들이 적극적으로 나서고 있는 것을 반증하는 것이다. 이런 상황에서 리더가 팔로어의 능력향상에 무관심하면 그들로부터 '뭇매' 맞기 십상이다.

"리더가 되기 전의 성공은 리더 한 사람에 국한된 개념이다. 하지만 일단 리더가 되면 그 사람의 성공은 다른 사람을 어떻게 육성하느냐에 의해 좌우된다고 해도 과언이 아니다." '전설의 리더'로 불리는 GE의 전 회장 잭 웰치Jack Welch의 말이다. 아무튼 팔로어의 능력을 키워주는 일이 조직을 위해서나 리더 자신을 위해서나 더 없이 중요한 일임에는 틀림이 없다.

연수원 교육이 팔로어 육성의 전부가 아니다

고도화된 업무추진 능력을 요구하는 요즘 같은 상황에서 팔로어의 능력함양이 중요하다는 것을 모르는 리더는 사실 없다. 그럼에도 불구하고 리더십 실태를 파악하는 여러 조사 결과나 업무현장의 여론을 종합해보면 리더의 팔로어 육성을 위한 실질적인 노력의 정도는 매우 낮게 평가되고 있다.

이와 같이 평가될 수밖에 없는 근거들이 업무 일선에서 적지 않게 발견되는 게 사실이다. 일부 리더들은 팔로어의 교육이 직장의 교육시스템으로 상당 부분 해결될 것으로 착각한다. 수많은 직원의 교육 니즈Needs를 모두 충족시켜줄 수 있는 교육시스템을 갖춘 직장이 그리 많지 않은데도 말이다. 또 어떤 리더는 직원을 체계적으로 육성할 수 있는 지식이나 노하우가 부족하다. 하긴 해야 하는데 어떻게 해야 할지 모르는 것이다. 이런 리더들은 오랜 기간 동안 선배로서, 리더로서 생활은 하였지만 팔로어 육성을 위한 리더십 발휘는 등한시하고 당장의 조직성과 창출에만 급급해하며 살아왔을 가능성이 높은 리더이다. 이들과 함께한 팔로어라면 그의 사내 외 자기계발 기회조차도 온전히 부여받고 살았을지 의문이다.

말하기 거북스럽지만 팔로어의 성장이 자신의 위상을 위협할지도 모른다는 두려움으로 리더 육성에 소극적인 리더도 있다. 위로 향하는 모양이 피라미드형이라 사내 경쟁이 치열할 수밖에 없는 직장에서 능력 있는 팔로어가 그렇지 못한 리더를 추월하는 사태가 일어날 수도 있기 때문이다. 이런 리더는 이를 두려워하기에 앞서 자신의 실력을 확실히 키워서 팔로어를 압도하거나, 그게 힘들면 얼마든지 있을 수 있는 '청출어람 현상'을 자연스럽게 수용하고 살아야 한다. 그렇지 않으면 리더 본인과 팔로어 모두 다른 부서의 동료 리더와 동료 팔로어에게 뒤지게 되리라는 것은 불을 보듯 뻔하다.

리더라면 "나는 지금 리더로서 코칭과 맨토링 등의 실질적인 육성행동을 통하여 팔로어를 진정으로 성장시키고 있는가?"에 대한 스스로의 질문에 즉답할 수 있어야 한다. 팔로어를 불러 앉혀 놓고 내용도 빈약하고 두서도 없는 말만 가지고 일방통행식으로 일장훈시 하는 행위나 삼겹살에 소주 몇 잔 기울이는 것만 가지고 요즈음 팔로어, 특히 신세대 팔로어의 업무 욕구를 진작하려는 행위는 더 이상 진정한 육성행위로 통하지 않기 때문이다.

스스로 알게 만들어라

리더가 팔로어의 능력을 키워주는 행위는 팔로어의 몸값을 높여주는 일을 훨씬 넘어선다. 그 너머에는 조직의 성과가 있고 리더 자신의 성과가 있다. 그래서 팔로어 육성 노력은 아무리 강조해도 지나침이 없는 것이다. 팔로어의 능력을 효과적으로 키워주기 위해서는 다음의 사항을 숙지해야 한다.

첫째, 코칭을 한다. 아직도 코칭을 '가르쳐주는 것'으로 생각하는 리더들이 많다. 코칭은 아는 사람이 모르는 사람을 가르쳐주는 방식이 주가 되는 교육이나 훈련과는 성격을 달리한다. 리더가 하는 코칭은 팔로어 스스로 자신의 잠재력을 끄집어내어 활용할 수 있도록 도와주는 일이다. 병아리가 나오려고 껍질 안에서 건드리는 부위를 어미 닭이 밖에서 동시에 쪼아 병아리가 알 깨는 것을 도와준다는 줄탁동시라는 한자숙어가 코칭을 그대로 대변해준다. 이제는 직장에서도 코칭의 도입이 시급하다. 잠재능력은 풍부한데 이것을 스스로 꺼내어 활용하지 못하는 팔로어들이 여기저기 산재해 있기 때문이다. 리더는 이들을 도와줘야 한다.

코칭은 리더의 질문, 경청, 피드백이라는 세 가지 행위를 통하여 팔로어의 능력을 키워주는 것이다. 지구 전체인구 70억 명의 0.22%인 1,500만 명 정도밖에 안 되는 유대인이 노벨 과학상의 30%를 휩쓰는 배경에는 그들의 질문 능력이 자리 잡고 있다. 질문은 이렇게 대단한 능력을 발휘한다. 이러한 질문을 통해 팔로어에게 무엇이 문제인지, 어떤 의도를 가지고 있는지, 궁극적인 목표는 무엇인지 등을 확인한다. 팔로어의 머리와 마음속을 자극하는 질문을 하게 하면 팔로어는 이에 답을 하기 위해서 다양한 생각들을 머리에서 끄집어낸다. 이런 상황에서 진심으로 공감을 표하며 귀를 크게 열고 팔로어의 말을 경청하면 팔로어는 신이 나서 마음까지 열어 진솔한 생각과 아이디어를 마구 쏟아낸다. 이때 팔로어가 말한 내용을 바탕으로 한 리더의 견해를 팔로어에게 피드백해주면 팔로어가 그동안 아깝게 가지고만 있던 잠재적인 능력이 드디어 활용 가능한 현재적인 능력으로 화려하게 바뀌는 것이다. 코칭은 리더의 팔로어 육성 행위의 백미라고 할 수 있다.

둘째, 멘토링을 한다. 멘토링은 리더가 자신의 노하우나 지식을 팔로어에게 가르쳐주는 형태를 취한다. 코칭은 팔로어 육성 행위의 주체가 팔로어이지만 멘토링은 리더가 된다. 원리에 따라 제대로만 한다면 코칭이 팔로어를 육성하는 데 멘토링보다 효과적이지만 급박하게 돌아가는 업무현장의 현실과 그간의 관행을 감안하면 멘토링을 무시할 수가 없다. 코칭이 언제 어디서나 통하는 만병통치약은 아닌 것이다. 그래서 단기성과를 추구해야 만 하는 조직은 코칭과 멘토링을 적절히 배합하여 활용하여야 한다.

조직에는 업무처리가 능란한 고참 팔로어도 있지만 아직 자생력이 떨어지는 신참 팔로어도 있다. 이들에 대해서는 리더가 밀착해서 멘토링으로 육성해야 한다. 기초가 약한 팔로어에게 "알아서 해봐라." "잘할 수 있을 거야."라고만 한다면 그것은 방치하는 것이나 다름없다. 상급부서에서 리더에게 먼저 내려오는 최신 업무 지침, 팔로어가 접하기 힘든 업무 관련 고급 정보나 노하우는 고참, 신참할 것 없이 요긴한 것들이다. 이런 것들을 잘 챙겨서 팔로어에게 알려주는 것 역시 리더의 중요한 팔로어 육성 업무 중의 하나이다.

셋째, 자기계발 기회를 부여한다. 쓸 만한 지식과 노하우가 쏟아져 나오는 것에 비례해서 해결해야 할 과제는 더욱더 복잡해져 가고 있다. 또 아무리 좋은 지식이라도 효용가치는 3년이 지나면 2분의 1로 떨어지고 10년이 지나면 8분의 1밖에 남지 않는다고 한다. 그야말로 지금은 배움을 위해 총력전을 벌이지 않으면 업무현장에서 살아남기 힘든 때이다. 이러한 중차대한 배움을 담보해주는 가장 확실한 방법은 다름 아닌 팔로어 스스로 지식과 노하우를 챙기는 자기계발이다. 그런데 중요한 것은 직장 안에서의 자기계발 성과는 리더가 얼마나 관심을 가져주느냐에 따라서 상당부분 좌우된다는 것이다.

성과를 내야 하는 조직에서는 당장의 일에 치여서 팔로어의 자기계발을 충분하게는 챙겨주지 못할 가능성이 높다. 그렇다 하더라도 리더는 중장기적인 안목을 가지고 팔로어의 자기계발에 관심을 가져야 한다. 당장 하는 일에 지장 없다고 여유 부리는 팔로어에게는 관심을 넘어 핀잔을 주어서라도 자기계발을 부추길 필요가 있다. 리더는 부서일 바쁘다는 핑계로 배움의 꿈을 가지고 회사 연수원으로 향하는 팔로어를 붙잡아서는 안 된다. 그리고 지나친 회식이나 단합행사가 퇴근시간 이후 벌어지는 팔로어의 자기계발 활동을 위축시키지나 않은지 리더는 살펴야 한다.

넷째, 공평하게 육성한다. 조직에는 우수한 팔로어가 있는 반면에 능력이 떨어지고 성과가 부진한 팔로어가 있다. 이들은 상사가 교육 및 육성 대상으로 잡는 주요 타깃이다. 무언가 부족하니까 대상이 되는 것은 어찌 보면 당연한 일이다. 이들 외에 조직에 기여하는 정도가 매우 높은 팔로어 역시 리더가 빚진 것처럼 특별히 육성을 챙기는 대상이다. 문제는 리더의 육성 행동이 이들에게 집중되고, 이로 인해 중간에 어정쩡하게 위치해 있는 팔로어가 리더의 육성 대상에서 제외되는 현상이다. 이러한 불공평한 리더의 육성 행동은 조직의 중장기적인 성과를 고려했을 때 매우 바람직하지가 않다.

리더의 육성 대상에 차별이 있어서는 안 된다. 잘나가는 A급 팔로어는 일단은 실력이 있다고 볼 수 있기 때문에 육성의 후순위에 놓아도 큰 무리가 없다. 그 팔로어는 고성과로 이미 제도를 통한 반대급부를 누리는 상황이기 때문에 리더의 육성을 위한 애정에 대해서는 큰 감흥을 느끼지 못할 가능성도 있다. 기여도가 큰 A급 팔로어에게 더 베풀고자 했던 육성 노력을 차라리 중간에 있는 B급 팔로어에게로 돌리는 것이 현명하다. 이들 B급 팔로어는 일반적으로 일과 생활의 균형을 중시하는 특성을 가지고 있다. 일과 생활의 균형이란 말처럼 아름다운 표현도 없지만 여기에 지나치면 직장에서는 항상 B급에 머물러 있을 수밖에 없다. 하지만 이들은 잠재능력을 가지고 있기 때문에 육성을 위한 리더의 자극이 조금만 가해져도 A급으로 이동할 수 있고, 그렇게 되면 리더의 일도 한결 수월해지게 된다.

> 오케스트라 지휘자 자신은 정작 아무 소리를 내지 않는다. 다른 이들 속에 잠자고 있는 가능성을 깨워서 꽃피게 해줄 뿐이다.
> ─ 벤 젠더(보스턴 필하모닉 지휘자) ─

chapter 04
칼자루도 때로는 넘겨줘라

권한은 리더의 전유물이 아니다

　동물 세계에서 제왕은 역시 사자와 호랑이이다. 용맹성에 있어서는 워낙 난형난제이다 보니 사람들은 어느 하나를 유일한 제왕으로 딱히 결정하지 못한다. 그러나 중세의 왕과 영주들은 자신들의 문장이나 방패에 새겨 넣는 동물로 호랑이보다 사자를 더 선호했다. 호랑이는 지나치게 사납고 상대를 가리지 않고 덤벼드는 습성이 있어 힘과 함께 여유와 관용을 보여야 할 리더인 자신들의 상징으로는 적합하지 않다고 보았기 때문이다. 이런 점에서는 사자가 제격이었던 것이다. 사자 중에서 우두머리 급 사자는 사냥이나 웬만한 일들은 아랫것들에게 맡긴다. 무리의 주도권 쟁탈전 등 굵직한 싸움에는 나가지만 쓸데없는 싸움은 하지 않는다. 그리하여 자신은 당당히 초원의 왕으로 군림한다. 이렇게 사자가 백수의 제왕으로 빛나는 데에는 위 계층에 있는 사자는 리더 고유의 일에 치중하고, 자신의 일이기는 하지만 아래 사자도 할 수 있는 일은 그들에게 적당히 위임하는 시스템이 크게 한몫을 하고 있는 것이다.

사람이 사는 세계도 이와 크게 다를 바 없다. 리더가 리더로서 빛나고 조직의 성과가 극대화되기 위해서는 비록 리더의 일이라 하더라도, 그리고 리더에게 특별히 주어진 권한이라 하더라도 팔로어에게 적절히 위임하여야 한다. 일찍이 노자도 도덕경에서 군주들에게 직접 나서서 간섭하지 말고 각자 맡은 관직에 적당한 인재를 배치하여 그들에게 일임하라고 가르친 바가 있다.

정점에 있는 리더 한 사람이 대부분의 권한을 틀어쥔 상태에서 수직적으로 일사불란하게 움직여도 성과를 보장받을 수 있었던 시대는 지나갔다. 환경이 급변하여 모든 것이 불확실한 21세기 초경쟁 상황에서는 작은 조직, 큰 조직 할 것 없이 리더에게만 권한이 집중되어서는 조직에 주어진 과업을 어느 것 하나도 제대로 해내기 어렵다. 리더 한 사람의 역량이 결코 전지전능할 수 없기 때문이다. 그래서 상하좌우의 모든 조직구성원이 각자가 스스로 알아서 의사결정하고 실행하는 권한위임이 필요한 것이다.

권한위임이 잘만 이루어지면 리더와 팔로어에게 여러 가지 혜택이 주어진다. 리더는 리더 고유의 일에 보다 더 충실하면서 더 많은 일을 할 수 있다. 팔로어는 그가 리더와 함께 권한을 나누었다는 생각만으로도 일의 의욕과 자신감이 솟고, 권한을 집행하는 과정에서 많은 것을 새로이 배울 수 있다. 팔로어가 소속감과 주인의식을 갖게 되는 것도 리더에게는 큰 소득이다.

실무적인 일들을 특별나게 잘하는 것은 결코 리더의 자랑이 아니다. 리더는 오케스트라의 지휘자처럼 다양한 업무를 하나의 성과로 엮어내는 일을 해야 한다. 그러려면 작은 성과를 내는 일은 과감하게 팔로어에게 위임할 필요가 있다. 세계적인 소비재 회사인 유니레버의 아시아, 아프리카, 중동부유럽 담당 회장을 역임한 허리쉬 만와니Harish Manwani는 권한 위임을 통한 인재양성과 성과창출을 강조하면서 "부하들에게 권한을 위임해서 능력을 발휘할 수 있도록 밀어줘야 하고, 혹시 실수로 벼랑에서 떨어지게 되면 끝까지 일어날 수 있도록 도와줘야 한다."고 하였다.

일전을 벼르고 있는 팔로어는 권한을 갈구한다

이렇게 권한 위임이 중요한 데도 불구하고 많은 리더들은 권한 위임을 꺼린다. 팔로어의 역량이 부족해서 업무를 추가로 맡기면 제대로 못 할 것이라는 불안, 자신이 이제껏 열과 성을 다했던 일에 대한 아까움, 자신의 능력이 조직 내 그 누구보다 뛰어나다는 자만심, 일을 맡겨서 다른 사람이 더 잘하게 되면 내 위치가 흔들리지나 않을까 하는 불안감 등이 리더가 팔로어에게 권한 위임하는 것에 브레이크를 건다. 그러나 이러한 리더의 사고는 주인처럼 행동하는 팔로어 대신 늘 지시에 따라 이리저리 흔들리는 머슴 같은 팔로어로 만들어 조직의 부속처럼 살아가게 할 뿐이다. 이러고도 조직의 성과와 자신의 발전을 기대하는 것은 어불성설이다.

그러나 이러한 권한 위임 방해요인을 극복하고 빛나는 성과를 올리며 발전을 거듭하는 기업이나 사람들도 많다. 100년 전통을 자랑하는 샤넬의 창업주 가브리엘 샤넬Gabrielle Chanel이 37년간 이용한 것으로 유명한 호텔체인 리츠 칼튼이 있다. 이 호텔은 미국 상무부가 1988년부터 최고의 제품생산, 서비스기업에 수여하는 '맬컴 볼드리지 국가 품질상'에서 모든 서비스기업을 통틀어 지금까지 2차례나 수상했는데, 이런 기업은 리츠 칼튼이 유일하다. 이 호텔에서는 객실 청소원이든 도어맨이든 상관없이 직원이 고객을 위해서라면 사용 횟수에 제한 없이 2,000달러까지 마음대로 쓸 수 있다. 말단의 직원에게 현장의 문제를 스스로 해결할 수 있도록 한 파격에 가까운 권한 위임이 오늘날 세계적인 호텔로 존재하는 데 밑거름이 되고 있는 셈이다.

오늘날 권한 위임에 불안해하는 리더들은 삼국지로 잘 알려진 고대 중국 촉나라의 황제 유비가 어떠한 리더십을 발휘했는지에 주목할 필요가 있다. 유비 밑에는 익히 알려진 제갈공명, 관우, 장비, 조자룡 등의 부하가 있었다. 유비는 이들에게 대부분의 권한을 위임하고 본인은 이들이 가진 각기 다른 능력을 통합으로 극대화시켜 최고의 조직시너지를 만드는 데 주력하였다. 제갈공명은 유비가 죽은 후에도 자신의 건강을 해치면서까지 촉나라를 위해 몸을 던져 위나라를 공격하였다. 유비의 권한 위임 리더십이 부하로 하여금 목숨을 걸고 싸우게 만들었던 것이다.

사실 사람은 원래 일을 하고자 하는 동기를 누구나 가지고 있다. 특히 갓 입사한 직장의 신입 팔로어들이나 새로운 부서로 배치 받은 팔로어들은 '청운의 뜻'을 품고 일전을 벼르고 있는 사람들이다. 문제는 타성에 젖은 조직이나 관료적 마인드를 가진 리더이다. 팔로어의 능력 등 변화하는 상황을 그때그때 고려하지 않고 권한의 범위를 단단하게 고정시켜 놓기 때문에 팔로어가 끓어오르는 업무 의욕을 불태우지 못하는 것이다.

믿고 맡겨라

　권한위임을 잘하여 팔로어의 업무의욕을 진작시키고, 이를 통해 리더가 원하는 목표를 달성하기 위해서는 다음의 사항을 숙지해야 한다.

　첫째, 믿고 맡긴다. "이 친구가 내가 했던 것처럼 할 수 있겠어? 공연히 일만 더 늘어나는 거 아냐?" 많은 리더들이 팔로어에게 일을 넘기면서도 이처럼 의구심을 떨치지 못한다. 그러나 작금의 지식정보화시대를 살아가는 팔로어들은 과거의 팔로어와는 사뭇 다르다. 리더를 놀라게 만드는 능력이 출중한 팔로어들이 상당히 많다. 그렇다고 해도 전체적인 능력으로 봐서는 물론 리더만은 못할 것이다. 그러나 그들을 인정하는 데 인색해서는 권한위임을 통한 성과 극대화는 요원한 일뿐이다.

　팔로어의 능력을 믿어라. 만일 못 미더우면 먼저 평이한 업무를 주어서 수행능력을 테스트해 보는 것도 한 방법이다. 여기서 통과되면 업무를 과감히 넘겨준다. 중요한 것은 이때 일과 함께

의사결정 권한까지도 넘겨주어야 한다는 것이다. 권한이 주어지지 않은 일을 하는 팔로어는 대개 자신의 일이 아니라 리더의 일을 해주는 것이라고 생각하기 때문이다. 이런 상황에서는 효과적인 업무수행을 기대하기 어렵다.

둘째, 선별해서 위임한다. 지식정보화시대와 학력올인시대가 팔로어의 평균능력을 끌어올리고 있는 것이 사실이다. 그렇더라도 업무현장에서는 팔로어 간의 능력 차이가 엄연하게 존재한다. 그리고 팔로어들은 그들의 취향과 전공에 따라 만들어진 나름대로의 주특기가 있다. 그래서 리더는 그들의 능력 정도와 주특기를 사전에 잘 살펴야 한다. 능력 없는 팔로어에게 권한을 위임하는 것은 폭풍우가 몰아치는 바다 한가운데에서 견습 항해사에게 배의 키를 맡기는 것이나 다를 바 없다.

그래서 리더는 팔로어가 업무를 위임받을 수 있는 기본적인 능력이 있는지, 특별히 잘하는 분야는 어떤 분야인지를 정확히 확인한 뒤에 권한 위임의 대상 팔로어를 결정해야 한다. 할 만할 것 같다는 감으로 대상자를 선정하여 섣불리 권한을 위임하는 것은 대단히 위험하다. 안타깝게도 요즘의 직장은 시행착오를 여러 번 겪어도 좋을 만큼 리더에게 여유를 주지 않는다. 그리고 위험 부담이 큰 고난도의 업무, 화급을 다투는 업무는 함부로 넘기지 말아야 한다. 권한위임을 잘못하면 한두 사람이 아니라 부서 전체가 망가질 수가 있다.

셋째, 위임업무를 지나치게 간섭하지 않는다. 사실 잘된 권한위임의 열매가 달콤하다 해도 팔로어에게 선뜻 의사결정 권한을 넘겨주는 것은 리더에게 결코 쉬운 일이 아니다. 불안을 유발한다. 그래서 불과 몇 시간 전에 일을 넘겨주고도 지나가다 만나면 "어이 김 과장, 그거 어떻게 됐어? 잘 돼가는 거야?" 하고 물어보면서도 이내 "아니야, 됐어." 하며 리더가 멋쩍게 웃는 일이 일어난다. 또는 부지불식간에 리더 본인이 결정을 내리려 한다. 이렇게 되면 위임한 업무와 의사결정권한을 다시 빼앗아오는 것이나 다를 바 없다.

일단 권한을 위임했으면 인내심을 가지고 팔로어를 기다려줘야 한다. 불안해할 수 있는 시간이 있거든 의미 없이 시간 낭비하지 말고 그 시간에 리더의 일에는 문제가 없는지 돌아보는 것이 차라리 낫다. 위임했다고 해서 과신하거나 손 털고 내버려두라는 얘기는 아니다. 팔로어는 어디까지나 팔로어다. 아무리 실력이 있어도 업무에 관한한 리더보다는 한 수 아래에 있다는 사실을 잊어서는 안 된다. 미국 하버드대학교의 크리스 아지리스 Chris Argyris 명예교수는 이와 관련해서 권한을 위임한다는 것이 팔짱 낀 방관자가 되라는 말은 아니라고 하면서 다음 네 가지를 짚으라고 충고한다. 그것은 동기유발 유도, 방향 제시, 소요자원 제공, 피드백 제공 등이다.

넷째, 권한위임에 대한 보상을 준다. 팔로어에게 일을 넘겨줄 때는 상황에 따라 그에게 권한 외에 보상이 주어지도록 해야 한다. 만일 리더가 할 일을 팔로어가 대신 한다면 팔로어도 얻는 게 있어야 하지 않겠는가? 권한이 매력적이긴 하지만 권한위임이 일과 함께 가는 것이기 때문에 어떤 팔로어에게는 그것이 부담으로 여겨지기도 한다. 이러한 상황에서는 위임받은 일을 잘하게 하기 위한 리더의 동기부여 행위가 필요하다. 물론 위임된 업무를 수행하는 과정에서 팔로어가 얻는 이익이 있기는 하지만 보상을 그것과 결부시켜서는 안 된다.

피드백 과정을 통해서 팔로어의 업무스킬을 확인하고 부족한 부분은 리더가 채워줘서 한 차원 높은 능력으로 승화시켜줘야 한다. 즉 팔로어에게 향후 무기가 될 수 있는 능력을 특별히 만들어주는 것이다. 임무수행의 정도에 따라 희망하는 보직에 배치될 수 있도록 배려해주거나 승진을 용이하게 해주는 것도 팔로어의 추가업무에 대한 의욕을 진작시킬 수 있는 중요한 보상이다. 위임받은 일에 남다른 성과를 내어 회사의 핵심인재로 천거라도 된다면 팔로어에게는 이만한 보상도 드물 것이다.

> 권한 위양은 연날리기와 같다. 부하직원의 능력이 약하면 연줄을 당겨야 하고, 강하면 놓아야 한다. 뛰어난 리더는 연 만드는 기술자가 아닌 연날리기의 고수가 되어야 한다.
>
> — 린정다(林正大, 중국의 국제전략 전문가)

chapter 05

불편부당不偏不黨하게 살아라

공정은 일의 의욕을 유쾌하게 자극한다

이 회사에는 승진에 유리천정이 존재하지 않는다. 누구라도 능력만 있으면 사장까지도 올라갈 수 있다. 고졸의 흑인으로서 현장에서 화물을 나르는 핸들러Package Handler 출신의 마이클 더커 Michael Ducker 회사대표가 이를 입증해준다. 각종 복지혜택에서도 직원의 나이, 성별, 인종, 학력에 관계없는 동등한 대우가 제도적으로 보장된다. 상사의 명령이나 평가가 불공정하다고 느낄 때 회사에 언제나 호소할 수 있는 심의제도를 운영한다. 심의대상에 올라간 상사의 직무는 즉시 정지된다. 그야말로 모든 것이 직원에게 공평하고 공정하다. 이러한 공평과 공정주의는 창업자 프레드릭 스미스Frederick W. Smith의 경영철학과도 맞닿아 있다. 그러다 보니 이직율은 세계 최저 수준이고 직원들의 일에 대한 열정이 하늘을 찌른다. 미국 경제주간지 포춘이 해마다 선정·발표하는 '존경 받는 기업' 리스트에서 언제나 상위권에 랭크된다. 이 회사의 이름은 무엇일까? 다름 아닌 세계 1위의 물류 특송 회사 페덱스이다.

이처럼 공평과 공정이 일하고자 하는 열의에 미치는 영향력은 대단하다. 기회부여가 공평하지 않고 결과에 대한 평가가 공정하지 못한 상황에서 의욕적으로 일하고자 하는 사람이 누가 있겠는가? 게임의 룰이 공평하고 성과에 대한 배분이 공정하면 자신에게 돌아올 이익을 생각하며 사력을 다해 일전을 치러보고자 하는 게 사람이다.

세계적인 베스트셀러『정의란 무엇인가』의 저자이자 미국 하버드대학교 정치학과 교수인 마이클 샌델Michael Sandel이 한국에 온 적이 있다. 정의에 대한 그의 강의를 듣고자 참가 신청이 빗발쳤고 엄청난 사람이 강의장에 몰렸다. 샌델은 "한국 사람들이 정의에 대해 이렇게 관심이 많은 줄 몰랐다."며 놀라움을 표시하였다. 정의란 대체 무엇인가? 정의라는 단어는 다름 아닌 공평, 공정과 맥을 그대로 같이하는 단어이다. 결국 사람들은 공평과 공정에 민감하고 매우 큰 관심을 보이고 있는 것이다.

어디 이뿐인가? 지금 경제민주화에 대한 논의가 뜨거운데, 한국경영학회의 조사에 따르면 경영학자들이 꼽고 있는 경제민주화의 올바른 방향의 첫 번째는 '공정경쟁시스템'으로 나타났다. 예서 제서 공평과 공정이 화두가 되고 있음을 알 수가 있다. 그래서 조직에서 리더가 공평과 공정을 무시하고 일하다가는 그대로 무능한 리더로 낙인찍히게 되는 것이다.

직장에서도 마찬가지이다. 직장에서 '부귀영화'로 향하는 길은 피라미드 모양을 하고 있기 때문에 그 어느 곳보다도 경쟁이 치열하다. 이러한 경쟁 때문에 누구보다 친해야 할 입사동기들끼리도 격전이 벌어지는 일이 비일비재하다. 이러한 상황에서 만일 리더의 관리 미숙으로 기회부여 불공평, 평가 불공정의 불상사가 발생되면 그 조직은 분란의 소용돌이에 빠질 수밖에 없다. 그래서 리더는 공평, 공정관리에 늘 촉각을 곤두세워야 한다. 서강대학교 경영대학장 및 경영전문대학원장으로 있는 민재형 교수는 리더의 자격으로 공정성, 책임감, 민첩성, 추진력의 4가지를 꼽고 있는데 공정성을 맨 앞에 두고 있다. 즉 전문가들도 리더십의 핵심으로 리더의 공평과 공정 관리능력을 꼽고 있는 것이다.

기울어진 저울을 믿을 리 없다

리더들은 수평을 이룬 저울처럼 공평과 공정을 실천하기 위해서 자신의 양심과 경륜에 따른 기준과 조직의 원칙에 의거해서 나름대로 노력한다. 그리고 자신의 행동이 불공정보다는 공정에 가까울 것이라고 생각하는 것이 일반적이다. 그러나 안타깝게도 이와 관련된 조사 결과는 리더의 기대와는 상당히 다른 모습을 하고 있다. 몇 년 전 LG경제연구원이 직장인 556명을 대상으로 실시한 조사를 보면 직장인 4명 중 1명은 "내 실력에 비해 낮은 평가를 받고 있다."고 불만을 토로하는 것으로 나타났다. 즉 적지 않은 직장인들이 리더의 평가가 불공정하다고 인식하는 것이다. 이 조사결과는 리더의 팔로어에 대한 공정 관리에 있어서 일정 부분 문제가 존재하고 있음을 시사한다.

사실 강도의 차이는 있지만 대부분의 리더들은 공평과 공정을 해치는 행위를 알게 모르게 하고 있다는 것을 부인할 수는 없을 것이다. "사람 사는 사회에서 그럴 수도 있는 거지." "나만 그런가?" 하는 생각들이 공정한 리더가 되고자 다짐한 마음을 약하게 만든다. 그래서 팔로어들을 호好, 불호不好를 따져 두 편을 가르거나 능력이 있는 데도 불구하고 고정관념에 젖어 오판한다. 때로는 연고주의자처럼 행동하고 최근에 일어난 일만 가지고 판단하기도 한다. 특히 앞서도 언급하였지만 리더십 분야의 석학으로 꼽히는 프랑스 인시아드 경영대학원의 장 프랑수아 만조니Jean Francois Manzoni 교수는 팔로어에 대한 오판의 폐해를 '필패신드롬'이라는 말로 경고하고 있다. 오판하다가 아무렇지도 않은 팔로어를 실제로 무능력하게 만든다는 것이다.

팔로어는 리더의 일거수일투족을 예의주시하고 산다. 리더의 동향을 살피는 것은 어쩌면 자기 자신의 생존을 위한 자연스런 행동일 수도 있다. 그러다 보니 리더가 팔로어에 대해 아는 것보다 팔로어가 리더에 대해서 아는 것이 훨씬 더 많다. 이런 상황에서 만일 리더가 자신에게 불공정하게 불이익을 주었다는 것을 해당 팔로어가 발견한다면 일에 대한 의욕 감소는 물론이고 때에 따라서는 그 리더를 증오하거나 애써 얻은 직장마저도 던져버리고 나갈지도 모른다. 실제로 업무현장에서는 이런 일로 인해 팔로어가 리더에게 대드는 낯 뜨거운 장면들이 종종 목격된다. 그래서 리더는 직장 정의 실현을 위해 항상 노력해야만 하는 것이다.

공평을 평등으로 착각하지 마라

팔로어가 일에 대한 동기를 스스로 끄집어낼 수 있도록 리더가 공평하고 공정한 관리를 하기 위해서는 다음의 사항을 숙지해야 한다.

첫째, 의사결정은 객관과 합리를 따른다. 공정하다는 인식이 깨지게 되는 주요 이유 중의 하나는 리더가 설득력을 가진 객관과 합리는 멀리하고 남들에게 "도대체 근거가 뭔데?"라는 의문을 품게 할 수 있는 주관을 가까이하기 때문이다. 나라에 헌법이 있고 법률이 있듯이 보통의 조직에는 원칙과 규정이 엄연하게 존재한다. 팔로어들이 공감할 수 있는 관행도 있다. 여기에 따라서 의사결정을 하면 설령 손해 보는 팔로어가 있다 하더라도 리더를 부당하고 편파적인 사람으로까지 전락시키지는 않는다.

공평과 공정을 다룰 때는 우뇌형보다는 좌뇌형 사고가 필요하다. 다시 말해 해결과제를 감성보다는 이성적으로 바라보아야 한다. 그리고 팔로어와 직접적인 이해관계가 걸려 있는 사안에 대해서 결정을 내릴 때는 주관을 최대한 배제한다. 원칙, 규정, 공감 받는 관행을 따르는 것이다. 그렇다고 소신까지 접으라는 얘기는 아니다. 또한 원칙을 적용할 때는 철저하게 일관성을 유지해야 한다. 동일한 건에 대해서 A팔로어에게는 C라는 잣대를, B

팔로어에게는 D라는 잣대를 들이대면 결과가 공정치 못할 것은 자명하다. 일주일 전에 적용한 잣대하고 오늘 적용한 잣대가 다른 것도 문제가 되는 것은 마찬가지이다.

둘째, 기회를 공평하게 부여한다. 2002년 월드컵에서 한국축구를 세계 4강으로 올려놓았던 주역 거스 히딩크Guus Hiddink 감독은 월드컵 본선에 나가기 전 한국팀을 훈련시키며 이런 말을 했다. "한국식의 엄격한 선후배 질서는 그라운드에서 해악이다. 선배가 일방적으로 지시를 내리고 후배는 고스란히 따르거나 선배라고 해서 특별히 대우받는 것은 말이 안 된다. 그라운드에서는 누구나 동동하다." 그 후 그는 선배, 후배 할 것 없이 능력에 따라 주전을 결정하고 포지션을 결정하였다. 한국축구는 그 당시 전무후무한 새로운 역사를 창조하였다.

간혹 공평을 평등으로 착각하는 경우가 있는데, 평등과 공평은 완전히 다르다. 능력이 있든 없든 기회를 주는 것이 평등이고 능력에 따라 다르게 기회를 주는 것이 공평이다. 직장은 능력에 따라 차별화된 명예와 부를 창출할 수 있기 때문에 매력 있는 곳이다. 따라서 기회는 어디까지나 공평하게 제공되어야 한다. 다만 출발 선상에서 1등 했던 사람이 계속 1등을 하게 되는 구조의 기회제공이라면 리더는 이를 조정해야 한다. 즉 패자도 부활전을 치를 수 있도록 배려하는 것이다. 어쩌면 이것이 진정한 공평일 수도 있다.

셋째, 정기 인사평가를 공정하게 한다. 조직에서 리더가 팔로어를 평가하는 항목은 서면으로 평가하는 중요한 것부터 시작해서 눈으로 평가하는 소소한 것까지 실로 다양하다. 그중에서 팔로어가 가장 중요하고 민감하게 생각하는 것이 정기적으로 실시되는 인사평가이다. 대부분 리더의 인사평가 점수로 팔로어의 명예와 소득이 결정되기 때문에 그것은 당연할 수밖에 없다. 그래서 공정한 인사평가는 아무리 강조해도 지나치지 않는다.

"학교 동문이니까." "동향同鄕이니까." "심복이니까." 등의 정실에 의한 인사평가는 공정한 인사평가를 해치고 다른 팔로어의 일에 대한 열의를 떨어뜨리는 주범이다. 팔로어들은 리더의 주변을 아주 잘 안다. 그래서 정실에 의한 평가는 리더를 강하게 유혹하지만 팔로어들에게 들키는 1순위이다. 자신의 선입견, 동료나 팔로어로부터 들은 뒷담화도 공정한 인사평가에 악영향을 준다. 인사평가를 적용하는 기간이 별도로 있는데 엊그제 평가대상 팔로어가 자신을 기분 나쁘게 만든 일 한두 가지를 가지고 평가하는 감정평가는 해당 팔로어를 일거에 망가뜨릴 수 있어 조심할 일이다. 또한 팔로어가 리더를 평가하는 다면평가에 영향을 줄까 싶어 겁먹고 봐주는 계산적 평가는 오로지 불량평가일 뿐이다.

넷째, 공정하게 보상한다. 지금은 경쟁에 묻혀 사는 시대이다 보니 절대평가에 의한 결과보다 상대평가에 의한 결과에 따라 희비가 더 엇갈린다. 내가 월급을 천만 원 받았는데 동료가 천백만 원을 받으면 씁쓸하다. 월급 천만 원이 매우 큰 금액인데도 말이다. 물론 주는 사람 입장에서는 능력의 차이를 고려했겠지만 당사자는 동료보다 월급이 적다는 사실만으로 화가 난다. 사람의 심정이 이러하다 보니 팀에 내려온 작은 포상금이라 하더라도 불공정하게 배분이 이루어지면 이로 인해 큰 분란이 일어날 수 있는 것이다.

　포상금이든, 포상품이든 사전 또는 사후에 정한 공정한 배분 원칙에 따라 배분해야 한다. 조직에는 기여를 많이 하는 직원과 그렇지 못한 직원이 항상 공존한다. 배분 방식이 조금이라도 공정치 못하면 리더는 기여를 많이 한 직원의 반발로 곤혹을 치룰 수 있다. 그래서 배분 방식을 결정할 때는 기여도가 큰 팔로어를 각별하게 챙겨야 한다. 노력한 만큼, 공헌한 만큼 대가가 지불되는 조직은 구성원들이 열과 성의를 다하고 이에 따라 조직성과는 올라가기 마련이다.

　다섯째, 팔로어를 편애하지 않는다. 팔로어들은 리더의 일거수일투족에 대해 관심을 가지고 산다. 리더가 팔로어를 보는 것보다 팔로어가 리더를 더 자세히 잘 본다는 것은 익히 알려진 사실이다. 그러다 보니 팔로어들은 최근 리더하고 어느 팔로어가 술을 몇 번 마셨는지까지도 마음만 먹으면 다 알 수 있다. 리더가 특정 팔로어를 편애한 사실은 끼리끼리 모여서 커피 마시는 자리에서 무용담처럼, 자랑처럼 당사자 팔로어의 입에서도 나올 수도 있다. 이런 일이 잦아지면 리더로서 당연히 할 수 있었던 일조차도 왜곡되어 추문으로 확산될 수 있다.

　그래서 공평성을 잃은 상태로 특정 팔로어를 편애해서는 안 된다. 설령 업무적인 이유로 별도 지원을 해주고자 하는 팔로어가 있다 하더라도 가능한 보안을 유지하는 것이 좋다. 이유가 어떻든 리더가 편을 갈랐다고 여기는 순간부터 조직은 개인 간, 그룹

간 반목과 대립이 시작되고 종국에는 이것이 리더에게 부메랑이 되어 돌아올 수 있다.

단 한 사람의 마음도 불편하게 하지 않으려고 노력하는 것, 기여도와 상관없이 모두를 똑같이 친절하게 대하는 것, 리더의 이런 행동 때문에 정말로 미치는 쪽은 그 조직에서 가장 창의적이고 생산적인 사람들뿐이다.

— 콜린 파월(미국의 전 국무장관) —

chapter 06

마음에 보상해줘라

한 푼 안 들이고도 욕구를 꺼내줄 수 있다

나폴레옹 보나파르트Napoleon Bonaparte, 그는 유럽을 공격하기에 앞서 군사들의 투지를 올릴 수 있는 방법이 무엇인지를 고민한 끝에 하나의 방책으로 훈장을 만들어줬다. 훈장이 비록 장식품에 지나지 않는 작은 보상이지만 전장에서 병사들의 명예욕을 고취시켜 목숨을 걸고 싸우게 만드는 역할을 하리라는 것이 그의 생각이었다. 그래서 그는 전투의 승리에 기여한 병사에게 여러 가지 형태로 훈장을 수여하였다. 지금 프랑스 최고훈장인 '레종 도뇌르' 훈장도 이때 만들어졌다. 나폴레옹의 의도는 주효했다. 나폴레옹은 제1통령과 황제로 재위한 11년의 짧은 기간 동안 유럽 전역을 휩쓸었다. 나폴레옹이 "영웅인가?" "침략자인가?"와는 상관없이 비금전적 보상을 가지고 팔로어의 동기를 유발시켜 소기의 목적을 달성한 리더임에는 틀림이 없다.

사람이 무엇을 하고자 하는 데는 이러한 마음을 이끌어내는 동기가 있어야 하는데, 그 동기는 크게 내재적 동기와 외재적 동기로 분류된다. 의미, 즐거움, 성취감 등을 느껴 자발적으로 나타나는 내재적 동기가 외부적인 자극으로 유발되는 외재적 동기보다 더 큰 영향력을 발휘한다는 것은 주지의 사실이다. 그렇지만 어떤 일도 만만치가 않은 상황, 다시 말해 그 어느 때보다도 고난도의 일들이 직장인에게 주어지는 지금의 상황에서는 팔로어에 대한 동기유발스킬 적용이 편향되어서는 안 된다. 비빔밥이 멋진 한식 한류의 한가운데에 있는 것처럼 동기유발스킬의 '하이브리드화'가 필요하다. 그래서 외재적 동기유발도 매우 중요한 가치를 가지는 것이다.

사실 보상이라는 대가를 바라지 않고 직장에서 일하는 사람은 없다 해도 과언이 아니다. 미국에 있는 세계 인사담당 책임자그룹인 '코퍼레이트 리더십 카운슬CLC'의 조사결과도 이를 지지해 주고 있다. 사람들이 직장을 선택하는 기준으로 많은 급여, 복리후생, 승진 기회 등의 보상 유인이 가장 큰 비중을 차지한 것이다. 이렇게 보상을 바라고 사람들이 직장에 들어오는데 보상과 상관없이 '일하는 즐거움'만 가지고 일하라면 하겠는가?

이 보상에도 비금전적 보상이 있고 금전적 보상이 있다. 비금전적 보상에는 칭찬, 인정, 승진, 영전, 자기계발 기회 등이, 금전적 보상에는 급여인상, 인센티브, 포상품 등이 있다. 학계와 업무현장의 전문가들은 비금전적 보상의 영향력을 더 강조하고 그 활용을 권유하고 있다. 필자도 이에 동의한다. 특히 장기적 성과 창출의 관점에서는 팔로어의 마음을 움직여 의욕을 끄집어 낼 수 있는 비금전적인 보상이 다다익선多多益善이다.

모두들 개인의 이익을 향해 줄달음치는 상황에서 조직이 지향하는 목표를 달성하기 위해 리더가 팔로어의 마음을 얻고, 그것도 그 마음을 한 방향으로 모은다는 것은 사실 어렵고 고통스런 일일 수도 있다. 그러나 비금전적 보상을 잘만 활용하면 그 어려움을 상당부분 줄일 수 있다. 특히 칭찬, 인정 등을 팔로어 심리를 고려하여 지혜롭게 활용한다면 돈 한 푼 안 들이면서 큰 효과를 거둘 수 있다. 세계적인 심리학자 로버트 치알디니Robert Cialdini는 "일반적으로 사람들은 칭찬하는 말을 진실이라고 믿는 경향이 있다. 칭찬이 명백한 사탕발림일지라도 그러한 말을 사람들은 좋아한다."고 하였다. 직장 내 소규모 조직의 리더가 마음만 먹으면 언제라도 선택할 수 있는 칭찬과 인정이라는 보상이 팔로어들에게 얼마나 매혹적인지를 느끼게 한다.

칭찬은 팔로어를 춤추게 한다

비금적인 보상이 영향력 측면에서 금전적인 보상에 앞선다는 것이 주지의 사실인 데도 불구하고 직무현장에서의 활용에 있어서는 반대의 모습을 보이고 있다. 대한상공회의소가 전국 320개 기업 인사담당자들을 대상으로 실시한 핵심인재 관리에 대한 조사 결과에서는 기업이 승진(21.6%), 자기계발 기회 제공(16.6%) 등의 비금전적 보상을 연봉 인상(34.7%)과 성과급(34.1%) 등 금전적 보상보다 훨씬 적게 활용하는 것으로 나타났다. 이 정도라면 비금전적 보상 대비 금전적 보상의 활용 우위가 일반직원이라 해서 크게 다르게 나타날 것 같지는 않다. 물론 단기성과를 거두어야 하는 절박감이 반영된 이유도 있겠지만 더 큰 성과를 담보하는 비금전적 보상이 지나치게 후순위로 밀리는 것이 현실이다.

직장 내 조직에서도 유사한 현상이 벌어지고 있다. 상대적으로 나이가 많고 직급이 높은 리더 중심으로 팔로어에게 칭찬이나 인정으로 사기를 올려 주기는커녕 철 지난 '상명하복'을 과신하여 팔로어에게 "뭐 그 정도 가지고 난리야. 그런 건 우리는 옛날에 기본으로 했어." 하며 핀잔을 주어 일할 맛을 달아나게 한다. 그리고 감질나게 만들 정도의 포상금이 걸린 캠페인 벌여 놓고 "돈 준다는데 안하겠어?" 하며 기대감에 젖는다. 이렇게 구심력 대신 원심력만 만드는 리더가 이끄는 조직에서는 조직과 일에 대한 의욕에 불타는 팔로어를 발견하기란 대단히 어렵다.

그러나 능력 있는 리더는 자신의 권한범위 내에서 할 수 있는 보상은 물론 권한이 없어 상급부서에서 얻어내야 만하는 보상까지도 동원하기 위해 항상 고심한다. 결코 팔로어의 자발성에만 의존하지 않는다. 이렇게 해서 만들어진 보상책을 활용하여 팔로어의 발전, 리더 자신의 발전, 나아가서 조직의 발전을 도모한다.

필자는 오랜 리더생활을 하는 동안 조직에 기여하는 직원은 어떤 형태로든 그 노력과 기여에 대한 대가를 지불해줘야 한다는 신념을 가지고 여태까지 살아왔다. 그래서 적지 않은 직원들이 비금전적 보상을 통하여 희열을 느끼도록 만들었고 필자도 그들의 덕을 맛보았다. 그 보상에 대한 생각과 행동은 지금도 변함없이 직무현장에 적용하고 있다.

그렇지만 좋은 약도 과용하면 몸에 문제를 일으키듯이 보상도 정도를 지나쳐서 남용되면 폐해가 뒤따른다. 비금전적인 보상도 마찬가지이다. 리더는 결과에 치중하다 보니 노력도 없이 이루어낸 성과에 대해서까지도 극구 칭찬을 아끼지 않는 경우가 많다. 별 힘 안 들이고 성과를 이룬 팔로어에게 칭찬이 반복되면 칭찬이 나태함을 발동시켜 더 큰 도전목표가 나타났을 때 그 팔로어를 움츠리게 만들 수 있다. 그리고 별것도 아닌 일을 해놓고 힘든 척 하는 팔로어를 지나치게 위로하면 늘 자신의 목표를 자기 능력보다 낮게 잡는 버릇이 그에게 생길 수가 있다. 또한 능력이 있는데도 힘든 척하는 팔로어를 그대로 방치하면 그나마 있던 도전의지까지 식는다. 팔로어에게 보상을 주고 이에 대한 대가 회수를 '지상과제'로 삼는 리더의 자세도 문제가 된다. 팔로어의 마음을 움직여야 하는 판에 팔로어가 이러한 리더의 의도를 눈치라도 챘다면 그는 리더를 '욕심만 챙기는 리더'로 격하시키면서 이내 자신의 일에 대한 의욕을 접을지도 모른다.

명예에 살고 명예에 죽는 팔로어를 잘 챙겨라

리더가 팔로어에 대해 보다 효과적인 비금전적 보상을 실시하기 위해서는 다음의 사항을 숙지해야 한다.

첫째, 성과를 인정한다. 보상을 하기 위해서는 먼저 성과에 대한 인정이 선행되어야 한다. 보상할 거리로 합당한지를 평가하는 것이다. 인정의 대상으로서는 일상의 소소한 것부터 업적으로 인정될 만한 큰 성과가 있다. 그런데 많은 리더들은 부지불식간에 보상의 대상을 지나치게 좁히고 있다. 성과를 낸 것이라면 작은 일이든 큰일이든 누구나 잘했다는 소리를 듣고 싶어 하는 것이 인지상정인데, 보상의 대상을 축소하면 곧바로 팔로어의 사기저하로 이어질 수 있어 평가에 신중을 기해야 한다.

무언가 이룬 것은 가감 없이 보상거리로 인정해준다. 그리고 개인이 이룬 성과가 조직의 성과에 기여하는 지를 평가한다. 조직에서는 개인만을 위한 성과는 아무런 의미가 없기 때문이다. 1993년, 모두들 "IBM은 끝났다."고 할 때 구원투수로 들어온 루이스 거스너Louis V. Gerstner 회장은 회사성과에 기여하는 개인성과만 철저하게 인정하고 보상하였다. 이로 인해 회사의 이익과 연관시키지 않는 개인 이기주의가 사라지면서 무너져 가던 IBM은 기사회생하였다.

또한 실수라 하더라도 향후 발전을 담보할 수 있는 의미 있는 실수는 보상 받아 마땅하고, 다른 팔로어들의 '공증'이 있는 성과에는 더욱더 큰 가치를 부여하는 것이 당연하다. 그에 대한 보상은 모두가 흔쾌히 수용할 수 있기 때문이다.

둘째, 칭찬을 아끼지 않는다. 칭찬받은 사람의 뇌에서는 기쁨을 주는 도파민이라는 호르몬이 나와 기쁘게 해주고, 칭찬 받은 사람은 또다시 도파민을 얻고 싶은 본능에 따라 칭찬 받을 행동을 반복한다고 한다. 그러니 칭찬은 받는 사람에게는 핵심적인 보상이며 주는 사람에게는 그가 의도하는 바를 이루게 해줄 수 있는 중요한 도구라 아니할 수 없다. 세계적인 베스트셀러『해피니스 어드밴티지』의 저자인 숀 아처Shawn Achor의 실험도 칭찬의 위력을 확인시켜 준다. 그는 21일 동안 매일 팀원 중 한 명을 골라 업무에 대해 칭찬하고 6개월 후 팀의 성과를 측정했더니 실험을 실시하지 않은 다른 팀보다 31%나 성과가 높게 나온 것을 확인하였다.

리더가 주는 사무적인 칭찬은 팔로어의 마음을 움직이지 못한다. 팔로어가 진정이라고 느낄 수 있도록 감탄하며 칭찬해야 비로소 보상으로서의 효과를 발휘한다. 아기가 엄마의 감탄을 먹고 자라듯이 팔로어도 리더의 진심어린 인정과 칭찬을 먹고 능력을 키워나가는 것이다. 팔로어의 성과로 칭찬할 일이 생겼다는 것은 리더에게 감사할 일이 생긴 것이나 다름없다. 팔로어의 성과가 궁극적으로는 리더를 위하고 조직을 위하는 것이기 때문이다. 그래서 감사를 잊지 않고 생활해야 한다. 감사할 때 우리 몸속에 최고 양질의 엔도르핀이 생성된다 하니 칭찬하는 과정에서 감사를 아낄 필요는 전혀 없을 것 같다.

셋째, 명예를 만들어준다. 명예는 부와 함께 인간이 추구하는 양대 산맥이다. 부를 축적하기 위한 행동도 어쩌면 궁극적으로는 명예를 얻기 위함일지도 모른다. '드림 소사이어티Dream Society론'으로 널리 알려진 덴마크의 미래학자 롤프 옌센Rolf Jensen은 "미래 기업의 구성원들은 말 많고 탈 많은 스톡옵션보다 명예를 얻는 것을 더욱 중요시할 것."이라면서 명예를 갈구하는 현상이 더욱 심화될 것으로 전망하고 있다. 명예는 매우 가치 있는 보상의 하나임이 틀림없다.

직장에서는 이러한 명예를 특별히 중시하는 사람들이 있다. 대리에서 과장으로 진급하면 명예는 올라가지만 관리자라는 이유로 연장수당, 특근수당 등이 빠지게 돼서 전체 급여는 줄어드는 경우도 있는데, 그렇다 해도 명예를 중시하는 사람에게는 이러한 승진도 즐거운 일일 뿐이다. 이런 팔로어에게는 명예 중심적인 보상을 해줘야 한다. 제때의 승진, 특별승진, 높은 직책으로의 영전, 모두가 부러워하는 요직으로의 전보 등은 명예를 중시하는 팔로어가 아주 좋아하는 메뉴이다. 명예를 좋아하는 팔로어는 대게 자신의 명예는 물론 자신의 몸담고 있는 조직의 명예 역시 소중히 생각한다.

넷째, 자기계발 기회를 부여한다. 자기계발로 빚어낸 몸값은 현재의 직장에서의 무운장구는 물론 다음에 이어질지도 모르는 더 좋은 직장으로의 프리패스를 담보할 수 있는 결정적인 요소이다. 그래서 요즈음 직장인들의 자기계발에 대한 관심이 지대하다. 특히 지식정보화시대에서 직장을 시작한 세대들의 자기계발 열기는 매우 뜨겁다. 그래서 직장에서 퇴근 후 벌어지는 부서회식이나 단합대회는 어떤 이유를 대고서라도 빠지는 대신 스터디 모임, 자격증 학원, 외국어 학원, 대학원 등으로 직행하는 팔로어가 늘고 있는 것이다. 그렇기 때문에 많은 팔로어들이 자신에게 주어지는 더 많은 자기계발 기회를 최상급 보상 중의 하나로 여기고 있다.

회사의 교육명령으로 어차피 받아야 할 교육인데 당장의 부서 일 때문에 팔로어에게 교육을 다음 차수로 연기하라고 종용하는 일은 이제 그만두어야 한다. 업무력 향상교육이라면 찾아서라도 보내야 할 판국인데 이런 리더의 행위는 팔로어의 업무의욕을 떨어뜨릴 뿐이다. 일과 중 휴식시간이나 리더가 팔로어를 술집으로 집합시키고 싶은 퇴근 이후의 시간은 하루 24시간을 빡빡하게 보내는 팔로어에게 자기계발을 할 수 있는 매우 소중한 시간이다. 리더는 이 시간을 일 잘하는 팔로어에게 보상차원으로라도 고스란히 넘겨주어야 한다. 외부교육만이 능사는 아니다. 리더가 제공하는 최신 지식과 정보, 그리고 경력관리 코칭도 매우 가치 있는 보상이다.

나는 아버지로부터 수많은 유머로 칭찬과 인정을 받았는데, 단 한 번도 지겹거나 신물이 난 적이 없다. 그리고 그때마다 반드시 해낼 수 있다는 자긍심을 가질 수 있었다.

— 톰 피터스(미국의 경영학자) —

머리에 보상해줘라

당장의 성과극대화에는 사실 돈만 한 것이 없다

　우리나라 프로축구 경기에서 좀 색다른 광경이 목격되었다. 한 팀이 후반 10분을 남겨놓고 1대0으로 이기고 있었다. 승리가 굳어지고 있는 상황이었다. 이때 지고 있던 상대팀의 선수 한 명이 교체되어 맥 빠진 상태로 걸어 나가고 있었다. 그런데 이기고 있는 팀의 선수들이 그 선수 보고 빨리 나가라고 손짓하며 소리를 질러댔다. 보통 이런 상황에서는 이기는 팀이 시간을 끌기 위해서 지연전술을 쓰기 때문에 상대선수가 그렇게 해서 시간을 끌어주면 오히려 감사할 일이다. 그러나 이기고 있는 팀의 선수나 지고 있는 팀의 선수 모두 경기종료 직전에 와 있기 때문에 체력이 소진되어 지쳤으련만 이기는 팀의 모든 선수들은 끝나는 순간까지 이리 뛰고 저리 뛰고 정신없이 그라운드를 누볐다.

이상은 몇 년 전 프로축구 K리그에서 포항 스틸러스팀이 벌인 경기장면 중 좀 특이한 장면을 스케치한 것이다. 왜 이런 일이 벌어졌을까? 자세히 살펴보니 팀의 감독이 바뀌면서 박진감 넘치는 경기를 유도하기 위해 매너 있고 빠른 경기를 하는 선수의 경우 '출전수당'을 별도로 푸짐하게 지급하기로 한 것이 주효하였던 것이었다. 다시 말해 선수들은 달콤한 인센티브를 기대하고 비록 힘들었지만 경기종료의 순간까지 사력을 다해 뛴 것이다.

주지하다시피 외적인 영향력을 가지고 사람의 마음을 움직여 행동으로 옮기게 하는 대표적인 동인으로는 성과에 대한 금전적 보상과 비금전적 보상이 있다. 일반적으로는 비금전적 보상이 금전적 보상보다 더 큰 효과를 발휘한다고 얘기되고 있다. 그러나 모든 경우가 다 그런 것은 아니다. 칭찬, 명예, 특별승진, 자기계발 기회부여 등의 비금전적인 보상은 대부분 즉각적으로 동원하기가 어렵거나 그 효과를 얻으려면 어느 정도의 기간을 요한다.

반면에 금전적 보상은 즉각적으로 동원하기가 용이하고 당장의 효과를 기대할 수 있다. 그러다 보니 급박하게 성과를 요구받는 업무 상황에서는 금전적인 보상이 각광받게 되는 것이다. 최근 취업포털 잡코리아의 조사에서 중소기업 216개 사의 절대다수인 74.5%가 직원들의 성과관리에 가장 효과적인 방법을 금전적 보상이라 답한 것을 보면 이를 통해서도 금전적 보상의 선호도와 영향력이 어느 정도인지를 미루어 짐작할 수가 있다.

직장의 업무현장에서는 언제나 중후장대한 일만 있는 것이 아니다. 소소하면서도 중요한 일도 많다. 특히 계량화할 수 있는 실적을 챙기는 영업부서나 생산부서에서는 성과를 만들어내기 위해서 그야말로 번갯불에 콩을 볶아야 하는 상황이 빈발한다. 이런 상황을 제대로 대응하지 못하면 리더나 팔로어 모두 곤경에 처해질 수가 있다. 이런 때 우수 실적자나 조직에 대한 포상 캠페인을 '번개'로 추진하면 짧은 기간 내에 금전적 보상의 효과를 톡톡히 보면서 어려움에서 벗어날 수 있다.

연세대학교 경영학과의 정동일 교수는 보상으로 성과를 유도하는 행위를 '보상적 권력'이란 말로 표현하면서 "보상적 권력은 잘만 사용하면 부하들의 동기부여와 성과창출에 상당히 긍정적인 영향을 미칠 수 있다."고 말한다.

말로만 때우려는 리더가 너무 많다

금전적 보상을 중심으로 한 보상정책을 동원해서 거대한 도시의 어두운 분위기를 일거에 확 바꾼 리더가 있다. 바로 미국의 대통령 후보로까지 거론되었던 마이클 블룸버그Michael Bloomberg 뉴욕시장이다. 그는 목표를 달성한 부하들에게 파격적인 인센티브를 제공하였다. 인센티브 정책을 주변의 만류에도 무릅쓰고 학생들의 수업참여를 독려하기 위해 학교로까지 확대시켰다. 그가 실시한 이러한 보상정책은 무법지대인 뉴욕의 치안을 안전지대로 바꾸고 뉴욕을 활력 있고 건강한 준법의 도시로 변모시켰다.

직장 내의 일반적인 조직의 리더에게는 대규모 조직의 리더와는 달리 예산의 한계로 조직의 성과를 끌어올리기 위해 금전적 보상을 활용한다는 것이 사실 쉬운 일은 아니다. 그렇지만 능력 있는 리더들은 부서 예산으로도 다양한 포상 캠페인을 벌이고 이를 통해 성과를 올리며 생활한다. 이들은 항상 큰 돈만이 효과를 담보하는 것이 아니라는 것을 잘 안다. 만약 자신이 쓸 수 있는 예산으로 부족하다 싶으면 상급부서에 SOS를 쳐서라도 리더 개인 돈을 들이는 불상사 없이 금전적 보상을 활용하여 남다른 성과를 창출해 나간다. 리더의 상사는 이런 지혜로운 리더를 절대로 그냥 흘려보지 않는다.

그러나 비금전적 보상에 금전적 보상을 적절히 추가하면 성과를 더 높일 수 있는데도 오로지 "정말 잘했어. 자네 아니면 이 일을 누가 해냈겠어. 절대로 잊지 않겠네."만, 다시 말해 칭찬만 연발하는 리더도 있다. 이러 리더는 사람들이 본성적으로 가지고 있는 물질 욕구를 간과하는 리더다. 그래서 빠른 시일에 달성해야 하는 단기성과 창출에는 실패할 가능성이 높다. 이러한 단기성과 창출의 실패는 그것으로 끝나는 것이 아니라 거의 대부분 장기성과 창출에도 부정적인 영향을 미친다.

단순하고 반복적인 일, 단기적으로 해내야 할 일을 할 때에 금전적인 보상의 효과는 분명히 있다. 그러나 어떤 것이든 마찬가지이지만 긍정의 이면에는 부정적인 면도 있다. 동기분야의 권위자인 미국 로체스터대학교 사회심리학과의 에드워드 데시Edward L. Deci 교수의 실험은 이 점을 일깨워준다. 데시 교수는 실험 대상자들을 두 집단으로 나눠 일을 하게 한 다음 한 집단에만 기대하지 않았던 인센티브를 주었다. 그런 이후 두 집단의 업무 동기를 분석해 보았는데 오히려 인센티브를 받은 집단의 경우, 관심이 보상액에 몰려 업무 자체에 대한 관심이 줄어드는 결과를 가져왔다. 이 실험 결과는 금전적 보상을 잘못 활용하면 장기적으로 오히려 성과를 낮출 가능성이 있다는 것을 보여준다. 따라서 리더는 팔로어가 일의 흥미보다는 보상의 유혹에 빠지지 않도록 금전적 보상의 회수나 금액수준을 책정하는 데 유의해야 한다.

'총알' 확보에 주력하라

앞서 살펴본 대로 금전적 보상은 분명 팔로어의 일에 대한 의욕을 자극한다. 그래서 적절한 적용 시점을 선택하고 발생하는 부작용을 최소화시키도록 노력만 기울인다면 직장 내 조직에서 성과 향상을 위해 얼마든지 활용할 만하다. 금전적 보상을 효과적으로 실시하기 위해서는 다음의 사항을 숙지해야 한다.

첫째, 인센티브를 제공한다. 20세기 중반까지도 국가 경제체제이념으로서 서로 경쟁했던 공산주의와 자본주의는 궁극적으로 결국 자본주의 완승으로 끝났다. 많은 사람들이 능력에 비례해서 보상받기를 원하고 있는 것이다. 직장에서 근무하는 직장인들도 똑같은 사람이다 보니 자신이 남들보다 많은 성과를 거두었다면 이에 대한 금전적인 반대급부를 받고자 하는 것은 인지상정이다. 이때 받는 반대급부가 바로 성과급, 다시 말해 인센티브이다. 지금 업무현장에서는 이 인센티브가 팔로어의 업무성과를 높이는 데 있어서 적지 않게 기여한다.

인센티브는 성과에 따라 지급되어야 한다. 이윤을 추구하는 조직에서 성과 없이 보상을 논한다는 것은 이상하게 여겨질 뿐이다. 그러다 보니 성과에 의거해서 보상하는 분위기는 더욱더 심화되고 있다. 최근 효성그룹은 '피플 이노베이션 프로젝트'라는 사내 프로젝트를 야심차게 가동했는데, 이것의 핵심은 '성과 있는 곳에 반드시 보상 있다.'는 성과주의에 기반 한다. 그러나 당장 눈앞의 결과물만 가지고 인센티브를 지급하면 지금 성과는 못냈지만 나름의 노력으로 다음의 성과에 크게 기여할 수 있는 잠재역량을 개발한 팔로어의 의욕이 꺾일 수 있다. 조심할 일이다.

둘째, 캠페인으로 포상한다. 영업 현장 등 단기성과를 따지는 조직에서는 시간적으로 여유 있게 부여되는 일이란 거의 없다. "당장 성과를 내라!"고 독촉하는 경우가 비일비재하다. 그리고 긴급히 성과를 극대화시켜야 하는 전략적인 상황도 있다. 이런 때는 일정기간 내에 일어날 성과만을 가지고 포상하는 캠페인성 포상이 효과적이다.

개인을 대상으로 하는 포상이라 하더라도 조직에서의 포상캠페인 효과는 궁극적으로 조직전체의 목표달성에 기여해야 한다. 즉 개인 캠페인포상을 조직성과에 연계시키는 것이 필수적이다. 예를 들어 조직목표 달성 시에만 포상, 조직 내 특별히 저조한 직원 발생 시 포상축소, 팔로어 간 부당한 실적 주고받기 금지 등의 단서조항은 조직원의 단합을 유도하거나 부진자를 긍정적으로 자극할 수 있어 활용할 만하다. 그러나 포상 캠페인에서 주의할 것은 지나친 경쟁이다. 단기성으로 실시되는 포상 캠페인의 경우에는 보상이 모두에게 돌아가지 않는 경우가 많이 있기 때문이다. 그러다 보니 조직구성원들의 화합에 해를 끼치는 경쟁의 부작용이 초래될 수 있다. 그래서 리더는 캠페인 입안 시 이를 심도 있게 고려해야 한다.

셋째, 포상품도 활용한다. 돈만큼 선호도가 높은 것은 사실 없다. 부모님에게 선물을 드리고 싶어서 "뭐 갖고 싶은 게 있으세요?"라고 물어보면 "그냥 현금으로 다오."라는 대답을 듣게 되는 세상을 살다 보니 현금의 위력은 인정된다. 그러나 직장이라는 조직에서 금전적인 보상이라 하더라도 현금으로 하기 어려울 때가 있다. 돈의 액수가 너무 적어서 주고도 효과가 기대되지 않을 때, 지나치게 현금이 남발된다 싶을 때 등이다. 이런 때는 포상금 대신 포상품으로 지급하는 것이 훨씬 낫다. 포상품도 잘만 선택하면 포상금 못지않은 효과를 거둘 수도 있다.

포상품으로는 받은 팔로어가 준 리더를 오래 기억할 수 있게 해주는 것이 좋다. 이를 위해서는 포상 받은 팔로어가 자주 보며 이용하는 것 중심으로 포상품을 선택한다. 지식정보화시대를 맞이하여 가능한 팔로어의 지적호기심을 충족시키고 능력까지 함양시켜줄 수 있는 도서상품권, 받는 이로 하여금 감성을 느끼게 해줄 수 있는 꽃이나 화분, 여가활동을 지원해줄 수 있는 문화상품권 등도 비교적 적은 비용으로 포상금을 대신할 수 있는 가치 있는 포상품들이다.

넷째, 가용예산을 최대한 확보한다. 금전적 보상의 에너지는 역시 돈이다. 아무리 기가 막힌 아이디어가 담긴 보상안이라 하더라도 '총알'이 없으면 무용지물이다. 경영층과는 달리 중간 관리자인 리더가 사용할 수 있는 예산의 범위는 매우 제한적이다. 예산 상황이 이러하다 보니 하고 싶어도 예산부족으로 엄두를 못 낼 때가 많고, 어쩌다가 지나치게 의욕을 발휘다가 리더 개인 돈을 끌어 쓰는 불상사가 발생되기도 한다. 그래서 리더가 금전적 보상을 활용하여 팔로어를 주어진 업무에 바짝 다가서게 만들려면 가용예산 확보가 필수적이다.

부서에 인센티브 등 포상 용도로 배정된 예산은 금전적 보상을 위해 아예 처음부터 별도로 재껴 놓는 것이 좋다. 작은 조직이라 하더라도 온갖 잡사가 다 발생되기 때문에 선을 확실하게 그어놓지 않으면 어디에 활용되었는지 모를 정도로 예산이 순식간에 사라진다. 그리고 때에 따라서는 상급부서에 자금 지원 SOS를 친다. 회사는 하부조직이 일의 성과를 내지 못하면 존속할 수 없다. 그래서 자금지원의 효과가 담보될 수 있는 멋들어진 품의서를 만들어 올리면 결코 지원을 마다하지 않을 것이다. 또한 조직에 내려온 포상금도 조직구성원 합의가 있으면 그것을 포상 캠페인 등을 통해 해당조직의 성과향상을 도모하는 데 유용하게 활용할 수 있다.

> 혁신이 뛰어난 기업은 하나같이 보상을 제공하는 인센티브 시스템을 잘 갖추고 있다. 반드시 보상이 돌아간다는 확신이 직원들에게 깊이 뿌리내렸을 때 비로소 혁신 챔피언들은 실패할지도 모르는 '미친' 아이디어를 개발하고 추진하는 데 몰입하게 된다.
>
> — 정동일(연세대학교 경영대 교수) —

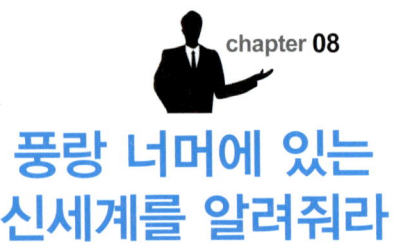

chapter 08
풍랑 너머에 있는 신세계를 알려줘라

그들은 꿈이 있어 행복하다

"비전은 '혁신적 기술의 대중화와 최상의 품질, 서비스를 기반으로 단순한 이동수단을 넘어 삶을 더욱 편리하고 즐겁게 영위할 수 있는 새로운 공간 제공'이고, 핵심가치는 첫째, 최고의 품질과 최상의 서비스를 제공함으로써 고객을 최우선으로 두는 고객감동 기업문화 조성을 위한 '고객 최우선', 둘째, 현실에 안주하지 않고 새로운 가능성에 도전하며, 열정과 창의적 사고로 반드시 목표를 달성하는 '도전적 실행', 셋째, 이해 관계자들과의 상호 소통과 협력을 통해 공동체 의식을 나눔으로 시너지 효과를 창출하는 '소통과 협력', 넷째, 미래조직을 이끌어갈 핵심이 될 인재 존중의 기업문화를 위한 '인재 존중', 다섯째, 다양성을 바탕으로 글로벌기업시민으로 존경받는 개인과 조직이 되기 위한 '글로벌 지향' 등 다섯 가지이다." 이것은 국내의 글로벌 대기업인 현대차동차가 향후 10년을 내다보고 2011년에 발표한 기업비전과 핵심가치이다.

 웬만한 기업치고 비전과 핵심가치 없이 경영하는 기업은 없다. 왜 이렇게 기업들은 공을 들여 이것을 만들고 외부는 물론 내부 임직원들에게 알리는 걸까? 비전과 핵심가치는 임직원들에게 "우리가 누구인지, 우리가 어디로 향해 가는지, 우리가 하는 일의 의미는 무엇인지, 우리가 무엇을 해야 하는지."를 명확히 알려주기 때문이다. 그야말로 임직원들 모두가 반드시 마음에 새겨야 할 내용이다. 1963년 미국의 흑인 지도자 마틴 루터 킹Martin Luther King 목사는 "나에게는 꿈이 있습니다."라는 비전과 희망으로 뭉쳐진 한마디의 외침으로 흑인들을 열광시켰다. 이후 50년, 지금 미국은 흑인 대통령이 이끄는 나라가 되었다. 이처럼 비전은 중요하다.

 직장내부의 단위 조직에서도 마찬가지이다. 조직구성원들이 알아야 할 비전이 있어야 하고, 이 비전은 그들의 마음속에 늘 자리 잡고 있으면서 일하고자 하는 동기에 펌프질을 가해야 한다. 비전을 수립하여 제시하고, 팔로어들로 하여금 비전을 향해 열정을 불태울 수 있도록 기반을 조성해주는 것은 조직의 리더가 가지는 핵심적인 임무중의 하나이다. 이때 제시되는 비전은 반드시 팔로어 개인의 희망찬 미래와 관련되어 있어야 한다.

 "당장 성과를 내놔라."라고 소리치는 성과중심의 조직에서는 '먼 훗날의 이야기'로 경시될 수 있는 비전을 챙기는 일이 소홀히 다루어질 가능성이 얼마든지 있다. 그렇지만 팔로어의 이익, 미래 등과 직접적으로 관련된 비전 제시는 필요할 뿐이다. 최근 취업포털 잡코리아가 남녀 직장인 911명을 대상으로 조사한 결과를 보면 리더의 비전 제시가 얼마나 필요한지를 알게 해준다. 이들을 대상으로 '사표를 던지고 싶게 만드는 요인'에 대해 질문한 결과, 여러 요인 중에서 '회사 내에서 나의 미래가 불투명할 때'가 35.9%로 단연 1위로 나타났다.

배가 풍랑에 휩싸여 위태로워지면 배에 탄 사람들은 선장 얼굴만 쳐다보는 것처럼 조직에서도 마찬가지 현상이 벌어진다. 불확실성이 커지면 팔로어의 심리상태는 불안해지면서 리더를 쳐다본다. 그러나 조직의 방향과 팔로어의 방향이 일치된 확고한 비전이 있는 상태라면 조직에 풍파가 좀 몰아친다 해도 팔로어는 안심한다. 월요일 아침 출근길 발걸음이 무거울 리 없고, 틈만 나면 팔로어들이 삼삼오오 모여서 리더나 회사 탓을 일삼거나 인터넷 들어가서 구직광고 뒤적거리는 일도 있을 리 없다. IT업계의 '전설' 스티브 잡스는 당시 펩시콜라 사장으로 있는 존 스컬리 John Scully에게 함께 나아가고자 하는 비전을 설명하면서 마지막으로 "평생 설탕물이나 팔 겁니까, 아니면 나와 같이 세상을 바꿀 겁니까."라는 한마디의 '비전펀치'를 날린 후 그를 애플의 CEO로 영입하는 데 성공했다. 이처럼 비전의 위력은 대단한 것이다.

'Now'에 급급하다가는 'Dream'을 못 보게 만든다

비전관리가 팔로어, 조직, 리더 자신의 흥망성쇠를 좌우하는 중요한 덕목이라는 것을 모르는 리더는 없다. 다만 초단기적인 성과를 독촉하는 조직의 요구에 휘둘려 당장 주어진 일에 대한 'Plan, Do, See'에 급급하거나 리더 개인의 이익창출에 지나치게 매몰된다든지, 또는 초임 리더시절 활활 불탔던 조직과 팔로어들에 대한 열정이 시간의 흐름과 함께 식는 등의 문제로 비전관리가 소홀해지는 것이다.

이런 상황에서도 비전관리가 뛰어난 리더는 보통 리더와는 다른 행동을 보인다. 일하는 즐거움으로 팔로어의 내적동기를 유발시킬 수 있는 목표를 설정하고, 일하는 진정한 의미를 알게 해주는 비전을 제시하여 팔로어들의 촉각이 리더 자신이 추구하는 방향에 쏠리게 만든다. 다시 말해 이들은 미래에 대한 꿈을 활용하여 팔로어들을 흥분시킬 줄 아는 사람들이다.

현재 글로벌 인터넷기업의 최강자로 군림하는 구글은 상장 직후만 하더라도 야후만도 못한 상태로 머물러 있었다. 이때 창업자 래리 페이지Larry Page는 직원들에게 '넘버 원 서치엔진'이라는 비전을 제시하였다. 바로 이 '비전엔진'이 작동한 직후부터 구글은 파죽지세로 성장하여 야후를 압도하고 결국 글로벌 넘버원으로 우뚝 서게 되었다. 래리 페이지가 비전으로 직원의 마음에 '흥분의 불'을 지폈던 것이다.

그렇다고 해서 조직에서 성공하는 모든 리더들이 먼 미래까지 바라볼 수 있는 비범한 혜안을 가지고 있는 것은 아니다. 리더의 대부분이 평범한 직장인으로 시작해서 리더의 자리에 오른 사람들이기 때문이다. 그렇지만 성공을 만끽하는 리더들은 오랫동안의 직장경험을 바탕으로 미래를 확신하고, 그 미래에서 얻을 수 있는 희망, 즉 비전을 제시함으로써 그들 자신과 팔로어의 하고자 하는 동기를 유쾌하게 자극한다.

그러나 적지 않은 리더들이 단기적인 목표만 있을 뿐 비전 없이 조직을 운영한다. "당장 죽겠는데 사치스럽게 비전은 무슨 비전?"이라고 생각하는 리더의 속마음을 팔로어가 눈치 못 챌 리 없으며, 결국 이러한 생각은 팔로어의 마음을 표류하게 만든다. 이런 리더들은 단기적인 목표마저도 팔로어의 의견은 거의 반영하지 않은 채 리더 독단적으로 설정하기 일쑤다. 이들은 지적역량이 뛰어나고, 그들의 원츠Wants에 과도하리만큼 충실하고, 저 앞을 바라보고 싶어 하는 디지털 신세대 팔로어를 마치 20세기 팔로어로 착각하고 있는 리더들이다. 이러다가는 자신의 조직과 팔로어를 동네 슈퍼나 슈퍼의 알바생으로 전락시키지 않으리라는 보장이 없다.

비전달성이 당장의 일이 아니라 해서 현재 상황에서 보면 다분히 추상적으로 느껴질 수 있는 미래의 가치에만 지나치게 몰두해서는 안 된다. 조직의 리더는 직장을 현재와 미래에 지속적으로 존속하게 만들어야 할 책임과 의무를 가지고 있다. 회사의 지금이 부실하면 당연히 직장과 그 구성원의 미래는 불투명하다. 그래서 조직의 리더가 팔로어와 공유된 관심으로 지향하는 비전에는 중단기 목표와 장기적인 미래비전의 적절히 조화가 필요하다.

가고 싶어 하는 곳을 알려줘라

팔로어를 조직의 일에 흔쾌히 동참하게 할 수 있는 방법은 역시 동기를 자극하는 것이다. 이 동기를 근본적으로 자극하기 위해서는 팔로어가 추구할 만한 충분한 가치가 있다고 흥분하며 느낄 수 있는 비전을 알려주어야 한다. 그러기 위해서는 다음의 사항을 숙지해야 한다.

첫째, 목표를 제시한다. 비전은 단기적으로는 달성하기 어려운 이상적인 결과나 상태이다. 그렇기 때문에 비전을 이루기 위해 나아가는 중간과정에서 밟고 넘어갈 디딤돌을 세워놓는 것이 필수적이다. 이 디딤돌이 바로 목표이다. 예를 들어 '단순한 이동수단을 넘어 삶을 더욱 편리하고 즐겁게 영위할 수 있는 새로운 공간 제공'이라는 비전을 설정하였다면 이를 위해서 최상의 품질 및 서비스 제공, 도전적 실행, 소통과 협력, 인재존중 등 과정에서 반드시 하고 넘어가야 할 일을 설정하는 것이다. 적절한 목표는 자칫 비전의 막연함 때문에 이완될 팔로어의 긴장을 유도하고, 일하고자 하는 동기를 부추길 수 있는 것으로서 매우 중요하다.

목표는 명확하게 세워야 한다. 전방에 있는 과녁에 원이 선명하면 원 안으로 들어가는 화살은 많겠지만 만일 희미하면 이를 보장할 수 없다. 그리고 한번 설정된 목표는 일관성을 가져야 한다. 세워진 목표가 리더의 불안감으로 바뀌거나 오다가다 던진 경영층의 가벼운 말 한마디로 흔들린다면 팔로어는 어느 장단에 춤을 춰야 할지 몰라 추진동기를 잃어버릴 수가 있다. 또한 팔로어의 능력을 고려하지 않은 지나친 목표는 팔로어의 의욕을 애초부터 꺾을 수가 있기 때문에 목표설정 시 조심할 일이다.

둘째, 비전을 제시한다. 비전은 목표와는 달리 보다 장기적인 시점에서 이루어지게 된다. 비전이 가지는 이러한 특성 때문에 조급한 리더는 직장에서 비전 얘기하면 한쪽 귀로는 듣고 한쪽 귀로는 흘려버리는 우를 범하기 쉽다. 조직을 운영하면서 팔로어에 대한 조직의 비전제시를 소홀히 하는 것이다. 이런 리더는 기업 리더십 분야의 세계적인 권위자인 미국 매사추세츠대학교 경영학과의 켄 블랜차드Ken Blanchard 교수가 한 다음의 말을 곱 씹어 볼 필요가 있다. "가장 먼저 확실한 비전을 제시해야 한다. 리더의 비전은 조직의 나침반이다. 확고한 비전은 조직원 모두의 에너지를 한 방향으로 결집시켜 강력한 조직을 만들어준다. 반대로 조직이 추구하는 뚜렷한 비전이 없으면 직원의 조직과 리더에 대한 신뢰가 사라진다."

비전이 팔로어들의 가슴속에 늘 살아 숨 쉬면서 이들에게 열정을 불어넣어 주려면 비전에 반드시 포함되어야 할 요소가 있다. 하나는 달성하고자 하는 의미 있는 미래상이다. 이것은 달성하게 되면 팔로어에게 긍지를 느낄 수 있게 해주는 것이다. 또 하나는 달성 이후 나타나게 되는 명예와 소득의 긍정적인 변화모습이다. 빛나는 명예와 물질적 풍요는 평범한 직장인에게 더 없이 소중한 것이다. 이것이 명확하지 않으면 팔로어의 끓어오르는 동기유발을 기대하기 어렵다.

셋째, 리더의 방향을 팔로어의 방향과 일치시킨다. 1981년 GE의 CEO가 된 이래 잭 웰치는 이후 5년 연속 '성공적인 경영인

상'을 받았다. 수상할 수 있게 된 배경을 묻는 기자의 질문에 짤막하게 남긴 한마디의 말이 있다. "내가 가고자 하는 방향과 직원들이 가는 방향이 항상 같기 때문이다." 방향의 일치가 얼마나 중요한지를 잭 웰치는 상기시켜준다. 리더가 제시하는 비전과 목표가 있는 반면에 팔로어 나름대로 가지고 있는 그것이 있다. 이것들 간에 괴리가 존재한다면 그저 동상이몽일 뿐이다. 리더 혼자의 비전은 리더의 욕심에 불과하지만 구성원들이 함께 공유하는 비전은 바로 리더와 팔로어의 꿈인 것이다. 그래서 팔로어와 리더가 나아가고자 하는 방향을 최대한 일치시켜야 한다.

목표와 비전을 제시하기 이전에 팔로어가 추구하는 것이 어떤 것인지를 다양한 방법으로 파악한다. 그리고 그 결과를 리더의 목표와 비전 설정에 반영한다. 목표와 비전을 결정하여 제시한 후에는 팔로어에게 이견이 있는지를 점검하고, 만일 있으면 조율 과정을 거쳐서 다시금 이를 반영한다. 리더가 팔로어와 머리를 맞대고 공유된 꿈을 이야기하는 순간 팔로어의 마음은 들뜨기 시작할 것이다.

넷째, 비전에 다가가는 상황을 점검하고 피드백 한다. 목표는 단기적으로 이루어져야 하는 것들이기 때문에 팔로어 스스로도 수시로 점검한다. 그러나 비전은 아무래도 팔로어들에게 '먼 훗날 이야기'로 여겨지기 십상이기 때문에 그것을 향해 나아가는 상황을 자주 챙겨보지 못할 수가 있다. 그래서 리더는 비전에 대한 진행 상황을 정기적으로 확인하여 리더 자신은 물론 팔로어에게 피드백을 해야 한다.

어디까지 왔는지, 걸맞는 일을 하고 있는지, 가능성은 여전히 있는지, 달성기간을 당길 수는 없는지 등을 확인하고 피드백 해주는 것이다. 만일 이러한 피드백이 제대로 이루어지지 않으면 조직에서 내세운 비전은 결국 달성하지 못한 채 다음에 설정할 비전목록 속에 '재탕거리'로 던져지게 된다. 이렇게 되면 비전으로 가는 길목에 있는 업무적인 목표달성은 이룰 수 있을지 모르지만 리더와 팔로어가 진정으로 소망했던 원대한 일들은 그냥 일장춘몽으로 끝날 가능성이 아주 높아진다.

> 만일 당신이 배를 만들고 싶다면 사람들을 불러 모아 목재를 가져오게 하고, 일을 지시하고, 일감을 나누어주는 등의 일을 하지 마라. 대신 그들에게 저 넓고 끝없는 바다에 대한 동경심을 키워줘라.
>
> — 생 텍쥐페리, 『어린왕자』 중에서 —

chapter 09

참을 수 없는 승리욕구에 불을 댕겨줘라

팔로어는 경쟁을 먹고 성장한다

새 지도부가 출범하고 1년 뒤에 국가의 향후 5~10년의 정치·경제 노선을 공개하는 회의인 중국의 3중전회의(중국 중앙위원회 제3차 전체회의)가 2013년 11월 베이징에서 열렸다. 당초 이 회의에서 중국 경제의 '공룡'인 국영기업을 강도 높게 개혁하는 안을 발표할 것으로 알려졌었다. 개혁안의 골자는 국영기업의 개혁을 통하여 민간기업과의 경쟁구도를 강화하는 것이었다. 중국인들은 시장경제 도입으로 경쟁의 달콤한 맛을 이미 맛보고 있는 터여서 기대가 매우 컸다. 그러나 3중전회의 폐막일 발표한 보도문은 기대감을 품은 이들을 크게 실망시켰다. 보도문은 국영기업체 개혁과 관련해 "국영기업 개선을 추진한다."는 정도의 지극히 원론적이고 추상적인 내용만 담겼을 뿐 대다수가 바라는 알맹이가 없었기 때문이었다. 실망매물이 쏟아져 주가는 급락했다. 중국의 지식인들도 일제히 비판의 목소리를 높였다.

경쟁이 필요 없는 공산주의 체제에 오랫동안 젖어 있던 중국인들에게도 이렇게 시장경제의 핵심인 경쟁이 매우 큰 매력으로 여겨지고 있는 것이다. 지금 중국은 경쟁원리를 십분 활용하여 일취월장하며 세계 제일의 군사, 경제대국을 넘보고 있다.

2005년, 경쟁에 찌들은 많은 사람들의 눈과 귀를 신선하게 자극하며 한동안 센세이션을 일으킨 단어가 있었다. 그 단어는 다름 아닌 프랑스 인시아드대 경영대학원의 김위찬 교수와 르네 마보안Renee Mauborgne 교수가 제시한 '블루오션 전략'이다. '블루오션 전략'의 요지는 "경쟁 없는 세상으로 가라."와 마음만 먹으면 "갈 수 있다."는 것이었다. 그런데 진정으로 경쟁이 존재하지 않는 곳이 있을까? 필자는 이에 동의하지 않는다. 잠시 또는 일정기간 동안은 모르지만 그 기간이 지나면 다시 경쟁자가 나타남으로써 경쟁은 필연적으로 또 시작될 수밖에 없다. 누가 뭐래도 경쟁은 현실이며 성장을 위한 핵심적인 동력이다. 그래서 경쟁 없이 전보다 나아지기란 사실상 불가능하다.

적절한 개인 간의 경쟁, 조직 간의 경쟁은 승자나 패자 모두에게 성장의 기회를 제공한다. 승자는 또 다른 경쟁에서 지지 않으려고 애를 쓰고 패자는 패자부활전을 통해서 재기하고자 하는 각고의 노력을 하기 때문이다. 오늘날 우리나라의 간판기업인 삼성전자, 현대자동차, LG전자, 포스코 등의 기업들이 세계 최고 주준의 반열에 진입한 것도 따지고 보면 기업 내의 조직구성원들

간의 지속적인 경쟁 덕분이다. 기업이 만들어 놓은 경쟁시스템 속에서 그들이 열정과 승부욕을 가지고 싸우지 않았더라면 이러한 성장은 불가능했을 것이다.

적절한 경쟁은 분명 성과창출에 긍정적인 영향을 주어 궁극적으로는 팔로어, 리더, 조직의 성공에 기여하는 바가 크다. 특히 풍성한 조직성과는 조직구성원 중에서 실무업무를 담당하는 팔로어의 경쟁능력에 상당 부분 달려 있다. 그래서 리더가 조직 내에 효과적인 경쟁체제를 구축하는 것과 팔로어의 마인드에 생산적인 경쟁의식을 심어주는 것은 매우 중요하다. 어떻게든 당장 이기고 당장 성과를 내라고 소리치는 조직이라면 더더욱 그러하다.

2011년도 노벨경제학상 수상자인 미국 뉴욕대학교 경제학과의 토머스 사전트Thomas Sargent 교수는 서울에서 열린 제4회 아시안리더십콘퍼런스 참석 중 한 언론과의 인터뷰에서 이런 말을 한 바 있다. "자유경쟁만큼 효율을 낼 수 있는 것은 없다. 한국 정부가 말하는 창조경제도 이런 것이라고 생각한다. 진짜 창조적인 경제를 만들려면 자유경쟁 체제를 확립하는 것이 필수적이다." 여기서 경쟁체제 마련은 조직에서 리더가 구성원들에게 경쟁욕구가 분출될 수 있는 경쟁분위기를 만들어주는 것과 다를 바 없다.

이제는 '인화단결'의 구호가 보이지 않는다

조직구성원의 경쟁 심리를 자극하여 더 큰 성과를 올리고자 활발하게 노력하는 모습들이 기업은 물론 정부, 공기업, 학교 등에서 다양하게 나타나고 있다. 해당기업의 정서나 문화 때문에 그간 경쟁원리 도입에 소극적이었던 기업들이 많이 있었다. 그러나 이제는 연공서열에 기반 한 진급과 급여체계는 찾아보기 힘들다. 경쟁에서 앞선 직원은 상대적으로 높은 소득을, 그렇지 못한 직원은 낮은 소득을 받게 되는 연봉제가 보편화되고 있다. 앞서 가고자 하는 경쟁 심리에 불을 지르기라도 할 듯 승리에 따른 인센티브도 파격적이다. 과거에 "같이 가자!" 부르짖던 '인화단결' 목소리는 거의 들리지 않는다. 그러다 보니 조직구성원들이 명예와 소득을 올리기 위해서, 또는 패배로 인한 창피를 피하기 위해서라도 열심히 일을 하지 않을 수 없게 되었다.

아직은 초보적인 단계지만 공기업이나 학교조직도 기존의 연공서열에 의한 호봉제에서 상대평가에 따라 차등화된 대가를 주는 쪽으로 방향을 틀고 있다. 이들 조직들이 조직구성원이 가지고 있는 경쟁 심리를 활용하는 것이 더 큰 성과를 올리는 데 도움이 된다는 것을 대내외에 인정하고 실행에 옮기고 있는 것이다.

업무현장의 리더들도 교육이나 경쟁분위기를 조성 등을 통하여 팔로어의 잠재의식 속에 내재되어 있는 경쟁심을 일깨워주거나 키워주기 위해 노력하고 있다. 사실 경쟁에 습관화되어 있는 팔로어들도 막상 경쟁 상황에 놓이게 되면 부담스러워 한다. 그렇지만 능력 있는 리더들은 팔로어로 하여금 '인간의 참을 수 없는 승리욕구'를 적절한 상태까지 발동하게 만들어 그 부담감을 줄여준다. 그리고 경쟁의식을 일부러 억제하고 있는 팔로어를 경쟁에 참여할 수 있도록 지혜롭게 유도한다. 그리하여 이것을 높은 조직성과 창출로 연결시켜 그 재미를 쏠쏠하게 보면서 자신의 몸값을 높인다. 이런 리더들은 승리한 팔로어에게 환호를 보내면서도 내심 그를 꺾을 새로운 팔로어 등장을 기대한다.

"나도 살고 너도 살자."는 식의 선의의 경쟁은 분명 팔로어, 리더, 조직 모두에게 도움이 된다. 선의의 경쟁 상황이라면 승자는 당연히 정신적인 이익인 승리감과 물질적인 이익을 확보할 수 있다. 그리고 패자는 비록 패했다 하더라도 경쟁을 통해서 다음 기회에 승리할 수 있는 설욕 의지와 경쟁 역량을 확보할 수 있다. 그래서 선의의 경쟁은 언제나 권장되고 있는 것이다.

문제는 "나는 살아야 하지만 너는 내가 알바 아니다."는 식의 이기심에 함몰된 경쟁이다. 이러한 경쟁은 자칫 잘못하다가 승자조차도 손해 보는 상처뿐인 경쟁이 될 가능성이 아주 높다. 리더는 이런 형태의 경쟁의식이 팔로어에게 조성되지 않도록 특별히 유의해야 한다.

싸움은 말리고 경쟁은 붙여라

선의의 경쟁분위기를 조성하여 필로이의 업무욕구에 불을 지피기 위해서는 다음 사항을 숙지해야 한다.

첫째, 승부근성을 키운다. "이기는 것이 전부는 아니지만, 이기기를 원하는 것은 중요하다." 이 문구는 2007년에 포스코가 설정한 기업 비전이다. 이 문구는 직원들의 승부에 대한 관심도를 높였을 것이고 이 과정에서 만들어진 승부근성이 경쟁에서 이기고자 하는 욕구에 불을 붙여 오늘날 세계유수의 철강회사들을 물리치고 포스코가 철강부문 글로벌 1등 기업이 되는 데 결정적인 기여를 하지 않았을까 생각한다. 승부근성이 싹틀 수 있도록 해주는 것은 경쟁의 세계에서 살아가는 리더의 중요한 일중의 하나이다.

승부근성을 키워주기 위해서는 반드시 달성해야 하는 필수목표를 설정해줘야 한다. 이때 목표는 팔로어의 능력보다 약간 높은 목표가 좋다. 그래야 도전의식과 승부근성이 생겨난다. 그리고 경쟁에서 이겼을 때 얻을 수 있는 혜택과 패했을 때 입을 수 있는 손해를 적나라하게 알게 할 필요가 있다. 개인의 이익과 손해에 자극받지 않는 팔로어는 없기 때문이다. 행한 일에 대해 수시로 평가하고 그 결과를 피드백 하는 것 역시 승부근성 진작에 도움이 된다. 특히 승부욕 부족으로 비롯된 미흡한 결과는 좀 더 부각시켜 팔로어를 각성시켜야 한다.

둘째, 팔로어 간 경쟁을 붙인다. "싸움을 말리고 흥정은 붙여라."는 속담이 있다. 경쟁 당사자는 물론 조직의 분위기까지 위축시킬 수 있는 이전투구식 경쟁은 반드시 말려야겠지만 장사할 때 이익을 좀 더 챙겨보고자 하는 식의 경쟁은 경쟁효과에 의해서 궁극적으로는 양자가 이익을 더 얻을 수가 있기 때문에 권장할 만하다. 그래서 리더는 팔로어 간에 경쟁이 붙도록 경진대회를 열거나 개인별 진척 상황을 적절한 방법으로 공개한다.

경쟁의식을 부추겨 단기적인 실적을 올리기 위해 조직이나 리더에 의해서 실시되는 대표적인 것이 포상캠페인이다. 포상금이나 포상품을 결과가 상대적으로 우수한 팔로어에게 제공하는 것이다. 사람은 다 물질을 추구하기 때문에 이러한 캠페인을 통해서 경쟁심을 키워줄 수 있다. 그리고 팔로어 자신의 실적이나 능력평가 점수의 위치가 동료 팔로어 중에서 어디쯤에 위치했는지 다양한 경로를 통해서 알려준다. 상대적으로 앞서 있는 팔로어는 자신감으로 의욕이 진작될 것이고 뒤에 있는 팔로어는 따라잡기 위해 액셀을 더 세게 밟을 것이다. 다만 리더가 공개석상에서 비교열위에 있는 팔로어를 언급하는 것은 자제해야 한다. 잘못하면 마음에 상처만 줄 수 있다.

셋째. 프로세계의 분위기를 강화시킨다. 경쟁을 해야 성장할 수 있는 직장조직에도 '평등' '공생'이라는 단어 뒤에 숨어서 중간적인 위치에서 안주하는 직장인들이 있다. 반면에 이들과는 달리 승리욕구를 가지고 항상 비교우위에 자리 잡고 있는 직장인도 있다. 언제나 전자에 해당되는 사람이 더 많다. 이를 보면서 상위 20%의 사람들이 전체 부의 80%를 차지한다는 개념인 '파레토의 법칙'이 가지는 현실성을 늘 실감한다. 그런데 숫자가 많다고 소수인 후자보다 중간을 지향하는 다수의 전자에 포커스를 맞추고 리더가 일을 해야 하는 걸까? 꼭 그렇지 않다. 조직의 발전을 생각한다면 리딩 포커스를 후자인 비교우위 팔로어들에게 맞추는 일을 자주해야 한다. 다시 말해 잘하는 사람에, 그리고 조직보다는 개인에 포커싱 하는 것이다. 프로세계의 분위기를 보다 강화시키기 위해서 말이다.

그래서 욕심 있고 잘하는 팔로어에게 집중해서 지원해야 한다.

더욱더 불평등해지게 말이다. 그리고 조직의 지원이 전체보다는 개인을 지향해야 한다. 그렇게 되면 우수한 소수는 그 자리를 유지하기 위해 더 뛸 것이고, '중간파' 중에 상위권에 있는 팔로어들은 하나둘 집중지원 받는 소수가 있는 쪽으로 이동할 것이다. 더불어 자신에게 떨어지는 이익이 많다는 것을 깨달은 나머지 '중간파'들은 일을 향해 활발하게 움직일 것이다. 이렇게 되면 조직의 경쟁분위기는 고조될 것이고 마침내 팔로어, 리더, 조직의 성과는 지속적으로 향상될 것이 자명해진다.

넷째, 라이벌을 만들어준다. 코카콜라와 펩시는 누가 보더라도 영원한 라이벌이다. 세계 최고의 브랜드 코카콜라와 끝없는 추격전을 펼쳐온 펩시의 싸움은 언제나 흥미진진하기도 하지만 라이벌이 얼마나 중요한지도 일깨워준다. 이 두 라이벌의 싸움은 싸움으로 그치지 않고 그들 스스로를 살찌우고 있다. 오랜 싸움은 코카콜라로 하여금 탄산음료시장을 장악하게 만들었다. 그리고 펩시는 1등인 코카콜라를 지렛대 삼아 비﹡탄산음료시장을 공략하여 괄목할 만한 성장을 거듭하고 있다. 팔로어에게 라이벌을 만들어주는 것은 조직에서 경쟁을 통하여 팔로어를 성장시키고 그 라이벌 효과를 조직에까지도 파급시킬 수 있어 적극 권할 만하다.

조직에는 실력이 대동소이한 직원들이 많다. 이 중에서 성과가 상위권에 있는 직원들은 스스로 라이벌을 가지고 있을 가능성이 높다. 그래서 리더가 라이벌을 만들어주는 데 관심을 가져야 할 팔로어는 승부욕은 있는데 성과는 보통수준인 팔로어들이다. 이들에게 라이벌, 즉 승부욕을 불태울 수 있는 환경을 인위적으로 만들어주면 해당 팔로어는 물론 상대 라이벌 팔로어까지 성과가 올라가는 동반상승 효과를 기대할 수 있다.

> 경쟁의 부정적인 면을 강조하면서 운동경기에서는 승리에 열광하는 이중성을 우리는 알고 있다. 경쟁 없이 하고 싶은 만큼만 일하고서 원하는 것을 다 가질 수 있는 사회는 이론에만 존재하는 신기루일 뿐이다.
>
> — 김성철(서울대학교 공대교수) —

chapter 10

스스로 경영하게 해라

자율은 '팔로어 민주주의'의 꽃이다

이 회사는 직원들이 자기 할 일을 스스로 결정한다. 출근시간, 같이 일할 사람, 근무 장소, 월급 등이 모두 자기 마음에 달려 있다. 출장 시 숙박일정과 경비 산출 등을 자율로 맡기고 끝난 후 영수증만 가져오면 그대로 정산을 해준다. 중요한 의사 결정은 철저히 '다수결의 원칙'을 따른다. 본사의 본부 조직이 없어서 사장은 이 회사 직원이 정확히 몇 명인지도 모른다. 그는 "인간은 남이 시켜서가 아니라 스스로 하고 싶은 일을 할 때 가장 창의적이고 열정적으로 일할 수 있다."는 신념만 가지고 있을 뿐이다.

이런 말도 안 되는 회사가 있을까? 그런데 엄연히 존재하고 있다. 지금도 우수하지만 몇 년 전까지만 해도 10년간 무려 40%대의 연평균 성장세를 과시했다. 이 회사는 다름 아닌 브라질의 기계부품 및 소프트웨어 기업인 '셈코'라는 회사이다. 창의경영의 대가인 런던비즈니스스쿨 게리 해멀Gary Hamel 교수는 최근 KT 직원 대상의 한국 특강에서 이 회사를 자율경영의 성공기업으로 극찬한 바 있다.

아주 오랫동안 사람들은 위계질서, 상명하복이 중시되는 관료조직 하에서 살아왔다. 그래서 조직의 구성원들은 보스와 같은 리더들을 자연스럽게 따랐고 리더들은 당연하게 팔로어를 지시와 통제로 이끌 수 있었다. 그러나 지금은 상황이 많이 달라졌다. 조직에서 생활하는 직장인들, 특히 신세대 젊은 직장인들은 때로는 목소리로, 때로는 소리 없는 아우성으로 자유를 달라고 외치고 있다. 이것은 사회에서 지시와 통제로 일관했던 20세기 산업화 시대의 제한적 민주주의는 사라지고 21세기의 진정한 자유 민주주의가 그 자리를 대신한 것과 흐름을 같이한다.

물론 조직에서 명령, 지시, 통제가 무익한 것만은 아니다. 이것은 조직원들을 일사불란하게 움직이도록 할 수 있기 때문에 단기적인 성과를 추구하는 상황에서는 오히려 높은 효율성을 가져다준다. 그러나 문제는 이것이 반복되면 리더에 대한 의존도가 높아지고 창조적 예지가 사라지면서 팔로어는 로봇이나 다름없는 존재로 전락될 수도 있다는 것이다. 이러한 팔로어와는 의미 있는 일을 도모할 수 없을뿐더러 보람 있는 성과를 거둘 수 없다. 그래서 팔로어가 자율적으로 일할 수 있도록 환경을 만들어주는 것은 리더에게 더 없이 중요한 일이 되고 있다.

그 유명했던 브리태니커 백과사전을 무참히 침몰시킨 MS사의 엔카르타Encarta 백과사전이 일을 즐기는 '자원봉사자'가 운영하는 위키피디아Wikipedia에 의해 초토화되었다는 것은 주지의 사실이다. 이렇게 사람으로 하여금 일을 즐기게 하는 것, 무언가를 하고 싶어 안달이 나게 만드는 것이 내재적 동기이다. 내재적 동기는 급여인상, 인센티브, 승진 등의 외재적 동기 가지고 해결 안 되는 것까지 말끔히 해결해줄 수 있는 파괴력을 가지고 있다. 이러한 내재적 동기를 사람의 마음에서 고스란히 꺼내줄 수 있는 것이 바로 자율이다. 그래서 리더가 자율부여에 인색하고서 업무에 능동적인 팔로어, 높은 성과를 내는 팔로어를 기대한다는 것은 그야말로 어불성설이다.

전문가들도 팔로어에게 자율을 최대한도로 부여하라고 이구동성으로 역설하고 있다. 그래야 업무에 몰입하고 창의적인 아이디어를 마구 쏟아 낸다는 것이다. 동기유발분야의 세계적인 전문가로 꼽히는 다니얼 핑크Daniel Pink는 "직원들에게서 업무에 대한 몰입을 이끌어내고 싶다면 직원의 자율성을 높일 수 있는 방식을 찾아야 한다. 언제, 누구와, 무엇을, 어떤 방식으로 할지를 직원들이 스스로 결정하도록 해야 한다."고 하였다.

또한 임춘성 연세대 정보산업공학과 교수는 창의성과 자율성을 바탕이 된 조직을 만들어야 한다면서 그 대표적인 예로 연구소 조직을 들었다. 물론 연구소 조직은 업무특성상 직장 내에서 자율이 가장 많이 부여되는 조직인 것은 사실이다. 그러나 직장을 구성하는 조직은 워낙 다양해서 모든 조직을 그렇게 운영하기에는 현실적인 어려움이 존재한다. 그렇다 하더라도 자율을 통해 창조적인 성과를 만끽하기 위해서는 궁극적으로는 대부분의 조직이 그 방향으로 가는 것이 맞다.

팔로어가 오히려 리더가 되는 조직이 늘고 있다

　조직의 장을 의미하는 단어 중 '보스'는 개인에 따라 다양하게 해석할 수 있으나 우리가 보통 생각할 수 있는 이미지는 카리스마를 가지고 조직을 일사분란하게 이끌어가는 리더의 모습이다. 목에 힘이 좀 들어가 있을 법한 사람이다. 그런데 게리 해멀 교수는 이러한 보스의 이미지를 경계하면서 '보스 없는 직장'을 강조한다. 이런 직장이 되면 구성원들이 알아서 일하는 '자기경영'을 함으로써 구성원의 조직충성도, 판단력, 업무전문성 및 유연성 등이 지속적으로 높아진다고 한다.

　이런 조직을 가진 회사들이 국내에서도 꾸준히 증가하고 있다. 일례로 피투피시스템즈를 보자. 모임전문공간 'TOZ'로 잘 알려진 피투피시스템즈는 장기간 출장도 목적만 제시하면 출장 대상국가 지정, 일정 수립, 아이템 등 나머지 모두를 해당직원이 자율적으로 설정할 수 있다. 이를 경험한 직원은 회사가 믿어준다는 생각에 그 어느 때보다 힘이 났다고 한다. 이렇게 해서 힘이 난 직원의 업무성과가 높지 않으면 이상할 것이다.

　리더도 마찬가지이다. 팔로어가 자율을 갖고 일한다는 것이 얼마나 중요한지를 일찌감치 인식하고 있는 리더는 일반적인 리더와는 당연히 다른 모습을 보인다. 조직이 지향하는 바를 명확히 전달한 뒤 최소한의 룰만 정해주고, 알아서 일하게 하고, 아주 특별한 문제가 아닌 다음에야 완료될 때까지 인내심을 가지고 기다린다. 그리고 팔로어가 궁금해서 물어보면 그에 대한 대답은커녕 "당신 일을 왜 나한테 물어보냐?"며 오히려 핀잔을 주는 여유를 부린다. 전략적인 핀잔은 팔로어의 위축보다는 팔로어의 '자가발전自家發電'에 더욱 도움이 된다는 것을 이런 리더는 잘 안다. 또한 모든 일이 잘 끝나고 좋은 성과를 냈을 때 팔로어로 하여금 보람을 느끼게 하고 마음껏 즐기게 하는 일에도 선수급이다.

반면에 어떤 리더는 팔로어에게 "알아서 하라."며 말은 화끈하게 해놓고도 그 팔로어 주변을 맴돌며 전전긍긍하는 리더가 있다. "잘할 수 있을까?" 하는 의구심, "이러다가 내 일거리 없어지는 것 아냐?" 하는 불안감이 엄습하기 때문이다. 어쩌면 이 리더는 애초부터 적당히 지시하고 통제하는 방식으로 시작하지 않은 것을 후회하고 있을지도 모른다. 물론 자율을 주는 데는 매우 인색했지만 다른 분야에서 천재적인 능력으로 이끌었던 스티브 잡스나 빌 게이츠 같은 리더라면 그런 식으로 해도 크게 문제될 것은 없을 것이다. 그렇지만 이 세상에 잡스나 게이츠 같은 리더가 과연 몇 명이나 되겠는가?

앞서 기술한 바와 같이 누가 뭐래도 팔로어로 하여금 일의 의욕을 느끼게 만들어 더 높은 성과를 창출하는 데 있어서 자율은 음식의 단백질 이상으로 중요하다. 직장민주화, 경제민주화 등을 요구하는 사회적 동향을 고려하면 싫어도 그렇게 해야 할 필요성도 있다. 그러나 뭐든지 그렇듯이 자율도 제대로 적용되거나 관리되지 않으면 문제가 생긴다. 그렇기 때문에 업무에 대한 의욕이 턱없이 부족하거나 업무에 흥미를 못 느끼는 팔로어에게 자율을 있는 그대로 부여하는 일은 자제해야 한다. 그리고 팔로어의 업무진행 상황에 전혀 관심두지 않고 있다가 결과만 가지고 다그쳐서도 안 된다.

씽커Thinker와 워커Worker를 구별하지 마라

조직에서의 업무는 목표설정, 업무실행, 성과평가 등 크게 세 가지 단계를 통해서 진행된다. 이 중에서 리더는 주로 목표설정과 업무실행 과정에 자율을 부여함으로써 그 효과를 극대화시킬 수 있다. 이상적으로 팔로어에게 자율을 부여하고 관리하기 위해서는 다음의 사항을 숙지해야 한다.

첫째, 주요 업무목표를 팔로어 스스로 설정하게 한다. 업무목표는 리더가 직접 정해서 내려주고 싶은 유혹을 가장 많이 느끼는 분야이다. 특히 판매부서 등 계량화된 목표의 달성을 요구받는 조직에서는 더더욱 그러하다. 리더에게 주어지는 조직의 업무목표는 회사 경영목표와 직결되어 있어서 달성에 대한 압박감이 크기 때문이다. 그러나 대부분의 팔로어들은 자신의 이익관리를 위해서라도 개인 목표관리의 필요성을 평소 인식하고 살기 때문에 크게 걱정할 필요는 없다. 철부지 팔로어가 아닌 다음에야 리더의 적극적인 개입이 없다 하더라도 개인목표 설정 정도는 무리없이 할 수 있다. 다만 리더는 설정되는 목표가 조직이 가는 방향에서 크게 벗어나지 않도록 코칭만 하면 된다.

개인의 일반적인 목표는 스스로 설정하도록 놔두되, 조직이 가고자 하는 전체적인 방향은 목표설정 이전에 팔로어에게 명확히 제시해줘야 한다. 방향제시가 불분명한 상태에서 팔로어의 목표가 만들어지면 '따로국밥'이 되어서 조직 목표달성에 기여하지 못하는 개인목표가 될 수가 있다. 특히 비전과 같은 차원 높은 목표를 설정할 때는 처음부터 리더가 참여하여 거들어줄 필요가 있다. 이렇게 팔로어 개인목표가 설정되고 나면 그 목표에 특별한 문제는 없는지 확인하고 결과를 피드백해준다. 아무리 목표를 자율적으로 설정한다 하더라도 개인목표는 어디까지나 조직의 목표달성에 기여하는 것이라야 한다는 점을 리더는 잊지 말아야 한다.

둘째, 지시, 통제, 간섭을 최대한 줄인다. 독일의 리더십 전문가 닐스 플래깅Niels Pflaeging은 "경영에 있어서 가장 큰 실수는 사람을 씽커Thinker와 워커Worker로 구분하거나 업무를 분야별로 제한하는 것이다."라고 주장한다. 여기서 현실 상황을 비추어볼 때 씽커는 지시하고 통제하는 리더이고 워커는 이를 받아서 수행하는 팔로어라고 할 수 있다. 그런데 이러한 관행화된, 그리고 부적절한 조직 관리방식이 워커로서 살아가는 팔로어들을 더욱 피동적으로 만드는 것이다. 그들은 씽커와 워커를 모두 잘 해낼 수 있는데도 말이다. 그래서 리더는 팔로어를 '혼자서는 불완전한 사람'으로 간주하는 편견을 버리고 그들을 향한 지시, 통제, 간섭을 최소화하여야 한다.

이를 위해서는 리더라면 누구나 가지고 있는 관료적 위계마인드를 의식적으로 약화시켜야 한다. 이 마인드가 리더의 머릿속에 자리 잡고 있는 한 지시나 통제를 하고픈 유혹에서 벗어날 수가 없다. 그리고 버릴 게 있다. 고집스런 자기중심적인 태도이다. 자기중심인 태도가 만들어 내는 리더의 지나친 자기 확신은 알아서 잘하고 있는 팔로어의 자발적인 행동을 멈추게 하고 해바라기처럼 리더나 바라보게 만든다. 간섭 역시 자율하고는 궁합이 맞지 않는다. 시시콜콜한 간섭은 경륜 있는 팔로어를 맥 빠지게 만드는 것은 물론 잘못하면 신입사원까지도 짜증나게 만들 수 있다는 것을 유념해야 한다. 작은 생선을 불에 구울 때 자꾸 뒤집으면 살점이 떨어져 나가니 가능한 스스로 익게 놔두라는 노자의 『도덕경』 속에 나오는 '약팽소선若烹小鮮'의 교훈을 명심해야 한다.

셋째, 자율과 동시에 책임도 준다. 리더의 적당한 관심 속에서 팔로어가 자율적으로 일하면 그렇지 않았을 때보다 능력과 성과가 훨씬 더 커진다는 것은 진리 같은 말이다. 아무리 그렇다 해도 업무현장에서 자율을 줘 놓고도 지켜보는 리더로서는 왠지 불안한 것이 사실이다. 그 자율을 자신의 이익을 도모하는데 쓰고 싶은 것이 인간 누구나가 가지고 있는 기본적인 심리이기 때문이다. 이러한 상황에서 리더의 불안을 줄여주고 팔로어의 올바른 행동을 유도하여 차질 없는 업무수행을 담보해줄 수 있는 것이 바로 팔로어에게 자율과 함께 주어지는 결과에 대한 책임이다.

편하게 살고자 하는 사람의 기본속성 때문에 자율만 주고 책임은 안 주면 사람은 누구나 게을러지기 십상이다. 그러나 결과에 대해 책임을 지게 만들면 얘기는 달라진다. 그래서 다른 조직이라면 모르겠지만 적어도 성과를 내야하는 조직에서는 결과 평가를 통해 팔로어에게 합당한 책임을 지게 만드는 것이 필수이다. 그렇다고 책임을 지나치게 운운하게 되면 팔로어가 일을 하기 위한 동기를 상실할 수가 있으니 조심할 일이다.

넷째, 비업무적인 장면에서는 완벽하게 자율을 준다. 업무 현장이라 해서 하루 종일 업무적인 장면만 있는 것은 아니다. 업무와는 간접적이거나 완전히 무관한 상황이 종종 펼쳐진다. 점심식사나 쉬는 시간 등 사내에서의 개인적인 시간, 퇴근 후 회식시간이나 야유회 등 회사를 벗어나 팔로어들과 함께하는 시간이 바로 업무에서는 벗어난 시간들이다. 이 시간은 비록 갓 들어온 신참이라도 기를 펴고 끼를 발산할 수 있는 때이기도 하다.

이럴 때 리더는 계급장을 떼고 팔로어들을 완벽한 자유를 가진 '자연인'으로 돌아가게 만들어 줄 필요가 있다. 만일 이런 상황에서 리더가 쓸데없이 간섭한다면 "이 시간만큼은 업무 다 잊고 즐겁고 편한 마음으로 재충전하라."고 한 말이 무색해질뿐더러 그나마 충전되어 있던 에너지마저도 사라지게 만들 수 있다. 비업무적인 장면에서 리더의 가장 바람직한 행동은 '굿이나 보고 떡이나 먹는 것'이다.

자율성이 보장된 집단이 그렇지 않은 집단보다 생산성이 4배나 더 높다는 것이 실험을 통해서 밝혀졌다. 전 직원이 리더처럼 행동해야 기업의 성과가 향상된다.

― 배리 포스너(미국 산타클라라대학교 경영대 교수) ―

chapter 11
팔로어의 이익에 포커싱해라

자신의 이익이 보일 때 비로소 팔로어는 움직인다

C대리를 비롯한 대리급 직원들은 퇴근시간 '땡' 하자마자 이미 칼퇴근하였고 A과장도 퇴근하려고 책상을 정리하는 중이다. 금년에 갓 진급한 D차장 정도만 PC 앞에 앉아 있는데 열심히 키보드를 두드리며 무언가를 일을 하고 있는데, 그 일은 당장 걸려 있는 팀 현안과는 상관없는 D차장이 개인적으로 좋아하는 일이다. 내일은 중요한 팀 프로젝트의 결과를 경영층에 보고하는 날이어서 이미 보고 준비는 다 되었긴 하지만 그래도 모여서 '확인사살'을 하고 싶은 게 P팀장의 심정이다. "저기 A과장, 나와 D차장이랑 같이 저녁이나 먹고 들어와서 내일 보고건 관련해서 확실하게 다시 한 번 점검해볼까?" "팀장님 안 됩니다. 제가 오늘저녁이 일본어학원 가는 날이라 시간내기가 곤란합니다." D차장도

한마디 한다. "팀장님, 보고 준비는 어제 다 끝나지 않았나요?" P팀장은 "글쎄 그렇긴 하지만…." 하며 말꼬리를 흐린다.

공식적으로 근무시간이 끝났기 때문에 억지로 붙잡을 수도 없다. P팀장이 과장이나 차장 시절만 하더라도 이런 상황에서 팀장이 하자고 하면 다른 일 모두 물리치고 '의기투합' 했었는데 그렇지 않은 지금의 현실이 P팀장에게는 야속하기만 하다. 이것은 사적이고 개인적인 관심사를 중시하는 요즈음의 직장현실을 그대로 스케치한 것이다.

직장인들은 오늘도 자기 자신의 이익을 기대하며 직장에서 분주한 하루를 보낸다. 직장에서 아무리 거창한 꿈을 이야기해도 직원들이 꾸는 꿈의 바탕에는 개인의 이익을 깔고 있다. 이 개인의 이익은 비록 힘들어도 직장생활을 열심히 하게 하는 근본적인 이유다.

직장인들의 개인이익 하면 승진, 월급과 보너스, 일하는 즐거움 등 직장 내에서 만들어지는 이익 등이 우선 떠오를지 모르겠지만 그들의 이익은 그뿐만이 아니다. 취미생활, 건강관리 등 직장을 떠나 있는 시간에서 발생하는 이익도 상당히 많다. 직장 내에서 개인이익들이 보장되지 않으면 일하고자 하는 동기는 사라지게 된다. 그래서 직장의 리더는 더 큰 조직성과를 원한다면 불철주야 팔로어의 개인이익 관리에 관심을 쏟아야 한다.

리더의 개인이익 관리 행위가 조직의 성과에 얼마나 중요한 영향을 미치는지는 학계의 연구 결과에서도 나타나고 있다. 미국 선더랜드 글로벌경영대학원 연구팀이 전 세계 520개 기업의 CEO

와 임직원들에게 설문조사를 실시한 결과, CEO가 직원의 이익에 더 관심을 가져주면 직원들은 업무에 추가적인 노력을 기울이며 자신의 능력을 최대한 발휘하려고 애를 쓴다는 것을 확인하였다. CEO 역시 팔로어의 리더이다. 이러한 점을 고려한다면 이 연구 결과는 우수한 조직의 성과를 거두기 위해서는 팔로어의 개인 이익을 리더가 관리해주는 것이 필수라는 점을 알 수가 있다.

"곳간에서 인심 난다."는 우리나라 속담이 있다. 먹을 것이 풍족해야 명예도 부끄러움도 보이고 또한 해주고 싶은 마음이 생겨난다는 뜻이다. 이것을 직장상황에 연결해서 재해석하면 정신적이든 물질적이든 팔로어 개인의 이익이 충족이 되어야 그 다음에 리더의 지시도 들리고 조직의 성과에도 관심이 간다고 할 수 있을 것이다.

리더의 발전은 팔로어에게 참고사항일 뿐이다

업무현장에서는 팔로어들이 리더에게 끊임없이 속으로 또는 겉으로 물어보는 것이 있다. "내가 왜 이 일을 해야 하나?" "이 일을 하면 나에게 무슨 이익이 돌아오나?" "나는 지금 어떠한 평가를 받고 있나?" "어려움에 빠지게 되면 누구의 도움을 받아야 하나?" 리더가 이 모든 것을 시원히 대답해줄 수 있는 능력이 실제로 있는지 없는지는 그들에게 또 다른 문제일 뿐이다. 이런 상황에서 팔로어의 물음에 답을 주고자 노력하는 리더는 자신의 성공을 향해 올바른 방향으로 가고 있는 리더이고, 그렇지 못한 리더는 잘못된 방향으로 가고 있는 리더이다.

 13세기에 칭기즈칸이 어떻게 인류 역사상 가장 광대한 제국을 만들고 유지할 수 있었는지 아는가? 그는 부하들이 무엇을 요구하는지 끊임없이 생각했다. 그 일환으로 정복의 부산물을 철저하게 부하들과 공유하는 이익 분배시스템을 운영하였다. 그에 따라 이익이 자신들에게도 배당된다는 것을 알았기 때문에 부하들은 사력을 다해서 정복전쟁에 임하였다. 부하들이 죽을힘을 다해 싸우는 조직을 이길 수 있는 조직은 어디에도 없을 것이다.

 조직이 잘되고 직장이 잘돼야 조직구성원이 잘될 수 있다는 말은 당연히 맞는 말이다. 그런데 문제는 '개인의 발전'이란 말에는 인색한 채 '조직의 발전'만을 되풀이하는 '직장물정' 모르는 리더가 아직도 있다는 것이다. 이런 리더들은 자신의 올챙이 적 시절, 어떤 의식을 가지고 직장생활을 했는지 전혀 생각 못하는 리더이다. 그 시절 자신의 리더가 이런 말을 외치고 다녔다면 "예, 지당하신 말씀입니다."라고 하면서 마음으로 흔쾌히 수용했었을까? 요즈음 신세대 직장인들은 리더가 초급사원일 때보다 더 수용하지 않는다.

 조직의 이익만 외치는 리더는 지금은 고인이 되었지만 모리시마 미치오 森嶋通夫 전 런던정경대학 교수가 한 다음의 말을 새겨볼 필요가 있다. "일본은 집단주의 정신으로 성공했으나 그 집단주의 때문에 진정한 성공, 즉 개인과 사회를 행복하게 만드는 데는 실패했다. 진정한 개인주의 문화가 없는 일본은 2050년쯤 3등 국가로 전락할 것이다." 리더가 조직만 챙기고 개인의 관심사는 뒷전으로 미루면 그 조직은 망할 수 있다는 전문가의 살벌한 경고다.

팔로어의 이익관리가 중요하다 해서 지나치면 그 또한 문제이다. 조직의 이익이 있고 나서야 개인의 이익의 논할 수 있는 곳이 직장이기 때문이다. 그래서 리더는 팔로어의 충성심과 이기심, 리더의 집단 지향과 팔로어 지향이 적절이 균형을 이루어질 수 있도록 지혜롭게 관리하는 것이 필요하다.

'조직의 발전이 나의 발전'이란 말은 이제 그만해라

팔로어의 개인이익을 효과적으로 관리하기 위해서는 다음의 사항을 숙지해야 한다.

첫째, 성장을 위한 기반을 공고히 해준다. 요즘 직장인들은 직장이라는 '핵우산'이 영원하지 않다는 것을 잘 안다. 그리고 경쟁이 치열하다 보니 능력과 경력 부족은 자신의 이익창출에 치명적이라는 사실을 잘 안다. 그래서 대다수 팔로어들이 어떻게든 자신의 몸값을 높이기 위해, 그리고 이를 기반으로 성장을 도모하기 위해 동분서주한다. 그렇기 때문에 리더는 팔로어가 성장할 수 있는 토대를 잘 만들어줘야 한다.

자기계발 기회를 충분하게 제공해주는 것은 능력을 키우려는 팔로어들에게 훌륭한 선물이다. 리더의 개인코칭, 회사차원의 교육 등 사내의 인재개발시스템 접근을 보다 용이하게 해줘야 한다. 개인적으로 자기계발을 할 수 있도록 근무 외 시간을 철저하게 보장해주는 것 역시 배움 욕구에 불타는 팔로어를 도와주는 것이다. 팔로어는 새로운 일을 해보겠다는데 시계바늘처럼 반복되는 일에 계속 머물게 하여 팔로어를 매너리즘에 빠뜨려서는 안 된다. 그들 특유의 능력을 활용하여 새로운 일, 새로운 부서에서 추가적인 경력을 쌓도록 도와줘야 한다. 그러려면 때로는 리더의 '대승적인 결단'이 필요하다. 리더 입장에서는 '파란 싹'이 있는 자신의 팔로어를 다른 부서로 보내기가 무척 힘들 테니까 말이다.

둘째, 일하는 즐거움을 스스로 느낄 수 있도록 도와준다. 하는 일이 즐겁고, 나아가서 그 일을 하고 싶어 전날 밤부터 기분이 들뜨게 된다면 팔로어로서는 일하는 장면에서 최고의 순간을 맞이할 수 있다. 이렇게 되면 팔로어가 자진해서 만드는 내재적인 동기가 발동하면서 성과는 크게 높아질 것이다. 미국의 경영사상가이자 동기유발전문가 다니엘 핑크Daniel H. Pink는 지금을 '동기 3.0'의 시대라고 규정하면서 일하는 팔로어도 좋고 조직성과를 내야하는 리더도 좋은, 다시 말해 '누이 좋고 매부 좋은' 바로 이 내재적 동기를 유발시켜줘야 한다고 역설한다. 내재적 동기가 발동하는 이 과정에서 팔로어의 이익은 자연스럽게 확보될 것이다.

그러기 위해서는 팔로어로 하여금 꿈을 먹고 살게 만들어줘야 한다. 팔로어가 의미 있고 가치 있는 일을 할 수 있도록 해주는 것이다. 꿈으로 다가가고 있음을 느낄 때 비로소 팔로어의 기쁨은 충만하게 된다. 그러므로 팔로어에게 당장의 일 중에서 하고 싶은 일을 하게 해야 한다. 지금 업무현장에는 '매력 있는 일'

이라는 수요는 한정되어 있고 '평범한 팔로어'라는 공급은 넘치는 형국이다 보니 이러기가 쉽지는 않다. 그렇다 해도 팔로어의 이익극대화 차원에서 리더는 팔로어가 하고 싶은 일, 좋아하는 일 중심으로 업무를 배정해야 한다. 때로는 원하는 부서로의 전환배치도 필요하다. 즉 스스로 동기를 끄집어낼 수 있도록 도와주는 것이다.

셋째, 일하는 즐거움을 만들어준다. 일하는 즐거움을 스스로 만드는 것과 남이 만들어주는 것은 즐거움을 느끼는 강도에 있어서 당연히 차이가 날 것이다. 스스로 만든 것이 더 크다. 그러나 리더 등 외부로부터 제공되는 동기, 즉 외재적 동기에 의해서 느끼는 즐거움도 만만치가 않다. 그래서 리더가 주는 한마디의 칭찬으로도 팔로어는 '야호'를 외치며 어쩔 줄 몰라 한다. 그래서 리더는 팔로어에게 즐거움을 만들어주고, 때로는 그것을 함께 즐기는 일도 잘해야 한다.

평소 일하는 과정에서 진심에서 우러나오는 칭찬과 격려의 말이나 능력에 대한 인정을 아낌없이 준다. 그리고 빠른 승진은 팔로어를 흥분시킬 수 있는 비금전적인 지원이므로 평소 능력 있는 팔로어들을 눈여겨볼 필요가 있다. 또한 물질에 대한 욕망은 뭐라 할 수 없는 인간의 본성이기에 금전적인 지원도 일로 인한 피로를 잊게 만들고 즐거움을 주는 데 나름의 위력을 발휘한다.

넷째, 업무 외적 장면에서 벌어지는 일을 지원한다. 퇴근 후 남자 셋만 모이면 근처 호프집으로 향하는 모습과 사무실에 남아서 PC와 벗 삼아 시간을 죽이는 모습을 이제는 보기 어렵다. 대신

많은 직장인들은 이 시간을 건강관리, 비주얼관리, 취미생활, 인적교류 증진 등 사적인 일에 유용하게 활용하고 있다. 여기서 에너지 재충전을 비롯해서 심심찮은 재미까지도 보고 있다. 그러다 보니 야근이나 회식으로 붙잡기는커녕 그들이 즐기는 일들을 지원해 주는 리더가 지속적으로 늘고 있다. 이러한 업무 외적인 장면에서의 즐거움은 팔로어의 업무사기에도 긍정적으로 영향을 미치기 때문에 리더는 보다 적극적으로 지원해줘야 한다.

일과 생활의 균형이 중요하다는 점을 재인식하고 개인시간을 줄이는 야근, 특근 등의 연장근무 지시는 화급을 다투는 경우를 제외하고는 자제해야 한다. 계획성 없이 리더의 기분에 따라 발령하는 번개회식 집합도 개인의 이익을 훼손할 수 있으니 조심할 일이다. 그리고 팔로어들이 원할 경우 그들의 행사에 기꺼이 참여하여 마음을 섞어주면 팔로어들의 즐거움을 배가 시켜주고 서로 유대관계도 깊어져서 일석이조의 효과를 누릴 수 있다.

직원들의 행복이 나의 최대 관심사이다. 그들은 한 번밖에 없는 인생의 가장 소중한 시기를 소니에 맡긴 사람들이기 때문에 반드시 행복해져야 한다.
― 모리타 아키오(소니 전 회장) ―

chapter 12

생산적인 긴장감을 조성해라

긴장 속에서 팔로어의 다이나믹이 싹튼다

'세계자동차산업의 메카'로 불렸고, 1950, 60년대 미국에서 주민소득 1위 도시였던 디트로이트 시티가 2013년 7월에 파산했다. 자동차산업의 쇠퇴로 인한 재정고갈이 결정적인 원인이었다. 공무원들의 예산낭비와 과잉복지도 파산을 거들었다. 역대 시장과 공무원들이 시 살림은 살피지 않고 흥청망청 돈을 써댔고, 정치인들의 분에 넘치는 복지를 약속으로 시 예산의 38%나 되는 돈이 공무원 교사 경찰 소방관 등 은퇴한 공공근로자의 연금 지급에 소요되었다.

그런데 미국 정치와 경제에 영향을 미칠 이러한 거대도시의 파산을 연방정부는 왜 냉정하게 보고만 있었을까? 답은 간단하다. 비록 공공부분이지만 스스로 책임지라는 뜻과 다른 도시들이 이것을 보고 긴장감을 가지라는 뜻이었다. 이러한 모습은 분명 다른 도시들로 하여금 디트로이트 꼴이 되지 않기 위해서, 그리고 더 안정적인 재정운영을 위해서 진력하게 만들었을 것이다. 민간부문은 당연하다 하지만 공공부문까지도 이러는 미국이 한편으로 보면 무척 냉정하게 보일지 모른다. 그렇지만 이런 생산적인 긴장감을 불어넣어 줄 수 있는 정책들의 철저한 집행은 오늘날 미국이 세계 최강 자리를 유지하는 데 큰 역할을 하고 있지 않을까?

과도한 긴장감은 당연히 문제가 되지만 건전하고 생산적인 긴장감은 사람이 살아가면서 없어서는 안 될 중요한 요소이다. 생산적인 긴장감은 조직에서 필연적으로 발생하게 되는 도덕적 해이를 줄여준다. 무임승차 발생을 억제하는 것이다. 그리고 조직이 노화될 때 초래되는 비능률성과 조직이 안정될 때 생겨나는 무사 안일주의에 빠지는 것을 막아준다. 아마도 카르타고의 강력한 위협과 공격이 없었다면 로마제국은 존재하지 못했을 것이고, 충녕대군이 장남으로 태어나 무탈하고 원만하게 왕위를 받았다면 세종대왕은 우리 민족 최고의 대왕으로 자리매김하지 못했을런지도 모른다. 또 오늘날 애플의 지속적인 공격과 견제가 없다면 삼성전자가 전자업계 세계최고의 위상을 구가할 수 있을까? 다시 말해 생산적인 긴장감이 있었기에 찬란한 제국이 만들어지고 위대한 왕이 탄생될 수 있었고, 생산적인 긴장감이 상존하고 있기에 세계 1등 스마트폰 회사의 위상이 유지되고 있는 것이다.

'요크스-다드슨Yerkes & Dodson 법칙'은 긴장감의 수준이 낮을 때는 주의가 산만해 쓸데없는 정보에도 신경을 쓰게 돼 업무수행

능력이 낮지만, 반대로 긴장수준이 적절히 높아지면 중요한 정보에만 주의가 집중되므로 업무수행 능력이 좋아지게 된다고 설명한다. 긴장감은 조직의 성과측면에 매우 중요하다는 것이다. 결국 조직 내의 적당한 긴장감은 조직구성원의 업무수행 능력을 향상시켜서 궁극적으로는 성과를 높여준다는 것을 알 수가 있다.

그렇다고 한다면 조직 리더에게 또 하나의 의무가 부과된다. 과도한 긴장감과 미약한 긴장감 어느 한쪽으로 쏠리지 않는 적절한 균형 속에서 팔로어로 하여금 생산적인 긴장감을 느끼게 해주는 것이다. 성과지향적인 조직에 현실 안주주의 직원 한두 명이 새로이 들어왔을 경우 리더가 이를 그대로 방치하면 가랑비에 옷 젖는 줄 모르게 그 조직은 하향평준화의 길을 걷게 될 수가 있다. 그래서 리더는 늘 팔로어에게서 긴장감이 빠져나가지 않도록 관심을 두고 살아야 한다. 고대 중국의 손무는 손자병법 제11장 구지九地편에서 한발 더 나아가 이런 말을 하였다. "당신의 군대를 아주 위태로운 상항에 투입하라. 그러면 그들은 살아남을 것이다. 그들을 절망적인 상황에 빠뜨려라. 그러면 그들은 그것을 극복할 것이다."

양 같은 리더는 팔로어도 바라는 바가 아니다

저성장의 지속이 회사의 매출을 감소시키고, 매출감소는 인원감축과 채용감소로 이어지면서 오늘날 대부분의 직장은 과거 그 어느 때보다도 숨 가쁘게 돌아가고 있다. 그러나 이런 상황하에서도 시대의 흐름에 부응하는 조직이 있는 반면에 직급이 두어 단계만 내려와도 직원들이 전혀 다른 세계에 살고 있는 듯한 분위기를 보이는 조직도 있다. 이런 조직에서는 조직구성원들이 오로지 자신에게 익숙한 것, 지금까지 쭉 해온 것에만 집착할 뿐, 무사안일주의가 팽배해서 긴장감이란 찾아볼 수 없다.

 조직이 이렇게 되는 데에는 조직구성원을 좀 더 편하게 근무할 수 있게 해주고 그들의 자유를 보다 더 보장해주는 직장민주화의 바람이 어느 정도 한몫을 하고 있는 것이 사실이다. 그러나 팔로어에 대한 과신으로 팔로어들이 현실에 안주하게 만든, 생산적인 긴장감을 불어넣지 못한 리더에게도 큰 책임이 있다. 리더는 의욕을 가진 팔로어를 새로운 일로 흥분시키거나, 조직 발전을 저해하는 팔로어를 따끔하게 벌하거나, 조직을 긴장시킬 수 있는 신규직원을 과감히 투입하는 등의 행동을 해야 한다. 그러지 못해서 팔로어가 긴장이 풀어진 채로 방치된다면 어느 날 갑자기 리더도 조직과 함께 바람처럼 사라질지도 모른다.

 그렇다고 해서 긴장감을 지나치게 조성하면 그것도 문제이다. 지나친 긴장감은 불안감을 야기해 팔로어로 하여금 신선한 모험을 시도하지 않게 만드는 것은 물론이고 평범한 일조차 못하게 만들 수도 있다. 그래서 긴장감을 조성할 때 리더는 균형을 맞추는 일이 중요하다. 그러나 균형을 맞춘다고 해서 지나치게 조심스럽게 접근할 필요는 없다. 지금의 직장조직은 팔로어에 대한 보호시스템이 직장차원에서 제도적으로 잘 구축되어 있고, 당돌한 팔로어들이 그 어느 때보다도 많아서 리더 입장에서는 다소 지나치다고 판단되어도 팔로어가 리더와 동일하게 인식하지 않을 가능성이 높기 때문이다. 다소 과감해도 무방하다는 얘기다.

때로는 갑판에 불을 질러라

팔로어에게 생산적인 긴장감을 불어넣어 주기 위해서는 다음의 사항을 숙지해야 한다.

첫째, 경쟁분위기를 조성한다. 경쟁을 좋아하는 사람은 사실 거의 없다. 경쟁은 정신적으로, 그리고 육체적으로 아주 피곤한 일이기 때문이다. 그러나 성과를 내야 하는 조직에서 경쟁은 절대적으로 필요하다. 경쟁은 조직구성원으로 하여금 생산적인 긴장감을 느끼게 하여 그와 조직의 성과를 높여주고, 궁극적으로는 생존과 직결되어 있는 '전투'에서 이길 수 있게 만들어주기 때문이다. 그래서 리더는 팔로어들이 생산적인 긴장감을 느끼도록 조직을 적절한 경쟁모드로 늘 세팅해 놓아야 한다.

이를 위해서는 먼저 경쟁으로 인해 발생될 수 있는 이익과 손해를 팔로어에게 인식시켜줌으로써 그의 잠재의식 속에 있는 승부욕을 자극하여 겉으로 꺼내줘야 한다. 그리고 절절한 시기를 선택해서 실력이 막상막하인 팔로어 간에 경쟁을 붙인다. 난형난제의 싸움 속에서는 언제나 팽팽한 긴장감이 감돌게 되어 있다. 이 긴장감은 바로 '고성과의 어머니'가 된다. 또한 잘나가는 동료 팔로어들의 능력이나 최근 성과를 직간접으로 알게 해주는 것도 긴장감을 유지시키는 데 도움이 될 수 있다.

둘째, 팔로어를 항상 평가한다. GE의 전 회장 잭 웰치는 유능한 경영자를 언급할 때마다 빠지지 않고 등장하는 인물이다. 그는 이런 말을 했다. "직원들을 평가하여 무엇을 잘못하는지, 어떻게 업무 능력을 키워야 하는지, 자신이 어디로 가는지 말해주지 않는 것이야말로 정말 잔인한 짓이다." 평가하고 그 결과를 확실하고 피드백해주는 것이 무엇보다 중요하다는 얘기다. 그는 GE 재직 중 이 '잔인한 짓'을 하지 않으려고 '중성자 잭'이라는 별명까지 얻어 가며 냉정한 평가와 확실한 피드백을 실행하였다.

생산적인 긴장감을 불러일으킬 수 있는 자극은 팔로어, 리더 그리고 조직의 발전을 위해 필요하다. 수시 또는 정기적으로 평가받고 있음을 아는 것만으로도 팔로어들은 긴장한다. 그들은 평가가 그들에게 미치는 영향을 잘 알기 때문이다. 그러나 이것만으로는 부족하다. 직접적으로 평가 상황을 알게 해야 한다. 특히 평소 태도가 불량하고 미흡한 성과를 보이는 팔로어에게는 자신이 처해 있는 위치를 명확히 알 수 있도록 확실하게 피드백해줘야 한다. 현재의 문제 상황이 자신과 조직에 미칠 악영향을 알게 만들어야 팔로어로부터 긴장감을 끄집어낼 수 있다. 또한 리더는 적절한 시점을 택해서 잘한 팔로어에게는 포상하고 문제 있는 팔로어에게는 제재를 가하는 신상필벌도 단행해야 한다. 물론 벌로 느껴지는 제재는 최후의 히든카드로 남겨놓아야 하지만 말이다.

셋째, 새롭고 도전적인 일을 만든다. 일반적인 조직에서는 하는 일의 대부분이 반복되는 일이다. 이런 일들은 어차피 진부할 뿐더러 수행방법을 팔로어들이 익히 잘 알고 있기 때문에 호기심이나 관심을 유발하기는커녕 잘못하면 그들을 매너리즘에 빠뜨릴 수가 있다. 그래서 리더는 반복되는 경상적인 일에다가 새롭고 도전적인 일들을 추가해야 한다. 새로운 일이 벌어지면 그 일에서 누군가가 기회를 포착하기 시작하고 급기야 열정 있는 팔로어들은 흥분한다. 이런 상황에서 바로 조직의 생산적인 긴장감이 싹트는 것이다. "진정한 긴장감이란 기회를 더 많이 보는 것이다." 리더십의 대가인 미국 하버드대학교의 존 코터John Kotter 교수의 말이다.

리더는 항상 조직 안과 밖을 주시해야 한다. 조직 내의 업무 중에서 도전적으로 새로이 시도할 일은 없는지, 기존의 일에서 창조적으로 리메이크 할 일은 없는지 등을 찾아본다. 그리고 경쟁하는 다른 조직에서는 어떤 일이 벌어지고 있는 지, 그들로부터 벤치마킹할 것은 없는지 등을 확인한다. 감수성이 예민하고 늘 최신을 갈구하는 팔로어들도 중요한 아이디어 뱅크이다. 특히 항상 동적이고 의욕이 충만한 팔로어들로부터 새로이 하고 싶은 일이 무엇인지를 파악한다. 이렇게 다양한 방법을 이용하여 모은 새로운 일거리 중에서 팔로어들에게 가장 호기심을 주고 도전의식을 느끼게 만들 수 있는 일을 발췌하여 그것을 추진한다. 이러한 일들은 신선한 긴장감을 불러일으키기 충분하다.

넷째, 긴장을 조성하는 말과 행동을 한다. 다른 것은 몰라도 긴장감만큼은 조직의 상층에서 하층으로 흐른다. 바꾸어 말하면 리더가 긴장하지 않으면 팔로어에게 긴장감을 주기가 어렵다는 얘기다. 사실 이 스트레스 받는 일을 팔로어가 스스로 자초하겠는가? 그래서 리더 자신이 긴박하게 움직임으로써 생산적인 긴장감이 자연스럽게 팔로어에게 옮아가도록 하는 것이 필요하다.

실상을 정확하게 알리기 위해서는 위기상황을 리얼하게 말해야 한다. 그러나 때에 따라서는 전략적인 측면에서 선의의 거짓말도 필요하다. 그래서 전문가들은 긴장감 조성이 긴급할 때는 '불타는 갑판전략Burning Platform Strategy'을 쓰라고 권유한다. 이것은 배의 갑판에 큰 불이 나서 뛰어내려도 죽고, 그대로 있어도 죽을 초비상상황임을 알리는 전략이다. 그리고 위기상황이지만 "모두가 그렇지 않고 당신만 그렇다."는 식으로 말하는 것이다. "모두가 비상이라면 나 역시 그럴 수밖에 없겠지."하며 대수롭지 않게 생각할 것도 '당신만'이란 말을 듣게 되면 당연히 두리번거리며 긴장하게 된다.

리더의 행동도 마찬가지이다. 말로는 위기를 외쳐 놓고 자리에 태평스럽게 앉아 PC 마우스나 만지작거리고 있으면 팔로어로부터 "너나 잘하세요."라는 말을 듣게 된다. 이율배반적인 행동은 하지 말고, 머리 싸매고 고민만 하지 말고 팔로어가 있는 곳을 바쁘게 휘젓고 다녀라. 때로는 정말 큰일이 난 것처럼 오버액션을 취하라. 리더가 비상이면 팔로어도 비상이 걸리게 마련이다.

어떤 기업이든 현재의 영광에 안주해서는 안 된다. 아침에 눈을 뜨는 순간부터 긴장을 늦춰서는 안 된다. 그래서 나는 리더의 지위를 이용하여 회사 전체에 위기감을 조성하였다.

— 빌 게이츠(마이크로소프트사 창업자) —

권한을 주었으면
책임도 줘라

팔로어의 책임의식에 빨간불이 켜져 있다

물론 직원으로 채용한 사람이 맘에 들지 않을 수도 있다. 그러나 실태를 조사한 결과를 보면 상황이 좀 심각하다. 온라인 취업포털 사람인이 기업 인사담당자 311명을 대상으로 "채용한 것이 후회되는 신입사원이 있습니까?"라고 물은 결과 무려 68.5%나 '있다'고 답한 것으로 나타났다. 복수응답 한 것을 토대로 그 유형을 자세히 살펴보면 '면접 때와 달리 열정이 부족한 직원(55.9%)' '책임감이 부족한 직원(47.4%)' '조기 퇴사, 이직하려는 직원(38.5%)' '편한 일만 하려고 하는 직원(38%)' '인사성 등 기본예의가 없는 직원(29.1%)' '스펙만 좋고 실무능력은 부족한 직원(28.2%)' '월급이 적다는 등 불평불만이 많은 직원(28.2%)' '지각, 결근이 잦은 근태불량 직원(23%)' '상사, 선배 말을 잘 듣지 않는 직원(16.9%)'

등 가지가지이다.

그런데 이 중에서 업무성과 창출, 특히 목표달성을 좌우하는 책임의식 항목이 열정에 이어서 두 번째 큰 문제로 지목되고 있다. 한 공공기관이 조사한 결과 역시 직장 직원의 책임의식 문제를 매운 큰 비중으로 제기하고 있다. 이 조사에서는 '뻔한 거짓말과 변명으로 책임회피만 하려는 직원'이 '능력이 없으면서 배우려는 의지도 없는 직원'과 함께 가장 큰 문제로 지적되고 있음을 보여준다.

이처럼 업무성과의 질과 양을 근본적으로 좌우할 수 있는 조직 구성원의 책임의식이 도마 위에 오르고 있다. 이러한 현상은 업무추진 능력이나 대인관계 능력 등의 지적역량 측면보다 도덕성과 직결되는 정신자세 역량에 빨간불이 켜져 있다는 것을 말해주는 것이다. 또한 팔로어 스스로 책임의식을 느껴야 하는 것과는 별도로 조직의 리더가 팔로어의 업무수행에 대한 책임의식을 제고시키는 일이 매우 중요하다는 점을 상기시키고 있다.

팔로어들이 자율을 주면 알아서 잘하겠노라고 해서 그 말을 흔쾌히 믿고 맡기지만 유감스럽게도 후회하는 경우가 빈발한다. 일부러 책임을 소홀히 하는 경우도 없진 않지만 가능하면 편하게 살고 싶어 하는 것이 사람이다 보니 부지불식간에 그러기도 한다. 속도위반 감시 카메라가 설치된 곳에서는 차량들이 제한속도를 잘 지키지만 그렇지 않은 곳에서는 모른 체하고 가속페달을 밟는 거와 다를 바 없다. 그래서 지금 팔로어의 책임감 고양을 위한 리더의 노력이 강하게 요구되고 있다.

팔로어의 책임감을 키워야 할 또 다른 중요한 이유가 있다. 왜냐하면 지식정보화시대 도래 이후로 급속도로 변화하는 세상이 직장인들에게 평생교육과 자기계발을 요구하고 있다. 이런 상황에서 웬만한 전문지식만 가지고는 남과 차별화된 경쟁력을 가질 수 없다. 업무능력 이외에 책임의식 같은 정신역량도 차별화된 경쟁력을 구성하는 중요한 역량으로 작용하고 있다.

물론 책임의식을 발휘시키는 것이 쉬운 일은 아니다. 사람에게는 기본적으로 최소한의 노력으로 최대한의 효과를 얻고 싶고, 가능하면 편하게 지내고 싶어 하는 욕구가 마음 한가운데 자리 잡고 있기 때문이다. 팔로어가 경쟁의 압력을 받지 않고, 책임을 다하지 못해도 문책당하는 일 없고, 나아가서 나태하고 무능해도 직장에서 쫓겨날 걱정이 없는 상황에서는 정상적인 업무성과가 나오기 어렵다. 조직에서 성과를 못내는 리더는 존재할 수 없다. 그래서 리더는 어찌할 수 없는 현실조차도 극복하고 살아가야만 하는 남다른 지혜가 필요한 것이다.

"책임은 내가 진다"는 말은 더 이상 배려가 아니다

국내굴지의 글로벌 기업인 L그룹은 인화로 정평이 나 있는 회사이다. 성과가 다소 미흡하더라도 큰 흠결이 없으면 진급이나 영전에 문제가 없었다. 그리고 열심히 일하다가 실패했으면 한 번 더 기회를 주었다. '가족 같은 직원' '가정 같은 직장' 구현은 L그룹의 중요한 지향점이었다. 이러한 L그룹의 풍토에 변화의 바람이 거세게 불고 있다. 한 계열사에서는 최근 정기인사에서 사업부장 4명 전원이 교체되고 기존 임원 중 승진자가 한 명도 없는 이변이 있었다. 성과에 따라 책임을 묻는 신상필벌이 작동한 것이다. 트레이드 마크인 '인화'라는 단어는 공식적이든 비공식적이든 거의 쓰지 않고 있고, 마치 금지어禁止語처럼 간주되다시피 한다고 한다. 오랜 전통인 감싸는 온정, 인화 중심에서 벗어나 임직원들에게 책임의식을 보다 강하게 갖게 하는 성과중심으로 변신하려는 모습을 그대로 읽을 수가 있다.

온정, 인화, 물론 이것들은 조직운영에 없어서는 안 될 리더의 덕목이다. 그러나 이것 때문에 새롭게 요구되는 가치를 도입하는 일이 결코 소홀히 되어서는 안 된다. 분명한 것은 성과를 내야하는 조직에서 일에 대한 수행책임과 성과책임이 그 어느 때보다도 강하게 요구되고 있다는 것이다. 그렇기 때문에 지금 많은 조직들은 냉정하다는 소리를 들어가면서 까지도 조직구성원들에게 규정적인 책임, 도의적인 책임 준수를 강도 높게 외치고 있는 것이다.

상황이 이러함에도 불구하고 팔로어의 자율적인 업무수행 능력을 지나치게 신봉한 나머지 팔로어의 책임 관리를 등한시하는 리더가 있다. 그러고는 나중에 펑크 난 업무를 바라보며 팔로어에게 뒤통수 맞았다고 때늦은 분통을 터트린다. 그리고 어떤 리더는 "좋은 게 좋은 거지."라며 책임감 없는 팔로어를 바로 옆에 두고서도 모른 체한다든지, "벌집 건드려봐야 나만 손해지." 하며 무책임을 일삼는 팔로어를 그대로 방치하여 조직분위기를 훼

손시키기도 한다. 이런 경우는 책임감 없는 팔로어도 문제지만 자기 책임을 다하지 않는 리더의 도덕적 해이가 더 큰 문제이다. 이런 리더가 만들어 놓은 풍토 속에서 어느 팔로어가 조직에 대한 소속감이나 일에 대한 책임의식을 가질 수가 있겠는가?

또한 자신이 마치 전지전능한 신이라도 되는 것처럼 카리스마가 아니라 '칼 있으마'를 가지고 설쳐대는 리더도 문제이다. 일도 책임도 다 짊어질 테니 잔말 말고 나를 따르라는 리더이다. 이런 리더는 "'내가 다 책임질게, 하라는 대로 해!'라고 하는 것은 직원을 노예로 만드는 짓이다."라고 한 연세대학교 철학과 김형철 교수의 지적을 새겨볼 필요가 있다. 책임을 부여받을 때 비로소 주인의식도 생기고 소속감도 생겨서 팔로어는 일에 몰두하게 되는 것이다.

직장인들은 직장에서 성공하기 위해서는 책임감이 필수적이라는 것을 대부분 잘 알고 있다. 취업포털 사람인이 직장인 1,079명을 대상으로 조사한 결과를 보면 조사대상자 대부분은 책임의식을 승진을 위한 핵심요인으로 인식하고 있는 것으로 나타났다. 이러한 결과는 팔로어들이 책임의식을 중요시하고 있기 때문에 이를 위한 리더의 석질힌 행위가 있어준다면 팔로어의 책임의식을 끌어올릴 수 있는 가능성은 얼마든지 있다는 것을 말해준다.

성과에 따라 공과를 가려라

팔로어의 책임의식을 끌어올리기 위해서는 다음의 사항을 숙지해야 한다.

첫째, 이익과 불이익이 걸려있는 책임을 부여한다. 직장인은 모든 것을 혼자 알아서 하는 자영업자와는 다르다. 직장에는 일을 나누어 할 수 있는 동료가 있다. 특별한 문제가 없는 한 때가 되면 급여와 각종 복리후생이 직장에서 제공된다. 그러다 보니 전적으로 성과에 비례해서 반대급부를 받는 직종을 제외하고는 가능한 업무를 덜 맡고 싶은 심리가 늘 작동한다. 이러한 심리 때문에 '자율'이라는 가치가 존중되어야 함에도 불구하고 그것을 지나치게 신봉하는 것은 위험하다. 그래서 팔로어의 업무에 대한 원심력을 줄이고 구심력을 높이기 위해서는 리더의 적절한 책임 부여가 필수적이다.

직장에서 책임부여의 핵심은 업무목표를 부여하는 것이다. 이때 개개인의 업무목표에 대한 책임한계가 명확해야 하며, 결과에 따라 주어지는 혜택과 불이익 역시 명시적으로 알려줘야 한다. 그렇지 않으면 책임전가 행위가 발생하여 그나마 있는 책임의식마저 약화될 수 있다. 그리고 책임을 주었으면 이행 상황을 근거리 또는 원거리에서 철저하게 관리해야 한다. 자율을 올바르게 실천하고 책임의식이 투철한 몇몇 팔로어를 제외하고는 모두가 관리대상이다.

둘째, 책임완수 여부를 평가한 뒤 상응하는 대가를 지불한다. 어느 직장 할 것 없이 연말이 되면 승진인사와 이동인사가 단행된다. 이때 본의 아니게 집으로 향할 수밖에 없는 임직원들의 명단도 어김없이 등장한다. 특히 임원들에게는 이런 일이 연말에만 국한되지 않는다. 연중에도 벌어진다. 주어진 책임이행 여부에 대해 공과를 가리는 것이다. 이렇게 좋든 나쁘든 상응하는 대가가 지불되다 보니 직장인들은 자신에게 주어진 책임을 보살피며 살아가는 것이다. 상과 벌에 초연한 채 생활하는 직장인도 물론 있겠지만 몇 명이나 되겠는가?

팔로어의 공과를 결정하기 전에 리더는 그들의 업적을 투명하고 공정하게 평가해야 한다. 공과에 따른 상과 벌은 팔로어에게 가장 민감한 것이기 때문에 만일 객관적으로 인정되기 어려운 평가가 이루어진다면 리더는 이로 인한 거센 후폭풍에 휘말리게 될 수도 있다. 업적에 따른 합당한 보상은 문책 이상으로 책임의식을 유지시키고 높이는 데 결정적인 역할을 한다. 조직차원의 보상에서 간과하기 쉬운 것이 하나 있는데 그것은 바로 개인의 기여여부이다. '링겔만의 실험'에서도 밝혀졌듯이 조직에는 항상 조직의 그늘에 숨어 베짱이처럼 무임승차하는 사람들이 있다. 이들을 보상에서 배제하고, 기여한 팔로어에게 보상이 더 돌아가게 하는 것은 기여한 팔로어나 기여 안 한 팔로어 모두의 책임의식을 고양시키는 데 있어서 매우 중요하다.

셋째, 책임을 당연한 깃으로 여기게 하다. 책임부여, 그리고 그에 따른 상과 벌을 가지고 책임의식을 높이는 방법은 여전히 유효하다. 그러나 이것은 외재적인 동기로 책임의식이 발동되는 것이다 보니 의식을 제고시키는 데 일정 부분 한계가 있는 것은 사실이다. 그래서 내재적인 동기를 자극하여 책임을 이행하게 하는 방법, 다시 말해 책임을 당연하게 생각하게 하는 방법도 이와 함께 동원되어야 한다.

　책임에 대한 내재적 동기는 사명감을 느낄 때 가장 크게 유발된다. 미국 와튼스쿨 조직심리학과 애덤 그랜트Adam M. Grant 교수팀의 연구를 보면 이를 확연하게 알 수 있다. 그들은 미국 내 한 대학교의 콜센터 직원들을 A, B, C 등 3개 그룹으로 나누어 전화로 장학금 재원을 모으는 업무를 맡겼다. 그 결과 장학금이 학생들의 어려웠던 삶에 빛이 됐다는 얘기를 듣고 전화를 한 B그룹 직원들이 단순히 모으는 목적만 가지고 전화한 A, C그룹 직원들보다도 훨씬 모금성과가 높았다. 이러한 결과가 나온 이유는 자신들의 일에 사명감이 생기면서 책임의식이 높아졌기 때문이다. 사명감에 이어서 팔로어의 책임의식 고양에 크게 기여하는 것은 주인의식이다. "나는 조직의 분신이고 조직의 이익은 결국 나의 이익이다."라는 사실을 깨닫는 순간 주인의식은 샘솟게 되어 있다.

　넷째, 책임과 함께 권한도 준다. 월급 주고 일시키는 것이라 해도 책임만 부여하면 팔로어로부터 기대 이상의 업무성과를 얻어내기는 어렵다. 파워의 한계로 어렵사리 일을 해야만 하기 때문이다. 그러나 상응하는 권한도 함께 팔로어에게 넘겨주면 얘기는 달라진다. 삼국지의 맏형 유비는 '도원의 결의'로 얻은 친동생 같은 부하인 관우, 장비를 비롯하여 제갈공명, 조자룡 등에게 권한을 철저하게 위임하였다. 그 결과 이들 부하들은 주어진 책임을 완수하는 데 목숨을 두려워하지 않고 싸웠다. 이처럼 권한위임은 책임의식을 넘어서 목숨을 건 헌신까지도 얻어낼 수 있는 힘을 가지고 있다.

권한을 줄 때는 일단 믿고 맡긴다. 작금의 지식정보화시대를 살아가는 팔로어들은 과거의 팔로어와는 다르게 출중한 팔로어들이 많다. 이러한 팔로어들은 능력도 있지만 일단 책임과 함께 권한이 주어지면 그 책임을 멋들어지게 완수하기 위해 자존심을 건 '폭풍질주'도 마다하지 않는다. 또한 권한과 함께 책임을 주게 되면 결과 부실로 책임을 묻게 되는 불상사가 발생된다 해도 문책에 대한 팔로어의 이의제기를 줄일 수 있어 '불복'으로 생겨날 수 있는 리더와 팔로어 간의 불협화음을 최소화시킬 수 있다.

부하에게 지울 수 있는 책임은 한정된 직무상 책임에 국한되며 일의 성사, 공과에 대한 책임은 당연히 책임자가 져야 한다. 그러나 명심해야 할 것은 권한을 위양하여도 책임은 남는다는 책임 불변의 원칙이다.

— 이병철(삼성그룹 창업자) —

chapter **14**

몰입하게 해라

> 몰입은 '최소의 노력으로 최대의 효과'를 담보한다

이 회사는 24만 평의 드넓은 부지에 아름다운 호수, 야생사슴이 출몰하는 숲, 회사 정식 직원인 정원사가 열과 성을 다해 꾸미는 산책로, 눈을 즐겁게 함은 물론 영감을 자극하고 지적인 호기심을 불러일으키는 예술작품으로 가득 차 있는 회의실 및 휴게실을 갖추고 있다. 체육과 복지시설 역시 다양하다. 라켓볼, 테니스, 배구, 축구, 요가, 댄스를 배우거나 즐길 수 있다. 병원과 마사지 센터가 직원의 건강을 챙겨주고 피곤한 심신을 풀어준다. 사원식당은 최고급 레스토랑을 방불케 하고 두 개의 보육시설에서는 300여 명의 직원 자녀들을 돌봐준다. 직원들은 자녀들과 행복한 점심시간을 즐길 수 있다. 이뿐만이 아니다. 모든 직원들에게 1인 1사무실을 보장하고 있어 1천 100명이 근무하는 회사에

1천 100개의 사무실이 있다. 이 회사 회장 짐 굿나잇Jim Goodnight은 직원들이 이를 통해 행복을 느끼고 일에 몰입하여 창조적인 성과를 거둘 수만 있다면 이 이상도 가능하다는 각오를 피력한다.

우리나라의 직장상황에서는 도저히 상상할 수 없는 파라다이스 같은 회사가 도대체 어디인지 궁금할 것이다. 이 회사는 다름 아닌 2013년 세계에서 가장 일하기 좋은 기업 2위에 뽑힌 미국 노스캐롤라이나주에 자리 잡고 있는 기업용 소프트웨어 개발회사 SAS이다. 2013년에는 구글에 밀렸지만 그간 1, 2위 자리를 놓친 적이 없다. 이와 같은 회사에서라면 어느 직원이 조직에, 그리고 일에 몰입하지 않을 수 있겠는가?

오늘날 경영자를 비롯한 리더들은 누구 할 것 없이 조직구성원들이 그들이 원하는 방향으로 몰입하기를 기대하고, 또한 그것을 위해 노력한다. 그러나 여기 이를 무색하게 하다못해 아연실색하게 하는 조사 결과가 있다. 몇 년 전 글로벌컨설팅기업 타워스왓슨이 글로벌 인적자원 보고서를 통해 발표한 자료에서 우리나라 직장인 중 자신의 업무에 완전히 몰입하고 있는 직원이 불과 6%밖에 안 되는 것으로 나타났다. 이는 세계 평균수준인 21%에도 크게 못 미치는 수순이다. 몰입하지 않고 마지못해 회사에 다니는 직원은 48%로 이 역시 세계평균인 38%와 큰 차이를 보였다. 이 자료는 우리나라의 조직 리더들에게 구성원들의 몰입에 관심을 가지는 일이 얼마나 중요한지를 그대로 알려주고 있다.

일과 조직에 대한 몰입이란 리더가 팔로어를 자기가 맡은 일에 관련시키고 참여시켜서 팔로어 스스로 조직에 빠져들게 만드는 것이다. 사람들은 누구나 자신에게 직접적인 이해관계가 얽히는 일 중심으로 관심을 갖게 마련이다. 조직에서 일하는 팔로어도 마찬가지이다. 자신에게 부여된 업무 중에서 특별히 좋아하는 업무, 싫어도 자신이 할 수밖에 없는 업무에 주로 관심을 갖는다.

그러나 조직에는 팔로어들이 손을 맞잡고 공동으로 해야 할 일, 자신의 일이지만 갑작스럽게 부여되는 긴급한 일도 있다. 개인 고유의 업무를 하는 데도 몰입이 어렵다고 하는 판국에 이런 경계가 모호하거나 예상 밖의 일에 몰입이 잘될 리가 없다. 그러나 리더는 팔로어의 호好, 불호不好와는 상관없이 조직의 일이기에 어떻게든 해내야만 한다. 그래서 리더가 팔로어를 업무에 몰입되도록 만드는 일은 중요하다.

몰입을 시켜야 할 또 다른 이유는 '최소의 비용으로 최대의 효과'를 거두기 위함이다. 턱없이 부족한 팔로어를 데리고 산적해 있는 조직의 과제를 효율적으로 추진하고 성과를 극대화시키기 위해서는 팔로어의 조직과 일에 대한 몰입에서 그 답을 찾아야 한다. 몰입만 제대로 이루어지면 가장 경제적인 성과를 일구어낼 수가 있다. 야근이고 연장근무고 다 필요 없게 된다.

미국의 경영컨설팅 회사인 헤이그룹Hay Group의 조사 결과를 보면 리더가 팔로어를 몰입할 수 있도록 하는 일에 특별히 진력해야 할 당위성이 더욱 자명해진다. 조사 결과에 따르면 성과창출에 몰입하는 직원들은 그렇지 못한 직원들에 비해 무려 43%나 생산성이 높은 것으로 나타났다. 따라서 리더는 항상 리더의 역량과 조직의 환경을 팔로어의 몰입을 향해 정렬시켜 놓아야 한다.

조직의 고성과는 팔로어의 직무 몰입에 달려있다

지금 저성장이 전 세계적으로 지속되는 상황에서 살아남기 위한 기업 간의 경쟁은 더욱더 치열해지고 있다. 국내에 글로벌 기업들이 많다 보니 세계적인 상황도 국내 상황 못지않게 우리나라 경제 전반에 매우 민감하게 영향을 미친다. 그러다 보니 경영층이 분망해지면서 바로 아래에 위치해 있는 리더에게 주문하는 요구사항도 급격히 증가하고 있다. 이러한 과제들은 예외 없이 팔로어와 함께 풀어나가야 하는 것들이다.

그런데 팔로어들은 자신의 일 외에도 이것저것 하고 싶은 것들이 너무도 많다. 직장 일을 뒷전으로 밀리게 만드는 사적인 관심사들도 많다. 특히 신세대 직장인들에게는 이런 현상이 더욱 두드러진다. 상황이 이러하다 보니 팔로어를 리더가 하고자 하는 일에 몰입시키기가 만만치 않다. 그래서 상부로부터 부여받은 막중한 조직목표와 이 일 저 일로 주의가 분산되어 있는 팔로어 사이에서 리더는 고민에 빠지게 된다. 이런 때에는 팔로어의 몰입을 유도하는 리더십 발휘가 미흡한 리더야말로 부진한 업무성과 때문에 경영층으로부터 능력 없는 리더로 눈 밖에 나기 십상이다.

스티브 잡스를 보자. 그는 그의 유명세 못지않게 독선으로 조직을 이끌고 능력 없는 직원들과 말 안 듣는 직원들은 혹독하게 대한 냉혹한 사람으로도 알려져 있다. 그러나 그는 직원들에게 감동을 안기고 감사를 표했고, 축하할 일이 있을 때는 파티를 열어 사기를 북돋웠고, 회사에 기여한 직원에게는 반드시 보상했다. 다음은 애플의 전 수석부사장이었던 제이 엘리엇Jay Elliot의 말이다. "잡스는 '전념할 수 있는 환경'을 중요하게 생각했다. 심한 압박감과 무리한 요구에도 불구하고 팀원들은 그 팀에 소속되어 있다는 것을 영광으로 생각했다. 세월이 흘러 되돌아볼 때 다시는 해보지 못할 경험이라 생각될 그런 일을 하고 있는 느낌을 받았다. 직원들은 일하고 싶어서 안달이 났다." 잡스가 직원들을 몰입시키는 데 귀재였음이 틀림이 없다.

"잡스는 천재적인 사람이었기에 가능했던 것 아니냐?"라고 묻는다면 그것은 주변상황을 제대로 모르고 하는 질문이다. 보통의 리더들 가운데에서도 업무현장에서 나름의 방법을 통해서 팔로어를 업무에 몰입시켜 보람을 느끼게 해주고 우수한 조직성과를 거두고 있는 리더들이 상당히 많다. 그들은 제한된 여건 속에서도 돋보기로 햇볕을 한곳에 모으듯이 설레는 비전으로, 피할 수 없는 목표로, 인간적 매력으로, 일하고 싶은 환경조성으로 팔로어를 조직이 나아가는 방향으로 몰입시킨다. 팔로어를 몰입시키는데 부족함이 있다고 평가를 받는 리더는 "초점을 맞추기 전까지 햇빛은 아무것도 태우지 못한다."고 한, 전화기를 발명한 알렉산더 벨Alexander G. Bell의 말을 곱씹어볼 필요가 있다.

하고 싶은 일을 하게 해라

팔로어를 조직에 그리고 일에 몰입시키기 위해서는 다음의 사항을 숙지해야 한다.

첫째, 관심을 끌 수 있는 업무목표를 설정한다. 원대한 꿈은 사람을 뛰게 만들고 제대로 된 목표는 사람을 일어서게 만든다. 그래서 꿈과 목표는 모두 몰입에 중요하다. 그러나 꿈은 다소 추상적이어서 중단기적으로 성과를 내야 하는 조직의 팔로어에게 주목을 받지 못할 가능성이 크다. 그렇기 때문에 보다 효과적으로 몰입하게 하기 위해서는 목표를, 특히 팔로어의 관심을 끌 수 있는 업무목표를 설정하는 것이 중요하다.

업무목표를 부여할 때는 가능한 스스로 결정할 수 있도록 하게 한다. 리더가 던져준 목표는 리더의 일이고 자신이 설정한 목표는 자신이 해야 할 일이라고 생각하는 경향이 있다. 그래서 팔로어의 몰입도를 높이려면 자신이 고민한 흔적이 고스란히 남아있는 목표를 가지고 뛰게 해야 한다. 그리고 목표는 팔로어의 능력과 의욕에 적합하게 설정해야 한다. 목표가 지나쳐도 또는 모자라도 몰입을 유도하지 못한다. 만년 꼴찌의 직원에게 1등 하라고 하면서 큰 목표를 주면 그가 목표에 몰입하겠는가? 또한 목표는 명확해야 한다. 불명확한 목표는 추상적인 꿈과 다를 바 없다. 추상적인 꿈, 달콤하기만 한 꿈은 언제든지 꿀 수 있지만 현실과는 거리가 있다. "도대체 어쩌라는 거야?"라는 불만이 나오는 순간 몰입을 향한 팔로어의 행보는 중단된다.

둘째, 성과에 대한 보상과 책임은 철저해야 한다. 사람은 누구나 행한 일에 대한 반대급부를 기대하기 마련이다. 그래서 돈이든 명예든 보상을 바라지 않고 직장에서 일하는 사람은 없다 해도 과언이 아니다. 보상은 몰입하게 만들지만 남들보다 더 많은 보상은 몰입으로 몰아넣는 속도를 가속시킨다. 그렇다 보니 보상

없이 몰입을 논한다는 것은 곤란하다. 책임도 몰입에 대한 영향력의 크기가 보상과 대동소이하다. 책임 불이행은 대부분 팔로어의 불이익으로 직결되기 때문이다.

팔로어의 취향은 각기 다르기 때문에 보상받고자 하는 것이 다를 수가 있다. 몰입을 유도하기 위해 일을 생계의 도구로 여기는 팔로어는 금전적이고 물질적인 보상을, 일을 출세 수단으로 보는 사람들은 명예 등의 비금전적인 보상을 해준다. 만일 일을 소명으로 보는 사람들이 있다면 자율적으로 일할 수 있도록 환경만 잘 조성해주어도 몰입하게 만들 수 있다. 사명감에 불타는 팔로어에게 보상을 들이댔다가는 몰입은커녕 오히려 있던 몰입 의욕마저 사라지게 만들 수 있으니 주의해야 한다. 그리고 보상의 다른 한편에는 결과에 따른 책임이 있다는 것을 분명히 주지시켜야 한다. 책임과 벌에 약한 게 사람이다.

셋째, 이익과 손해를 알게 해준다. 이익은 챙기고 싶고 손해는 보고 싶지 않은 것이 사람의 마음이다. 직장의 팔로어라고 다를 바 없다. 특히 이재利財에 밝은 사람들은 이익과 손해 여부에 따라서 부초처럼 흔들린다. 그래서 돌아오는 이익이 무엇이고, 하지 않음으로써 날리는 기회나 입게 되는 손해를 알려주는 것은 팔로어의 몰입을 위해 중요하다.

행함으로써 얻어지는 이익에 대한 정보를 제공해주는 것은 중요하다. 그런데 몰입을 위해서라면 이것보다 기회손실, 즉 하지 않음으로써 예상되는 손해를 알려주는 것은 그 이상으로 중요하다. 왜냐하면 사람은 이익보다 손실에, 즉 기대하지 않고 있던 것이 생기는 것보다 이미 내 것으로 가지고 있던 것이 눈앞에서 사라질 때 더 민감한 반응을 보이기 때문이다. 노벨 경제학상 수상자인 미국의 인지심리학자 다니얼 카너먼Daniel Kahneman과 행동과학자 아모스 트발스키Amos Tversky는 이를 '손실기피개념'으로 설명하고 있다. 주식의 경우, 미숙한 투자자들은 올라간 주식을 일찍 팔아치우거나, 매수한 이후 가치가 떨어지는 주식을 계속 붙들고 있는다고 한다. 손실이 생길 수 있는 모든 가능성을 피하려는 사람의 욕구 때문이다.

넷째, 좋아하는 일, 소질 있는 일을 하게 한다. 자신이 좋아하고 자신의 능력으로 얼마든지 해낼 수 있는 일을 하는 것처럼 행복한 일이 또 어디 있을까? 이런 일을 하게 되면 일에 대한 몰입은 자동으로 이루어질 것이다. 조직에서도 성과를 내야 하기 때문에 팔로어들에게 소질 있는 업무를 하게 할 가능성은 상당히 높다. 그러나 좋아하는 일을 할 수 있는 가능성은 하지 못할 가능성보다 훨씬 낮다. 내가 좋아하면 남들도 좋아하다 보니 자리를 차지하기 위해서 경쟁이 치열해지기 때문이다. 그러나 이에 대해 리더가 좀 더 관심을 가지면 상당 부분 조치가 가능하다.

어떤 업무를 하면 팔로어가 능력을 최고도로 발휘할 수 있는지를 알기 위해 평소에 팔로어들의 업무추진 상황을 면밀히 관찰한다. 여기서 확인된 업무중심으로 일을 하게 하면 당연히 팔로어는 고무되면서 몰입하여 열심히 할 것이다. 많은 직원들을 그들이 좋아하는 업무에 배치시키기란 어려운 일이다. 그래서 부서 내에서 불가능하면 눈을 밖으로 돌려 다른 부서에까지 가능성을 타진해본다. 팔로어가 좋아하는 일을 한다는 것은 해당 팔로어에게 몰입과 행복을 동시에 가져다줄 것이다.

다섯째, 일과 삶의 균형을 맞춰준다. 직장인에게는 일주일에는 업무를 하는 평일이 있고 업무에서 해방될 수 있는 휴일이 있다. 그리고 평일에는 근무시간이 있고 근무 외 시간이 있다. 또한 한 시간에는 일하는 시간이 있고 쉬는 시간이 있다. 이러한 시스템은 우리에게 일과 삶의 균형을 제공해주고, 동시에 일과 삶의 중요성을 잘 알려준다.

그럼에도 불구하고 바쁘다는 이유로 남들은 휴식을 취하는 금쪽같은 시간에 허구한 날 팔로어와 일을 부여잡고 있는 리더가 있다면 이것은 심각한 문제가 아닐 수 없다. 이런 리더는 신속히 일과 삶의 균형을 찾고, 팔로어에게는 이것을 찾아줘야 한다. 쉬는 날, 쉬는 시간을 제대로 쉬지 못하면 일하는 날과 일하는 시간에서의 업무 몰입은 기대하기 어렵다. 사실 일을 제대로 했는지 안 했는지 와는 상관없이 토요일, 일요일 회사에서 시간을 보냈을 때 정작 일을 해야 하는 그다음 날인 월요일에 업무 몰입이 어려웠던 기억들을 가지고 있지 않은가?

> 축구선수가 자신도 모르게 놀라운 기술을 발휘해 골을 넣는다. 수비수 태클로 인한 부상의 고통은 저 멀리 사라진다. 화가가 며칠째 그림 그리기에 열중한다. 변변찮은 보수에도 불구하고 창작의 기쁨을 느낀다. 이들의 공통점은 '몰입'하고 있다는 것이다.
>
> ― 미하이 칙센트미하이 (미국 클레어몬트대학교 교수) ―

chapter 15
다양한 목소리에 귀 기울여라

팔로어의 고언苦言 속에 리더는 성장한다

1960년대 초 쿠바에 피델 카스트로 공산혁명 정부가 들어서자 미국의 케네디 정부는 당황했다. 그냥 놔두었다가는 손톱 밑 가시가 되어 손을 곪아 터지게 만들 판국이라 좌시할 수 없었다. 그래서 쿠바에서 쫓겨난 반정부 군인과 망명자 약 1,400명을 민병대로 훈련시켜 피그스만Bay of Pigs을 통해 침투시켰다. 그러나 작전은 허무한 실패로 끝났고 포로 1,179명은 이듬해 5,000만 달러 상당의 식품·의약품과 교환하는 조건으로 가까스로 석방됐다. 이 사건을 보고 전 세계는 미국을 비웃었고 존 F. 케네디 대통령 스스로도 있을 수 없는 멍청한 작전이었다고 자책하였다.

훗날 전문가들은 "도대체 이 어처구니없는 작전실패가 어떤 원인에서 비롯된 것인가?"를 분석하였다. 그 결과 패인은 크게 두

가지로 파악되었다. 첫째는 쿠바군은 당황해서 투항하고 민병대에 호응하는 민중봉기가 일어나 카스트로 정권이 붕괴될 것이라는 착각이었고, 둘째는 케네디 대통령의 동생이자 로버트 케네디 법무장관 등 핵심참모들이 작전에 대한 대통령의 결심을 각료들에게 전하며 왈가왈부하지 말도록 압력을 가함으로써 발생한 하의상달의 실종이었다. 다시 말해 이 굴욕은 작전승리를 낙관한 최고위 리더 계층의 지도부가 하부의 다양한 의견에 귀 기울이지 않고 일방적으로 밀어붙인 결과였다.

　리더의 결정은 권위에서 발생되는 아집과 독선을 기반으로 불완전하게 이루어질 수도 있다. 특히 뛰어난 성과를 내면서 미래를 개척해온 리더일수록 부하의 요구를 묵살하거나 그들의 비판에 대한 수용을 꺼리는 경우가 많다. 자신에게 부담을 주는 건의자나 비판자를 싫어하거나 배척까지 한다. 이러한 현상이 지속되다 보면 조직의 성장은 약화되거나 멈추고 급기야 뿌리째 흔들리는 사태가 초래된다. 아무리 경륜이 풍부하고 능력이 뛰어나다 하더라도 리더 중심의 결정은 일을 언제나 올바르게 몰고 가지는 않는다는 얘기다.

　조직구성원의 건의사항, 불만사항, 이견사항 등의 다양한 요구사항들 속에서 발견되는 지혜와 전략이 조직의 생존과 발전에 매우 중요하다. 이것을 무시하면 큰 조직이든 작은 조직이든 장기간의 생존을 보장받을 수 없다. 신선한 산소 대신에 이산화탄소나 잔뜩 품고 있는 오래된 공기만 있으면 식물은 시들거리다가 마침내 죽게 되는 것이나 똑같다. 당 태종이 중국 역사상 손꼽히는 명군으로서 '정관貞觀의 치治'를 이룩할 수 있었던 것은 다 그만한 이유가 있었기 때문이었다. 그는 위징魏徵과 같이 죽음을 마다하지 않고 간언諫言하는 충직한 신하를 곁에 두었으며 신하와 백성의 여러 가지 요구사항을 경청하고 존중하였던 것이다.

조직구성원들이 제기하는 요구사항의 중요성에 대해서 전문가들은 한목소리를 내고 있다. '가장 영향력 있는 세계 50대 경영사상가'(영국 파이낸셜타임스) 중 한 명에 선정된 바 있는 세계적인 경영학자 헨리 민츠버그Henry Mintzberg는 "권위주의에 기반을 둔 분석으로는 창조성을 만들 수 없다. 리더는 현장에 몸담고 있는 많은 직원들의 요구와 지적을 경청해야 한다."고 말한 바 있다. 영국 철학자 존 스튜어트 밀John Stuart Mill은 그의 저서 『자유론』에서 한술 더 뜬다. "99명의 찬성과 1명의 반대가 있을 때, 한 명의 목소리를 반드시 들어라." 즉 조직구성원 절대다수가 '오케이' 하는 사안에 대해 단 한 사람이라도 이견을 단다면 그 한 명의 이견조차도 존중하고 고려해야 한다는 말이다. 이쯤 되면 업무의 장면에서 팔로어의 업무 의욕 진작을 위해 팔로어가 요구하는 것들은 점검하고, 수용하고, 처리하는 것이 리더의 중요한 임무 중의 하나라는 점을 흔쾌히 인정하지 않을 수 없을 것이다.

너무 잘 들어주어도 지하철이 거꾸로 간다

사람들은 대부분 독일의 철학자 프리드리히 니체Friedrich W. Nietzsche가 주장한 관점주의Perspectivism의 포로가 되기 쉽다. 관점주의는 자신에게 보이는 대로만 세상을 보고 판단하는 경향을 말한다. 특히 권위를 가진 리더 계층의 사람들은 그렇지 않은 사람들보다 그렇게 될 가능성이 훨씬 더 높다. 그러다 보니 권력에 오를 때까지는 주변의 지지를 얻기 위해 적극적으로 소통하지만 일단 다 올라가면 의식적으로 또는 무의식적으로 귀를 닫으려 한다. 겉으로는 "솔직하게 의견을 개진하라."고 하지만 속으로는 "잔말 말고 따라오라."고 한다. 그리하여 그의 리더십 행위에는 그와 함께하는 다수의 팔로어가 요구하거나 지적하는 내용들은 반영되기 어렵다. 이렇게 되면 당연히 팔로어들의 리더추종 의욕이나 업무추진 의욕은 진작되지 않을 수밖에 없다.

직장의 업무현장에서도 적지 않은 리더들이 이런 모습을 보이고 있다. 어떤 리더는 그나마 소통에 대한 의식이 깨어있어 대화의 장을 만들어서 정기적으로 또는 수시로 팔로어의 건의사항, 이견사항 등을 수렴한다. 그런데 문제는 이런 요구사항을 노트에 적는 데는 귀재인데 이에 대한 조치는 매우 소홀하다는 것이다. 큰맘 먹고, 또는 리더에게 찍힐 것을 각오하고 의욕적으로 건의한 팔로어는 눈이 빠지게 기다리고 있는데도 말이다. 또 다른 형태의 문제리더도 있다. 예산이 많이 소요되는 팔로어의 건의사항을 들어주려다가 혹시나 자신의 상사나 회사로부터 자신이 '눈치 없는 부하'로 취급당할까 봐 두려워서 팔로어의 건의에 알레르기 반응을 보이는 리더, 그리고 팔로어의 비판적 지적에 "감히 내게 대들어?" 하며 자존심부터 내세우고 공격적으로 대하는 리더이다. 이런 리더들은 열심히 일하고자 하는 팔로어의 의욕을 꺾어

머지않아 조직에 '없어서는 안 될 리더'가 아니라 '있어서는 안 될 리더'로 전락될 것이 십중팔구 자명하다.

이와는 달리, 팔로어의 의견이 중요하다는 것을 아는 리더는 바쁜 와중에 시간을 일부러 내거나, 직장 내외에서 함께하는 때에 자연스럽게 접근하여 아래에서 위로 올라오는 이야기에 귀를 기울인다. 이 중 자를 것은 과감히 자르고 합리적인 요구에 대해서는 상부의 지원을 받아내서라도 적극적으로 조치해준다. 이렇게 함으로써 팔로어로부터 호감을 사고, 상사로부터 열심히 일하는 부하로 인정받고, 조직의 성과는 성과대로 끌어올려 일석삼조의 보람을 느끼며 살아간다.

몇 년 전 서울에서 한 승객의 항의로 수많은 승객을 태운 지하철 전동차가 전前 역으로 역주행하여 되돌아가는 전례 없었던 일이 벌어진 적이 있다. 확인 결과, 전동차 운행과 작동은 모든 것이 정상이었는데 단지 한 승객의 생떼에 기관사가 부담을 느껴 다수의 승객으로 하여금 불편함과 위험함을 감수하게 만들었던 것이었다. 들어주는 것, 물론 중요하다. 그러나 무조건 들어주는 것은 분명 위험하다. 팔로어의 요구수용이 중요하다 하여 리더가 소신 없이 극소수의 불합리한 요구까지 들어주다 보면 조직에서도 위와 같은 '지하철 사태'와 같은 일이 얼마든지 일어날 수 있다.

"건의사항 없다"는 말을 다 믿지 마라

사실 상사인 리더의 입장에서 부하인 팔로어의 요구사항을 귀를 확 열어 놓고 들어주기란 쉽지가 않다. 리더의 머릿속에 '지시하는 사람'이라는 고정화된 관념이 항상 버티고 있어, '해줘야 하는 사람'이라는 좀 불편한 생각이 잘 수용되지 않기 때문이다. 그러나 어려운 일일수록 하게 되면 득이 된다는 것은 주지의 사실이다. 리더가 팔로어의 요구사항 해결을 위해 주로 해야 할 일은 다음과 같다.

첫째, 건의사항을 수용하고 처리해준다. 팔로어로부터 올라온 건의서를 바라보며 "우리 사원 시절에 이런 것은 건의사항 깜이 전혀 못 되었는데…." 하며 리더는 인상을 구기지만 의식 있고 의사표현에 당돌한 팔로어에게 이러한 건의는 당연한 일일 뿐이다. 상당수의 팔로어들이 회의 등의 말미에 "건의사항 있느냐?"고 물어보면 "없습니다."로 일관하기 때문에 이런 팔로어가 옆에 있다는 것을 리더는 오히려 감사하게 생각해야 한다. 그렇다고 조용한 팔로어가 할 말이 없어서 입 다물고 있는 것만은 아니다. 그들도 마음속에 할 말은 있다. 이렇게 말하는 팔로어나 말하지 않는 팔로어가 가지고 있는 건의사항을 리더가 파악하고 처리해주는 것은 팔로어의 업무의욕을 진작시키는 데 있어서 긴요하다.

리더는 팔로어가 문제의식을 가지고 언제 어디서나 자유스럽게 자신의 의견을 피력할 수 있는 조직풍토를 조성하거나 그러한 자리를 만들어줘야 한다. 회의 말미에 "마지막으로 할 말 있으면 해보세요."라는 식의 건의사항 수용방식만을 고집하는 리더는 팔로어의 건의사항 수렴에 별 관심 없는 리더나 다를 바 없다. 그리고 리더는 항상 팔로어의 마음속에 있는 진실한 의견을 듣기 위해 나서서 노력해야 한다. 사람은 이실직고를 통해 권위를 가진 윗사람의 심기를 건드리지 않으려는 속성을 가지고 있기 때문이다. 또한 자신이 건의내용을 열심히 적으면서 "검토해 보겠다."는 말은 시원하게 잘하는데 그 다음에는 답이 없는 '함흥차사형' 리더는 아닌지 스스로 돌아볼 필요가 있다. 피드백이 불량하면 할수록 팔로어의 입은 더 굳게 다물어진다.

둘째, 이견을 수용한다. 조직에 권위주의가 짙게 깔려 있던 과거와는 달리 리더의 의견에 대해서 다양한 의견들이 제시되고 있다. 그러다 보니 이 과정에서 리더의 의견과는 다른 의견, 즉 이견이 표출되기도 한다. 그런데 다수의 리더들은 조직 내의 팔로어들의 이견제시를 수용하는 데 인색하다. 이에 대해 심리학자들은 리더가 자기합리화와 객관화에 얽매이는 '확신의 덫Confirmation Trap'에 빠져서 자신의 생각이 사실임을 확인시켜주는 정보를 찾고, 자신의 생각에 반하는 정보는 무시하는 경향이 있기 때문이라고 말한다. 그러나 리더가 풍랑 치는 바다 위의 보트 안에서 모두 한편에 몰려 있는 것 같은 아찔한 조직상황을 만들지 않으려면 이러한 덫에서 빠져나와야 한다.

팔로이들의 다른 의견을 수용하고 존중한다. 의견 간에 대체 어떤 차이가 있는지도 분석한다. 이 과정에서 팔로어가 제시하는 이견이 불충분하다고 판단되어서 수용하지 못하는 경우도 있을 수 있다. 이런 때는 조직구성원들을 참여시킨 구조화된 브레인스토밍 등의 기법을 이용하여 이견의 적정성 여부를 확인해 본다. 그리고 리더의 입장에서 다소 불편은 하겠지만 팔로어와의 논쟁가능성을 당연한 것으로 인정하며 살 필요가 있다. '일방통행'식 상하관계가 정상적인 조직에서는 더 이상 통용되지 않기 때문이다.

셋째, 충고나 비판을 수용한다. 리더가 부하인 팔로어로부터 비판을 받거나 불평불만의 소리를 듣는 것은 정신적으로 매우 곤혹스러운 일임에 틀림이 없다. 그렇기 때문에 비판에 비하면 이의제기를 받는 것은 차라리 행복하다. 이렇게 비판을 받아드리기 어려운 이유는 이성적 판단보다 비판에 대한 감정적 반감이 더 크기 때문이다. 충고도 마찬가지이다. 그렇지만 리더도 완벽할 수는 없기 때문에 리더 위 상사의 비판은 물론 팔로어의 비판까지도 온전히 피해갈 수는 없다. 그래서 잘못되었다고 판단되는 사안에 대해서는 비판을 흔쾌히 수용하고 새로운 방향을 모색해야 한다. 이렇게 하면 팔로어는 리더를 공격했다는 '쾌감'보다는 리더의 수용 자세에 감명받아 제대로 일해보고자 하는 의욕을 느낄 것이다.

어렵겠지만 리더의 '업무상 과실'을 지적받거나 그들의 불평불만을 들어보는 공식, 비공식 자리를 마련해본다. 당당하게 일하는 리더라면 이 자리가 그렇게 힘든 자리가 되지는 않을 것이다. 이 자리를 통해서, 아니면 다른 경로를 통해서 리더 자신에게 쏟아지는 비판이나 불평불만의 내용이 무엇인지, 그리고 그렇게 된 이유는 대체 무엇인지를 파악한다. 여기서 정당한 비판은 흔쾌히 수용하여 개선해야 하겠지만 그렇지 않은 비판은 단호히 대응하여 재발되지 않도록 해야 한다. 군중심리나 동조화 심리에 따른 근거 없는 비판일 경우에는 다른 팔로어들도 다 안다.

넷째, 애로사항을 파악하고 처리해준다. 직장에서 잘나가는 사람이나 그렇지 않은 사람이나 할 것 없이 개인적으로 애로사항은 존재하기 마련이다. 여러 개의 나무판을 붙여서 만든 물통에서 어느 한 개의 나무판이라도 높이가 낮으면 아무리 물을 부어도 그 낮은 판으로 물이 새기 때문에 원하는 만큼의 물을 담을 수가 없다. 사람도 마찬가지이다. 비록 한두 가지의 애로사항일지라도 때로는 그것이 결정적인 걸림돌로 작용하여 개인의 생산성 향상, 그리고 그 개인이 몸담고 있는 조직의 성과창출을 가로막는다. 그래서 리더가 팔로어의 애로사항을 파악하고 처리해줌으로써 조직에서 낙오자가 발생하지 않도록 사전에 막아 주어야 한다.

신세대 중심으로 과거보다 의사표출이 자유스러워진 것은 사실이지만 알려지면 자칫 자신의 약점이 될지 모르는 애로사항을 털어놓기는 쉽지 않은 일이다. 그래서 팔로어가 고민거리를 가지고 스스로 다가올 수 있도록 리더의 마음을 늘 오픈하고 살아야 한다. 더 나아가서 리더는 팔로어의 일거수일투족을 주시하면서 애로사항이 있는지 여부를 파악하는 적극적인 행동이 필요하다. 이렇게 해서 애로사항이 발견되면 가능한 최단 시일 내에 면담을 통해서 해결해줘야 한다.

CEO의 높은 연봉은 경청 스트레스에 대한 보상이다. 위로 올라갈수록 아랫사람의 말에 귀 기울여야 하는 경청의 괴로움이 만만치 않다. 나는 대화의 2/3를 듣는 데에 투자한다.

− 앨런 G 래프리(P&G 회장) −

chapter 16

걸림돌을 제거해줘라

안정 속에 발전 있고 성과 있다

휴전선 너머에 있는 북한은 잊을 만하면 사고를 터트려 한반도의 위기를 조장한다. 이제는 만성이 되어서 그러려니 하고 살지만 그래도 그럴 때마다 마음은 편치 않다. 그리고 공동의 번영을 위해서 같이 힘을 합해 나아가야 할 일본은 이미 지나간 역사 문제를 가지고 양국관계를 안타깝게 하기도 한다. 이것은 양국에게 기회손실을 안겨주고 있다. 대한민국의 현안문제를 한 가지 더 짚어보자. 지금 보수와 진보세력 간, 여와 야 간, 정부와 시민단체 간, 정계와 재계 간, 세대 간 등의 다양한 유형의 사회갈등 심화로 나라 구석구석이 몸살을 앓고 있다. 전문 연구소의 통계자료에 따르면 한국의 사회갈등 수준은 OECD 27개국 중 두 번째로 심각하고 이를 경제적 손실로 따져 보면 연간 최소 82조 원에서 246조 원에 이른다고 한다.

이상 몇 가지 열거한 현상을 읽으면서 독자는 대한민국 국민으로서 결코 유쾌하지 않았을 것이다. 아마 힘이 빠지는 느낌이 들었을지도 모른다. 왜냐하면 이러한 현상들 모두는 우리나라가 발전하는 데, 나아가서 개인이 행복을 추구하는 데 분명 저해요인으로 작용되는 것들이기 때문이다.

저해요인은 하고자 하는 사람의 의욕을 떨어뜨리고 나아가는 사람의 발목을 붙잡는다. 직장에서도 마찬가지이다. 다양한 저해요인이 존재하고 있을뿐더러 그것이 사사건건 일에 개입되어 직장인의 업무추진동력을 약화시킨다. 동료 직원 간의 갈등, 물을 흐리는 미꾸라지 같은 직원, 관료주의에 함몰된 리더, 부정적 사고가 팽배해 있는 조직문화 등이 바로 조직구성원들의 일하고자 하는 동기를 저하시켜 발전을 심각하게 저해하는 저해요인들이다.

특히 저해요인을 만드는 주체들이 뒤엉켜서 빚어지는 조직구성원들 간 갈등의 폐해는 심각하다. 가족관계에서 고부간의 갈등 때문에 화목하게 해야 할 가정이 흔들리고 심지어는 붕괴되는 서글픈 현상을 종종 볼 수 있다. 직장에서도 이와 유사한 현상이 벌어진다. 조직구성원 간의 갈등은 당사자들의 업무의욕 저하는 물론 급기야 그들 간의 결별, 즉 이직 사태까지 유발시킨다.

미국 하버드대학교의 테레사 에마빌Teresa Amabile 교수진은 이러한 갈등을 비롯한 여러 가지 형태의 업무저해 요인들을 제거하는 일이 조직의 성과 창출을 위해 조직리더에게 매우 중요한 임무임을 연구를 통해서 알려주고 있다. 그들은 관리자급과 직원급을 대상으로 직원 업무몰입에 관해 연구하였는데, 이 연구에서 직원들은 '업무가 원활히 진행될 수 있는 환경'이 조성되면 몰입도가 높아질 것이라고 답한 것이다. 사실 어떤 일을 추진하는 데 걸림돌 같은 것들이 여기저기 깔려있다면 몰입은 고사하고 그 일이 정상적으로 진행될 수 없을 것이다.

공격만 하는 리더가 트러블 메이커를 키운다

조직구성원들의 능력이 아무리 뛰어나다 하더라도 조직 내 환경여건, 특히 인적 환경여건들이 뒷받침되지 않는다면 능력발휘는 제대로 이루어질 수 없다. 이런 상황에서 그들의 능력은 칼집에 들어 있는 칼일 뿐이다. 지금 기업은 물론 공공기관들까지도 이러한 점을 감안하여 정상적인 직원들이 근무의욕을 잃지 않고 안정적으로 일할 수 있는 근무환경을 만들기 위해 진력하고 있다.

모 경찰청에서는 근무 저해요인을 없애기 위해 의욕적으로 일을 추진하다가 최고위 조직리더가 한바탕 홍역까지 치른 적이 있다. 조직에서 문제를 일으키거나, 앞으로 일으킬 소지가 있는 직원을 적극적으로 특별관리 하라는 내부 지시문건이 적나라하게 외부로 유출되었기 때문이었다. 사실 대상이 되는 직원 입장에서야 '생사'가 걸린 일이다 보니 발끈하지 않을 수 없었을 것이다. 그렇다 해도 조직구성원 절대다수를 위한 리더의 노력을 과소평가할 수는 없을 것이다.

그러나 한편에서는 팔로어들의 업무환경에 무관심한 리더들이 적지 않다. 이런 리더들은 저해요인들이 뒤에서 능력을 좀먹는지 여부에는 아랑곳없이 팔로어의 능력 키우기에만 주력한다. 뒤통수 맞는지는 모르고 '공격 앞으로'에만 골몰하는 것이다. 그리고 당장 성과에 도움이 되는 팔로어만 바라볼 뿐 나머지 팔로어들의 동태에는 크게 관심을 두지 않는다. 이들 중 '트러블 메이커'가 될 수 있는 직원이 발견 되어도 "좋은 게 좋은 거지." 하며 그의 잘못된 행동을 두루뭉술하게 지적하거나 그대로 방치하는 경우도 잦다.

심지어 어떤 리더들은 자신이 이끄는 팔로어들 간의 갈등상황에 대해서 평론가처럼, 다시 말해 외야석에서 야구 구경하며 관전평 하는 사람처럼 얘기하며 수수방관한다든지, 평소 자신에게 집중되는 불만의 화살을 분산시키기 위해 오히려 팔로어 간의 갈등상황을 의도적으로 조장하기도 한다. 이런 리더들은 팔로어들을 일에 달려들게 만들어야 할 판국에 자신의 이익과 안위 도모에만 급급해하는 리더로 그 조직에 있어서는 안 될 리더이다.

물론 조직에서 조직발전과 정상적으로 일하는 팔로어의 발전에 걸림돌이 되는 것들을 제기하는 작업은 언제나 필요하다. 그러나 일을 확장하고 밀어붙이는 공격보다는 문제점에 촉각을 곤두세우는 방어에만 치중하여 빈대 한두 마리 잡으려다 초가삼간 태우는 우를 범해서는 안 된다. 중요한 것은 문제가 되는 환부만을 레이저 수술하듯 잘 도려내야 한다는 것이다.

머리와 마음을 편하게 만들어줘라

팔로어의 생산성은 조직의 안정된 분위기를 먹고 큰다. 일하는 환경이 불안하면 아무리 능력이 출중해도 그 능력은 제대로 발휘될 수 없다. 업무 저해요인을 제거하여 팔로어가 편안한 마음을 가지고 일할 수 있게 하기 위해서는 다음의 사항을 숙지해야 한다.

첫째, 문제 직원을 없앤다. 어느 조직에나 일 잘하고 성실한 팔로어가 있는가 하면, 그렇지 않은 팔로어도 있다. 그런데 조직차원에서 더 큰 문제인 것은 그렇지 않은 팔로어 중에 조직의 일하는 분위기를 심각하게 저해하는 트러블 메이커가 있다는 것이다. 베짱이처럼 일은 안 하고 남의 덕으로 살아가려는 팔로어, 상습적으로 규율을 어기는 팔로어, 배타적인 자기세력을 키워 파벌을 조장하는 팔로어, 시기심으로 우수한 팔로어를 끌어내려서 자신이 그 자리를 차지하려는 팔로어 등이 그들이다. 이들이 존재하는 한 조직에서 정상적으로 일하는 다수의 팔로어에게 피해는 지속적으로 발생할 수밖에 없다. 그래서 리더는 문제를 야기하는 팔로어가 발생되지 않도록 조직을 관리해야 한다.

문제를 유발시키는 것은 그들 고유의 성향 때문이기도 하지만 그럴만한 또 다른 이유가 얼마든지 있을 수 있다. 그래서 리더는 우선적으로 개인별 심층면담을 통해서 그 이유를 파악하고, 그에 따라 조치를 취해야 한다. 지금의 업무나 조직에 부합되지 않는 경우라면 부합되는 타부서로 보내주는 것도 좋은 방법이다. 때로는 강력한 제재도 필요하다. 규율을 위반하는데, 조직의 질서를 파괴하는데, 열심히 일하는 직원들의 사기를 저하시키고 조직 성과를 갉아먹는데 보고만 있을 수 있겠는가? 그렇지만 극한 상황일 경우라 하더라도 다짜고짜 깨는 식의 감정적 접근은 금물이다. 문제가 되는 행동을 이성적으로 지적하고 철저하게 조직의 규정에 입각하여 제재해야 한다. 그래야 불만의 후폭풍이 발생하지 않는다.

둘째, 조직구성원 간의 갈등을 최소화시킨다. 직장인들은 직장에서 어떤 요인 때문에 스트레스를 가장 많이 받을까? 업무와 대인관계 중에서 선택한다면 어느 것일까? 대인관계가 정답이라는 것은 주지의 사실이다. 그러다 보니 같이 근무하는 동료들과 갈등이 생기면 그것이 해결될 때까지 고통의 시간들을 보내게 된다. 이런 상황에서 업무가 제대로 될 리는 만무하다. 그래서 직원들 간에 발생될 수 있는 갈등을 줄이려는 리더의 노력은 아무리 강조해도 지나침이 없다.

그런데 몇 년 전 DBR(동아비즈니스리뷰)이 직장인 1,105명을 대상으로 실시한 설문조사를 한 결과를 보면, 직장인들은 리더에게 요구되는 여러 가지 역량 중에서 갈등조정 역량을 바닥수준으로 인식하는 것으로 나타났다. 갈등을 줄이는 일이 팔로어의 업무생산성을 유지를 위해 매우 중차대한 일인데 이를 해결할 수 있는 리더의 능력이 이 정도로 인식된다는 것은 큰 문제가 아닐 수 없다. 중요성은 높고 역량은 바닥이라는 점을 고려한다면 리더는 갈등관리를 위해 그야말로 혼신의 노력을 쏟아부어야 할 판이다.

모든 것이 그렇듯이 올바른 처방은 정확한 원인파악에 달려있다. 팔로어들이 지나치듯 말하는 피상적인 이유는 갈등해결에 도움이 안 된다. 당사자들의 솔직한 주장, 제삼자의 객관적인 의견, 리더의 통합적 인식에서 근본적인 이유를 찾아야 한다. 그리고 리더가 조직의 성과를 만들어 내는 방식에는 혹시 문제가 없는지 점검한다. 경쟁이란 큰 성과를 만들어주는 요인이기도 하지만 갈등을 만드는 요인이기도 하다. 만일 리더가 성과 창출을 '지상주의' 개념으로 끌고 간다면 경쟁격화로 인해 발생되는 팔로어 간의 갈등은 피할 수 없다. 또한 팔로어들의 갈등을 줄이거나 없애기 위해서는 어떤 방법으로든 조정, 중재 능력을 확보하고 중재자로서의 권위를 팔로어로부터 인정받아야 한다. 리더가 나서서 조정하려 하는데 갈등하는 팔로어들이 말을 듣지 않는다면 그처럼 난감한 일이 없을 것이다. 해결을 위해 조직구성원 모두의 중지를 모으는 일 역시 중요하다. 다자가 개입되어 있는 혼란 속에서 리더 혼자서 할 수 있는 일은 상당히 제한적이기 때문이다.

셋째, 부정적인 조직문화를 제거한다. 조직구성원들을 공동의 목표 아래 하나로 묶을 수 있게 만들어주는 조직문화는 그들의 업무의욕에 영향을 미치는 상수에 가까운 중요한 변수이다. 조직문화가 있을 때와 없을 때, 긍정적일 때와 부정적일 때, 그리고 조직구성원들에게 맞을 때와 안 맞을 때에 따라서 그들의 업무성과는 가히 천양지차가 될 수 있기 때문이다. 변화관리 전문가인 미국 하버드대학교의 존 코터 John Kotter 교수는 그의 연구를 통해서 조직문화가 조직성과에 지대한 영향을 미친다는 사실을 이미 입증해낸 바 있다.

그런데 조직에는 항상 바람직한 조직문화만 있는 것이 아니다. 대다수 조직구성원의 의욕을 끌어내리는 좋지 않은 관행적 습성과 부적절한 근무행태로서의 부정적 조직문화가 한 켠에 자리 잡고 있다. 이 부정적 조직문화, 즉 좋지 않은 분위기를 제거하거나 자라나지 않도록 하는 것은 리더가 관심을 가지고 추진해야 할 중요한 과제이다.

조직에 성과가 부진한 팔로어가 몰려있을 때에는 당연히 업무 추진에 부정적인 분위기가 만들어진다. 내가 부진해도 옆 동료 역시 부진하니 이에 안도하거나 조그마한 성과에도 포만감을 느끼게 된다. 이런 생각들이 쌓이면 "잘하자."가 아니라 "적당히 하자."는 분위기가 조직 전반에 걸쳐 깔리게 된다. 급기야는 그나마 양호했던 팔로어까지 이 분위기에 휩싸인다. 그래서 리더는 다양한 노력을 통해서 이러한 부정적 분위기가 형성되지 않도록 성과가 부진한 팔로어를 격리시키든지, 이들의 수를 줄이든지 해야 한다.

그리고 파벌이 만들어지지 않도록 해야 한다. 조직 내에 학연, 지연, 동호회 등을 중심으로 파벌이 형성되면 파벌 없는 팔로어는 안정적으로 일하기가 어려워진다. 나아가서 이것이 살아남기 위한 불가피한 선택이라는 분위기가 전체 팔로어에게 확산되기라도 한다면 조직이 사방팔방으로 분열되는 것은 시간문제다. 또한 과도하게 일하는 분위기가 형성 되지 않도록 하게 하는 것 역시 팔로어의 중장기적 생산성 저하 방지를 위해 필요하다. 과도하게 일하면 성과가 바로바로 나오기 때문에 당장이야 리더가 쾌

재를 부를지도 모르지만 업무피로가 쌓이고 또 쌓이면 머지않아 팔로어의 생산성이 바닥으로 곤두박질침으로써 리더가 사지에 몰릴 수도 있다.

넷째, 리더에게서 느끼는 불안감을 극소화시킨다. 20세기 인본주의 심리학의 새로운 장을 연 에이브러햄 매슬로우Abraham H. Maslow가 제시한 욕구위계론이 있다. 욕구위계론은 인간의 욕구를 생리적 욕구, 안전 욕구, 사회적 욕구, 존경 욕구, 자아실현 욕구 등 5단계로 나누고, 하위욕구가 충족이 되어야 그다음 단계의 상위욕구로 나아간다고 말하고 있다. 이 다섯 가지 욕구 중 안전욕구는 하위욕구로서 사람이 이루고자 하는 상위욕구를 견인하는 중요한 욕구이다. 그런데 조직에서 리더로부터 인정받지 못한다든지, 수시로 질책이 가해진다든지, 나아가서 징계나 해고의 위협을 느낀다면 팔로어는 불안한 마음 때문에 다음단계의 상위욕구로 나아갈 수가 없게 된다. 그래서 팔로어의 마음을 편하게 해주는 리더의 언행은 팔로어의 고차원적 동기유발을 위해 매우 중요하다.

성과중심조직에서는 당장 갈 길이 바쁜 탓에 리더는 항상 예민해 있다. 그러다 보니 속이 터지는 꼴들이 리더 눈에 너무도 자주 띈다. 그런데 이런 리더의 스트레스는 리더 한 사람의 스트레스로 끝나지 않는다. 주변의 팔로어에게 곧바로 전염된다. 리더는 그가 지나치게 예민해져 있으면 밑에서 일하는 팔로어는 불안해서 일에 몰입을 하지 못한다는 사실을 늘 염두에 두어야 한다. 그리고 팔로어를 안정시키기 위해서는 질책, 벌을 최대한 줄이는 것이 필요하다. 상사마인드에 젖어 습관적으로 팔로어에게 내뱉는 푸념이나 질책, 인사고과를 무기로 겁주는 일, 남발되는 징계 등은 팔로어를 움츠리게 만들 뿐이다. 벌 줄 것을 찾는 것보다는 상 줄 것을 먼저 찾아보는 리더의 긍정적인 사고가 팔로어의 업무의욕을 자극하여 궁극적으로 조직의 성과를 키울 것이다.

직원의 고민거리만 해결해주면 무거운 짐을 덜어낸 열기구처럼 어느 직원이나 반드시 상승할 수 있다. 나는 그 고민을 해결시켜 주기 위하여 틈날 때마다 직원들을 붙잡고 물어보았다.

― 하쿠치 히로타로(아사이맥주 전 회장) ―

chapter 17

의욕이 샘솟는 일을 시켜라

> 최적의 포지션에서 최고의 역량이 발휘된다

우리나라 청년 이후 세대라면 축구감독 거스 히딩크Guus Hiddink를 모르는 사람은 아마 없을 것이다. 히딩크는 2002 한일월드컵 때, 많은 축구전문가들로부터 패스미스를 비롯해서 실수가 많다는 지적을 받고 있던 김남일 선수를 월드컵대표 선수로 기용하였다. 유럽 축구선수들에게 통할 수 있는 터프한 스타일을 높게 평가해서 그를 기용한 것이다. 경기에서 김남일은 유럽의 장신 선수들에게 찰거머리처럼 달라붙어 자신의 방어임무를 완벽히 수행하여 '진공청소기'가 되면서 한국팀의 역사적인 4강 진출에 톡톡히 기여하였다.

또한 히딩크는 유로 2008 대회에 러시아팀 감독으로 등장하여 평가전에서의 부진으로 후보 선수로나 예상되었던 로만 파블류첸코를 대표공격수로 중용하였다. 이 경기에서 파블류첸코는 그리스, 스웨덴, 네덜란드와의 3게임에서 연속골을 터뜨리면서 러시아가 대회 4강으로 등극하는 데 일등공신이 되었다. 김남일 선수나 파블류첸코 선수 모두 '베스트 일레븐'으로서는 당초 불안한 선수들이었다. 그러나 이들은 명감독 히딩크에 의해 최적의 포지션에 배치됨으로써 최고의 기량을 발휘하여 그들의 이름을 빛냄은 물론 팀이 영광을 차지하는 데 있어서 커다란 공헌을 하였다.

이처럼 사람들은 자신에게 가장 잘 부합되는 최적의 일을 수행할 때 최상의 능력을 발휘하여 극대화된 성과를 만들어 낼 수가 있다. 최적의 일, 즉 좋아하는 일, 할 수 있는 일, 필요하다고 판단되는 일을 하게 되면 그것을 하고자 하는 욕구가 강열하게 분출되기 때문이다. 그래서 일하는 당사자로 하여금 업무에 만족하고 이를 통해 최고의 성과를 거두게 하기 위해서는 그들이 최적의 업무에 포지셔닝 되는 것이 필수적이다.

직장의 조직에서는 팔로어의 업무가 주로 직장의 규정이나 리더에 판단에 의해서 결정된다. 물론 팔로어의 의견이 반영되지 않는 것은 아니다. 그러나 '매력 있는 업무'에 대한 수요와 공급의 불일치 때문에 의견 반영의 여지가 작을 수밖에는 없는 것이 현실이다. 그렇기 때문에 팔로어에게 업무를 부여하는 과정에서 리더의 현명한 판단은 더없이 중요하다.

팔로어가 최적의 업무를 부여받게 되면 하고자 하는 의욕이 샘솟아 업무성과가 올라갈 것이라는 점은 자명하다. 또한 최적의 업무부여가 가져오는 효과는 이뿐만이 아니다. 조직 전체의 분위기가 점차 동적動的으로 바뀌면서 불가피한 이유 때문에 만족스런 업무를 하지 못하는 팔로어까지 더불어 뛰게 만드는 동반상승 효과도 기대할 수 있다. 이렇게 되면 능력을 활용 못해 이직까지 꿈꾸고 있던 팔로어도 그 생각을 접을 것이다. 업무부여 하나를 제대로 못해 열정과 아이디어로 충만한 신세대 직장인을 나가게 만든다면 이것은 리더나 회사차원에서 큰 손실이 아닐 수 없다.

연세대학교 심리학과의 김주환 교수는 이런 말을 한다. "고통 없이는 아무것도 얻을 수가 없다는 생각은 틀린 것이다. 오히려 고통 없이 지금 이 순간을, 오늘 하루를 즐겁고 행복하게 살아야 더 많은 성취를 얻을 수 있다." 직장인들에게, 특히 의욕으로 충만된 프로직장인들이 하기 싫은 일을 하는 것은 사실 고통 그 자체이다. 김주환 교수의 말이 맞다면 조직의 리더들은 리더 중심적인, 관행적인, 기계적인 업무부여로 팔로어들을 갈등과 고통 속으로 모는 일을 멈추고 최적의 업무를 부여함으로써 팔로어들을 신명나게 만들어야 한다. 직원이 좋아하여 열정을 가질 수 있는 일, 그들이 가진 강점을 최고도로 발휘할 수 있는 일, 리더가 의도하는 일이 만나는 곳에서 비로소 팔로어와 리더의 만족스런 직장생활과 최고의 조직성과가 창출되는 것이다.

기계적인 업무배정으로 인재가 사라진다

궁합이 맞는 업무는 일하는 사람으로 하여금 한번 해보자 하는 호기심을 갖게 만든다. 잘나가는 직장들은 이러한 직원의 심리를 모를 리가 없다. 삼성전자는 직원 개개인이 자신의 커리어 플랜을 작성할 수 있는 커리어개발프로그램인 'myCDP'를 운용하고 있다. 이것은 직원들이 원하는 업무로 변경해 줄 것을 요구하는 등 자신이 하고 있는 직무에 대해서 허심탄회하게 얘기할 수 있고, 해당 부서장은 이에 적극적으로 대응해주는 프로그램이다.

또 상당수의 회사들은 업무배정 작업에 앞서서 직원 개인의 과거 경험, 관심 분야, 성격, 전공 등 개별 특성을 바탕으로 해당직원에게 부서 및 업무선택을 위한 가장 적합한 정보를 뽑아내어 그들에게 맞춤형으로 제공해 주기도 한다.

그러나 직원들에게 최적의 업무를 주기 위한 직장차원의 지원이 늘고 있기는 하나 아직은 좀 미흡한 것이 사실이다. 적지 않은 직장과 직장 내 부서에서 여전히 직원 개인의 희망, 객관적인 능력, 경력관리 등을 심도 있게 고려하지 않고 직장전체의 효율성, 평등, 공정성 등의 명분 아래 조직차원에서 획일적으로 조치하는 일이 잦다. 그러다가 해당 직원들의 집단적인 저항에 부딪히기도 한다. 어떤 회사는 여러 명의 생산직 직원들을 영업직종으로 발령을 냈다가 해당직원들의 반발에 따른 법원의 판결로 단행했던 인사를 원점으로 되돌리는 일까지 벌어진 바 있다.

문제점이 있다 하더라도 공식적으로 내세울 수 있는 명분을 가진 업무배치는 그나마 다행이다. 명분조차도 없이 자기 자신만 생각하는 리더도 있기 때문이다. 이들은 자신이 힘들어질 것을 우려한 나머지 다방면에 능력이 있어 장래가 촉망되는 팔로어를, 그리고 다른 일을 해보고 싶다고 애타게 건의하는 팔로어를 붙잡아 그저 평범한 범재凡才로 묶어 놓는다. 맘에 드는 팔로어가 부서이동을 건의하면 "무슨 소리야, 팀을 바꿔달라니. 자네는 우리 팀의 기둥이라 빠지면 팀이 무너진다네. 물론 나와 함께 처리해야 할 업무도 많고….." 또는 "다른 팀으로 가면 전출자가 되어 찬밥 신세가 될지도 몰라. 내년이면 승진할 텐데 그때 생각해도 늦지 않을 거야." 하며 '유혹'하기도 한다. 명분은 그럴싸하지만 100% 믿기에는 아무래도 찜찜하다. 능력이 부족한 팔로어의 경우에는 "폭탄 돌리는 것 아니냐?"는 동료 리더의 비난이 무서워 보내주기를 주저한다.

반면에 직장에서 잘나가는 리더는 팔로어의 업무수행 상황에 늘 관심을 보인다. 팔로어의 업무수행 능력은 자신의 발전과 직결된다는 것을 잘 알기 때문에 촉각을 곤두세우고 바라본다. 강점은 무엇이고 약점은 무엇인지, 혹시 업무 관련하여 말은 못하고 끌어안고 있는 애로사항은 없는지 등을 확인한 뒤 가능한 조치해준다.

뭐든지 그렇지만 해야 하는 당위성과는 별도로 마음대로 하지 못하는 한계점이 존재하기 마련이다. 성과를 극대화시키기 위해서라면 리더는 하고 싶은 일, 할 수 있는 일, 해야 할 일이 일치하는 지점에 팔로어를 포지셔닝시켜야 하지만 그러기가 매우 어렵다. 조직에서는 업무배정의 논리를 하고 싶은 일과 할 수 있는 일의 수요공급 불일치로 인하여 해야 할 일에서 찾는 경우가 대부분이기 때문이다.

일본에서 '살아있는 경영의 신'으로 평가받는 이나모리 가즈오

稲盛和夫 전 교세라 회장은 이와 관련하여 한발 더 나아가서 말한다. "원하는 직장에, 원하는 업무를 맡아, 원하는 환경에서 일하는 사람은 거의 없다. 99.9%가 자신이 꿈꾸던 것과 다른 일을 하게 된다." 이 말은 리더가 최적의 업무를 팔로어에게 배정하기 매우 어렵다는 말과 다름이 없다. 그러나 뒤집어 생각한다면 리더가 좀 더 고민해서 꿈까지는 아니더라도 팔로어가 흥미를 느끼며 일할 수 있는 일의 비율을 단 10%만이라도 올릴 수 있다면 업무생산성이 놀라우리만큼 올라갈 것이라는 점을 예상할 수 있다.

하고 싶은, 할 수 있는, 도움이 되는 일을 시켜라

주지하는 바와 같이 팔로어 누구에게나 최적의 업무를 배정한다는 것은 어려운 일이다. 그렇다고 해서 이를 소홀히 하면 결국 부메랑이 되어서 리더에게 돌아온다. 그래서 리더는 최적의 업무를 가장 많은 팔로어들에게 부여해주기 위해 부단히 노력하여야 한다. 이를 위해서 리더는 다음의 사항을 숙지해야 한다.

첫째, 팔로어에 대한 다양한 정보를 파악한다. 작금의 직장상황은 성과에 대한 목마름이 워낙 크다 보니 팔로어의 업무를 리더가 이리저리 바꾸어볼 수 있는 여유를 별로 주지 않는다. 중장기적으로 본다면 그럴 수 있어야 성과를 더 크게 만들어낼 수 있는데도 말이다. 그러다 보니 원활한 업무전환을 물론 해당 팔로어 대한 제대로 된 인사정보조차 확보하지 못하고 있는 경우가 다반사이다. 이로 인해 직급, 나이, 그동안 일해 온 경험분야, 피상적인 적성 등 만 가지고 기계적으로 업무배정작업을 하는 경우가 적지 않은데, 이렇게 하면 팔로어의 일에 대한 욕구를 자극할 수 없다. 그래서 리더는 팔로어 개개인에게 최적으로 부합되는 업무를 부여하기 위해서는 팔로어가 어떤 일을 좋아하는지, 어떤 능력을 가지고 있는지, 경력관리를 해주기 위해 어떤 일이 필요한지 등까지 정확히 파악하여 알고 있어야 한다.

리더들이 업무일선에서 흔히 하고 있는 방법이기도하지만 먼저 팔로어에 대한 평소의 관찰과 상담을 통해서 그들의 업무배정용 정보를 파악한다. 그리고 해당 직원을 둘러싸고 있는 전후좌우의 동료직원들에게 의견을 부탁하고 이에 귀 기울인다. 또한 전문가들이 개발한 설문지 등 구조화된 체크리스트를 이용하며 팔로어의 업무에 대한 기호嗜好와 역량을 파악하는 것도 좋은 방법이다. 팔로어들에게 최적의 업무가 배정되기를 진정으로 바란다면 그들에 대한 정보를 파악하고 활용하는 과정에서 고정관념, 편견, 그리고 편애 따위는 과감히 버려야 한다.

둘째, 좋아하는 일을 하게 한다. 좋아하는 업무만 골라서 할 수 있다면야 얼마나 좋겠냐마는 이것은 '내 맘대로'가 어려운 직장생활에서는 어쩌면 꿈같은 얘기다. 내가 좋아하면 십중팔구 남도 좋아하기 때문이다. 그러다 보니 팔로어에게 그들이 좋아하는 업무를 챙겨주는 것은 리더로서 어려운 일이 아닐 수 없다. 그러나 즐기며 일하는 팔로어에 의해서 만들어지는 활력적인 조직분위기와 이로 인해 리더 자신에게 돌아올 혜택을 생각하면 리더는 이 일을 결코 소홀히 할 수 없다.

건의하면 곧 들어줄 것처럼 업무선호도를 파악해 놓고는 바쁘다는 핑계로 "다음 달에….", "내년에 꼭….", 하면서 공수표를 날리며 차일피일하거나, 해당 업무가 나타나기만을 기다린다면 조직의 성과 향상은 요원한 일이 된다. 성향 때문에, 능력 때문에 또는 기타 이유로 팔로어들이 마지못해 하는 일들을 끌어모아서 관심을 가지는 팔로어에게 적극적으로 재배분한다. 우선이든 차선이든 그래도 좋아하는 일을 부서 내에서 최대한 찾아보는 것이다.

그리고 다른 부서로의 전배도 검토한다. 팔로어가 좋아하는 일이 어느 한 부서에만 있는 것은 아니기 때문이다. "내가 저 친구를 어떻게 키웠는데….", "저런 친구 보냈다가 괜히 욕만 먹는 거 아냐?" 하며 보내는 것을 주저해서는 안 된다. 조직에서 인정받는 리더가 되기를 원한다면 팔로어와 조직을 위해 희생적이고도 대승적인 결단을 내릴 줄도 알아야 한다. 싫어하는 일을 좋아하게 만들어주는 것도 일정부분 리더의 몫이기 때문에 리더의 팔로어에 대한 업무수행 능력 육성 활동 역시 중요하다.

셋째, 능력을 가장 잘 발휘할 수 있는 업무를 부여한다. 리더가 가끔 착각하는 것 중의 하나가 바로 팔로어의 업무능력이다. "일류대를 나왔고… 경력도 풍부하고… 그러니 뭐든지 잘하겠지." 라는 착각을 적지 않은 리더들이 하고 있다. 이런 짧은 생각으로 그들에게 이 일 저 일 가리지 않고 맡겨놓고서는 기대만큼 일하지 못한다고 한탄한다. 아무리 능력 있는 팔로어라 해도 못하는 일도 있게 마련인데도 말이다. 또 어떤 리더들은 몇 번 일을 시켜보고 성과가 미흡하면 "내가 너한테 졌다."며 이후부터는 그 팔로어를 '주전멤버'에서 아예 빼버린다. 이는 높은 경쟁률을 뚫고 입사한 사람이라면 누구에게나 한두 가지라도 반드시 강점이 있다는 사실을 간과하기 때문에 벌어지는 현상이다. 그래서 어떤 일을 하면 팔로어가 자신의 능력을 잘 발휘할 것인지를 파악한 뒤 그에 걸맞는 업무를 주는 것이 필요하다.

리더는 팔로어의 능력에 맞는 일에 주목하지 않을 수 없다. "자신의 능력에 맞는 과제를 해결하기 위해 심리적 에너지를 쏟아붓는 사람은 시공간적 감각을 상실하고 행복감을 느끼면서 스스로의 역량까지 향상시킨다."는 『몰입Flow의 즐거움』으로 유명한 미국 클레어몬트대학교의 미하이 칙센트미하이Mihaly Csikszentmihalyi 교수의 말은 이를 강하게 지지한다. 일에 팔로어의 역량을 제대로 부합시키기 위해 리더는 평소에 팔로어의 핵심적인 역량, 일반적인 역량, 미흡한 역량이 무엇인지를 잘 확인하고 있다가 업무 부여 시 반드시 반영해야 한다. 이를 소홀히 하게 되면 팔로어가 가지고 있는 남다른 강점을 아깝게 사장시키거나 능력이 딸리는 팔로어에게 고난도의 일을 시켜 '번 아웃Burn Out', 즉 심신을 무력화시키는 우를 범할 수가 있다.

넷째, 도움이 되는 일을 부여한다. 좋아하는 일, 능력을 발휘할 수 있는 일은 아닐 수도 있지만 팔로어의 일에 대한 동기를 유발시킬 수 있는 일이 또 있다. 그것은 바로 직장에서 승진, 영전, 원하는 곳으로의 전환배치 등 자신이 직장에서 발전해 나가는 데 도움이 되는 일이다. 그리고 팔로어가 매너리즘에 빠지지 않게 하기 위한 일도 도움이 되는 일에 포함된다. 호好, 불호不好와 상관없이 부과된 일이라도 그 일이 궁극적으로 팔로어 자신을 잘되게 하거나 또는 잘못되는 것을 방지하는 데 기여한 일이라고 팔로어가 깨닫게 되는 순간 그들의 동기를 끌어낼 수 있는 일이 되게 되는 것이다. 그래서 리더는 좋아하는 일, 능력을 발휘할 수 있는 일과 더불어서 팔로어에게 도움이 되는 일을 적절하게 부여해야 한다.

지금은 많은 직장들이 직원들의 요구와 직장의 필요에 의해서 직원들의 경력관리 목적으로 보직이동이나 직무순환 배치를 제도화하고 있다. 국내의 대표적인 금융회사인 현대캐피탈 같은 회사는 한발 더 나아가서 다른 부서로 이동하고 싶은 직원들이 스스로를 '매물'로 내놓는 '오픈 커리어 존'이라는 사내 직무이동제를 실시하고 있다. 그러나 문제는 적지 않은 회사에서 경영층이 만든 제도와 리더의 실행이 따로 가고 있는 일이 빈발하고 있다는 것이다. 그래서 업무현장 리더의 적극적인 추진의지와 실행이 무엇보다 중요한 상황이다. 리더는 유능한 팔로어를 키운다는 대승적인 뜻을 가지고, 팔로어의 발전이 결국은 리더 자신에게 선물이 되어 돌아온다는 점을 인식하고 그들에게 도움이 되는 다양한 일을 경험할 수 있게 해주어야 한다.

모두 A를 받는 사회가 되고 조직이 되길 권한다. 사람들이 A를 못 받는 경우는 오직 그들의 특장점을 살리지 못한 위치에서 일을 할 때뿐이다.
― 켄 블랜차드(미국의 경영컨설턴트) ―

언젠가 리더가 될 당신을 위해

– 권선복(도서출판 행복에너지 대표이사,
대통령직속 지역발전위원회 문화복지 전문위원)

누구나 삶을 살아가며 '나도 리더가 되고 싶다.'라는 생각을 한 번쯤은 하기 마련입니다. 그것이 단순한 꿈이든 구체적인 계획이든 리더가 된다는 것은 상상만으로도 멋진 일입니다. 또한 뜻하지 않게 리더 혹은 그와 비슷한 입장이 되어야 하는 경우도 있습니다. 지위나 체계보다는 상황과 능력에 따라 현재 맡은 업무가 늘 유동적으로 변하는 근래의 기업문화가 곳곳에서 새로운 리더를 만들어 냅니다. 이러한 경우에 얼마나 대처를 잘하고 능력을 발휘할 수 있는가에 따라 앞으로의 사회생활, 그 성패가 판가름 난다 할 수 있습니다.

책『결국 그들은 당신을 따른다』는 현재 리더의 지위에 있는, 언젠가는 리더가 될 우리 독자들이 어떻게 해야만 평범한 리더를 넘어 극심한 경쟁 속에서도 탁월하게 빛나는 '브릴리언트 리더'가 될 수 있는가에 대해 상세히 소개하고 있습니다. 학문적 전문역량과 글로벌 대기업에서 약 30년간의 근무를 통해 얻은 풍부한 경험역량에서 도출한 저자 고유의 리더십 성공노하우를 핵심 스킬로 정리함은 물론 독자에게 조직리더로서 성공하고자 하는 강렬한 열정과 의욕을 불어넣어 주고 있습니다. 굳이 리더를 꿈꾸지 않는 팔로어의 입장에 있더라도 원만하고 성공적인 회사생활을 위해 꼭 필요한 것이 무엇인지를 이 책을 통해 얻을 수 있을 것입니다.

삶은 끊임없는 도전입니다. 하나의 시련을 넘어서면 더 큰 파도가 밀려오고, 하나의 목표를 달성하면 두 개의 새로운 목표가 생겨납니다. 전쟁터를 방불케 하는 이 현대사회에서 성공은 남의 이야기로만 들리겠지만 본인의 의지와 노력에 따라 얼마든 최고의 지위에 오를 수 있습니다. 이 책이 21세기 대한민국을 초일류 국가로 이끌 리더들에게 하나의 새로운 지침서가 되어 주길 기대하면서, 모든 독자들의 삶에 행복과 긍정의 에너지가 팡팡팡 샘솟으시길 기원드립니다.

Happy Energy books

좋은 **원고**나 **출판 기획**이 있으신 분은 언제든지 **행복에너지**의 문을 두드려 주시기 바랍니다.
ksbdata@hanmail.net www.happybook.or.kr 단체구입문의 ☎ 010-8287-6277 행복에너지

하루 5분 나를 바꾸는 긍정훈련
행복에너지

'긍정훈련' 당신의 삶을
행복으로 인도할
최고의, 최후의 '멘토'

'행복에너지
권선복 대표이사'가 전하는
행복과 긍정의 에너지,
그 삶의 이야기!

권선복

도서출판 행복에너지 대표
지에스데이타(주) 대표이사
대통령직속 지역발전위원회
문화복지 전문위원
새마을문고 서울시 강서구 회장
전) 팔팔컴퓨터 전산학원장
전) 강서구의회(도시건설위원장)
아주대학교 공공정책대학원 졸업
충남 논산 출생

권선복 지음 | 15,000원

책 『하루 5분, 나를 바꾸는 긍정훈련 - 행복에너지』는 '긍정훈련' 과정을 통해 삶을 업그레이드하고 행복을 찾아 나설 것을 독자에게 독려한다.
긍정훈련 과정은 [예행연습] [워밍업] [실전] [강화] [숨고르기] [마무리] 등 총 6단계로 나뉘어 각 단계별 사례를 바탕으로 독자 스스로가 느끼고 배운 것을 직접 실천할 수 있게 하는 데 그 목적을 두고 있다.
그동안 우리가 숱하게 '긍정하는 방법'에 대해 배워왔으면서도 정작 삶에 적용시키지 못했던 것은, 머리로만 이해하고 실천으로는 옮기지 않았기 때문이다. 이제 삶을 행복하고 아름답게 가꿀 긍정과의 여정, 그 시작을 책과 함께해 보자.

『하루 5분, 나를 바꾸는 긍정훈련 - 행복에너지』

**"좋은 책을
만들어드립니다"**

저자의 의도 최대한 반영!
전문 인력의 축적된 노하우를
통한 제작!
다양한 마케팅 및 광고 지원!

최초 기획부터 출간에 이르기까지, 보도 자료 배포부터 판매 유통까지! 확실히 책임져 드리고 있습니다. 좋은 원고나 기획이 있으신 분, 블로그나 카페에 좋은 글이 있는 분들은 언제든지 도서출판 행복에너지의 문을 두드려 주십시오! 좋은 책을 만들어 드리겠습니다.

| 출간도서종류 |
시·수필·소설·자기계발·
일반실용서·인문교양서·평전·칼럼·
여행기·회고록·교본·경제·경영 출판

도서출판 **행복에너지**
www.happybook.or.kr
☎ 010-8287-6277
e-mail. ksbdata@daum.net

함께 보면 좋은 책들

치매 예방 길

정치원, 정상인, 정두진 지음 | 값 20,000원

2019년 대한민국 65세 이상 인구 10명 당 1명은 치매 환자지만, 아직까지 치매의 원인이나 정확한 치료법이 불명확해 '제2의 인생'에 큰 걸림돌이 되고 있다. 이 책 『치매 예방 길』은 서예의 기법을 응용한 '일필구자'로 손과 뇌를 동시에 자극하며 치매를 예방하는 데에 큰 도움을 주는 기능성 컬러링 북이다. 특히 다양한 그림을 난이도별로 분류하여 과학적인 훈련이 가능한 것은 이 책의 큰 장점이다.

나부끼는 깃발은 사랑이었노라

이옥진 지음 | 값 15,000원

한 교회에서 25년간을 목사의 아내로 활동한 저자는 다양한 이웃들을 만나고, 기쁨과 슬픔을 함께하며 느꼈던 수많은 감정들을 성경의 일화에 빗대어 묵상하며 하나님의 임재와 기적을 이야기한다. 교회에 다니지만 아직 참된 진리를 알지 못하는 사람, 혹은 하나님의 임재를 느끼고 싶어 하며 신앙의 목마름을 느끼는 교인들은 이 책을 통해 성경 읽기를 생활화하여 영혼을 변화시킬 수 있을 것이다.

사랑의 구름다리

조규빈 지음 | 값 15,000원

조규빈 저자의 이 세 번째 수필집 『사랑의 구름다리』는 '자연'과 '열정'을 주제로 삼아 인생의 의미를 탐구하고 있다. 항상 우리 주변에 담백하고 신선하게 존재하며 인간에게 큰 교훈을 전달하는 자연에 대한 절제된 문학적 찬미가 돋보인다. 또한 길어진 인생을 열정적으로 살지 못하고 쉽사리 나태해지는 사람들에 대한 통렬하면서도 애정 어린 충고가 목적 없이 방황하듯 시대를 살아가는 젊은이들에게 삶의 이정표를 제공할 것이다.

작은 습관, 루틴

오히라 아사코, 오히라 노부타카 지음 | 값 15,000원

이 책 『작은 습관, 루틴』은 우리가 일상적 업무 속에서 스트레스가 되는 다양한 요소의 해결책을 제시한다. 이러한 스트레스의 크기를 느슨하게, 고통으로 느끼지 않고도 충분히 우리들이 해소할 수 있는 작은 단위로 쪼개어 해결할 수 있는 방법을 구체적이고 상세하게 제공하는 책이다. 이 작은 보물지도가 여러분의 조직에서, 가정에서, 새로운 세상과 새로운 삶으로 이끌어주는 마법의 램프를 찾도록 도와줄 것이다.

Alone

김태곤 지음 | 값 12,000원

이 책 『Alone』은 아무런 전조도, 이유도 없이 지구상 대부분의 사람들이 사라져 버린 세상에서 홀로 남겨진 '태호'의 이야기를 그리고 있다. 무한 자유의 해방감, 동시에 그 누구와도 교류할 수 없게 되었다는 절대적인 고독감, 모두가 사라진 세계에서 꿈틀거리는 욕망에 직면하고, 종국엔 그것마저 초월하여 지구의 자전 소리를 들을 수 있을 때, 태호는 물론 독자들 역시 인간의 본질에 대해 진지한 성찰의 기회를 가질 수 있게 될 것이다.

메시아는 더 이상 오지 않는다 (개정증보판)

박정진 지음 | 값 25,000원

이 책 『메시아는 더 이상 오지 않는다』(개정증보판)은 통일교의 관점에서 석가모니와 예수 그리스도에 이어 세 번째로 나타난 메시아 문선명에 대해 이야기하면서 동시에 메시아는 인류를 순식간에 구원하기 위해 나타나는 존재가 아니라고 설명한다. 이러한 주장을 기반으로 하여 이 책은 통일교의 역사와 의미, 미래 인류 문명에 대한 통찰, 미래 정신문명 예측 등을 깊이 있게 다루고 있다.

땅의 유혹 (개정판)

조광 지음 | 값 25,000원

이 책 『땅의 유혹』은 우리나라 풍수의 기본 원리 및 영향과 한국의 산줄기부터 시작되는 팔도의 풍수와 인간사회에 미치는 산의 힘을 분석하고 있다. 아울러 현대 사회에도 어김없이 적용되는 풍수의 원리를 논하기 위해 격변하는 우리 사회의 상황들을 풍수학의 시각으로 파악하고 있으며, 조상의 선영을 잘 읽어내고 살아있는 사람들의 삶에 조화롭게 작용하도록 하는 데에 도움을 줄 것이다.

나뭇잎으로 살아서 미안해 낙엽으로 갚아줄게

김예진 지음 | 값 15,000원

김예진 작가가 전하는 이야기들은 마음 한구석을 시큰하게 한다. 그동안 잊고 살았던 소중한 존재들을 떠올리게 하는 이야기들을 한데 엮었다. 그 이야기에 귀 기울이고 있노라면 주변사람들을 다시금 돌아보게 될 것이다. 이 책에 실린 글들이 부모님, 친구, 형제. 가까이에 있다는 이유만으로 잊고 지낸 사람들과의 관계의 회복을 가져다주는 온기가 되길 기원해 본다.

함께 보면 좋은 책들

최고가 되려면 최고에게 배워라

최갑도 지음 | 값 15,000원

지금 하고 있는 일에서 일류가 되라는 이 책의 전략은 어떻게 보면 지극히 단순하지만 큰 깨달음이 있다. 특히 최고의 경지에 있는 사람의 강점과 핵심 가치관을 분석하고 철저하게 배우는 것으로 일류가 될 수 있다고 이야기한다. 이와 함께 이러한 '최고'의 예시로 현대자동차의 리더 정몽구 회장의 9가지 대표강점과 5가지 핵심가치를 제시하는 이 책은 삶의 이정표를 잃어버린 젊은 세대에게 성공의 본질을 일깨워줄 수 있을 것이다.

경독사

정휘세 지음 | 값 25,000원

여의도순복음교회 분당교회의 원로장로로서 기독교 신앙의 유지와 정련에 깊은 관심을 가지고 있는 정휘세 저자는 이 책 『경독사』를 통해 흔들리지 않고 완숙한 신앙인으로 들어서는 길은 다시 한 번 성경 그 자체로 돌아가는 데에 있다고 이야기한다. 세속의 풍파 속에서 신앙의 목마름을 느끼는 교인들이 이 책 『경독사』를 통해 진정한 신앙의 오아시스인 성경 읽기를 생활화하여 영혼을 변화시킬 수 있기를 기원한다.

그치지 않는 비는 없다

오성삼 지음 | 값 15,000원

이 책 『그치지 않는 비는 없다』는 우리가 인생의 역경에서 어떠한 해결법을 찾아야 하는지, 시간이 흘러 뒤돌아보았을 때 그 사건들이 우리에게 주는 의미에 대해 큰 깨달음을 전해준다. 특히 '호기심, 엉뚱한 생각, 그리고 도전. 이 세 가지 성삼(成三)이 내면의 원동력이 되어주었다'라고 이야기하는 저자의 말은 폭우 속에서 헤매는 나그네 같은 우리의 인생에 '그치지 않는 비는 없다'는 위로를 전달해 줄 것이다.

인문의 숲으로 가다

김정숙 지음 | 값 15,000원

이 책 『인문의 숲으로 가다』는 삶의 깊은 맛, 명인의 손맛을 담아낸 자기계발서라고 할 수 있다. 책의 Part1 부분을 채우고 있는 서울대학교의 전문가 강의를 필두로, 이 책은 다양한 철학과 사색을 녹여내고 있다. 삶의 언저리에서 접하는 고민과 화두를 인문학적 깊이와 다양한 고전에 접목해 풀어내며 문득 거듭해서 읽을수록 다른 느낌을 주는 자기계발서가 되어 줄 것이다.

'행복에너지'의 해피 대한민국 프로젝트!
〈모교 책 보내기 운동〉

대한민국의 뿌리, 대한민국의 미래 **청소년·청년**들에게 **책**을 보내주세요.

　많은 학교의 도서관이 가난해지고 있습니다. 그만큼 많은 학생들의 마음 또한 가난해지고 있습니다. 학교 도서관에는 색이 바래고 찢어진 책들이 나뒹굽니다. 더럽고 먼지만 앉은 책을 과연 누가 읽고 싶어 할까요?
　게임과 스마트폰에 중독된 초·중고생들. 입시의 문턱 앞에서 문제집에만 매달리는 고등학생들. 험난한 취업 준비에 책 읽을 시간조차 없는 대학생들. 아무런 꿈도 없이 정해진 길을 따라서만 가는 젊은이들이 과연 대한민국을 이끌 수 있을까요?

　한 권의 책은 한 사람의 인생을 바꾸는 힘을 가지고 있습니다. 한 사람의 인생이 바뀌면 한 나라의 국운이 바뀝니다. **저희 행복에너지에서는 베스트셀러와 각종 기관에서 우수도서로 선정된 도서를 중심으로 〈모교 책 보내기 운동〉을 펼치고 있습니다.** 대한민국의 미래, 젊은이들에게 좋은 책을 보내주십시오. 독자 여러분의 자랑스러운 모교에 보내진 한 권의 책은 더 크게 성장할 대한민국의 발판이 될 것입니다.

　도서출판 행복에너지를 성원해주시는 독자 여러분의 많은 관심과 참여 부탁드리겠습니다.

도서출판 **행복에너지** 임직원 일동
문의전화　0505-613-6133